満点ゲットシリーズ

読めるとたのしい

ちびまる子ちゃんの難読漢字教室

難しい読み方や特別な読み方の漢字

キャラクター原作／さくらももこ

著／川嶋 優

学習院名誉教授

もくじ

前《まえ》のページの漢字《かんじ》の読《よ》み方《かた》 南瓜《かぼちゃ》／檸檬《レモン》／家鴨《あひる》／向日葵《ひまわり》／栗鼠《りす》

か

功徳（くどく）／暮れ泥む（くれなずむ）……73
境内（けいだい）……74
希有（けう）／気圧される（けおされる）……75
戯作（げさく）／解脱（げだつ）……76
外道（げどう）／解毒（げどく）……77
◆この漢字《かんじ》、なんて読《よ》む？〈鳥《とり》いろいろ〉……78
健気（けなげ）……80
気配（けはい）／喧伝（けんでん）……81
好事家（こうずか）／拘泥（こうでい）……82
更迭（こうてつ）／業腹（ごうはら）……83
紺屋（こうや）／柿落とし（こけらおとし）……84
固執（こしつ）／木霊（こだま）／言霊（ことだま）……85
諺（ことわざ）／零れる（こぼれる）……86
御用達（ごようたし）……87
声色（こわいろ）／強面（こわもて）……88
◆コラム③「昨日《きのう》・今日《きょう》・明日《あす》」の読《よ》み　―熟字訓《じゅくじくん》―……89
◆この漢字《かんじ》、なんて読《よ》む？〈海《うみ》・川《かわ》の生《い》き物《もの》〉……90
今昔（こんじゃく）／建立（こんりゅう）……92
金輪際（こんりんざい）……93

さ

最期（さいご）……93
狭霧（さぎり）／雑魚寝（ざこね）……94
流石（さすが）／瑣末（さまつ）……95
潮騒（しおさい）……96
仕種（しぐさ）／嗜好品（しこうひん）……97
市井（しせい）／支度（したく）／強か（したたか）……98
老舗（しにせ）／東雲（しののめ）……99
注連縄（しめなわ）／赤銅色（しゃくどういろ）……100
砂利（じゃり）／蒐集（しゅうしゅう）……101
◆この漢字《かんじ》、なんて読《よ》む？〈食《た》べ物《もの》〉……102
羞恥心（しゅうちしん）／入水（じゅすい）……104
出奔（しゅっぽん）／呪縛（じゅばく）……105
遵守（じゅんしゅ）／性懲り（しょうこり）……106
成就（じょうじゅ）……107
精進（しょうじん）／尚早（しょうそう）……108
装束（しょうぞく）／相伴（しょうばん）／所作（しょさ）……109
緒戦（しょせん）／白髪（しらが）……110
不知火（しらぬい）／素面（しらふ）……111

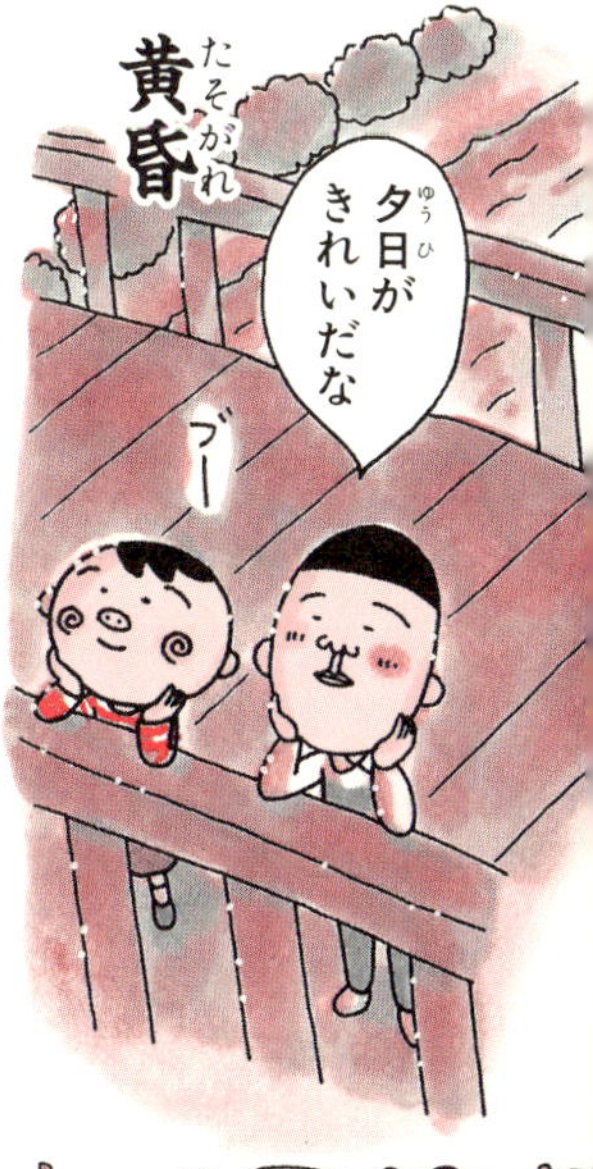

黄昏《たそがれ》
夕日《ゆうひ》がきれいだな
ブー

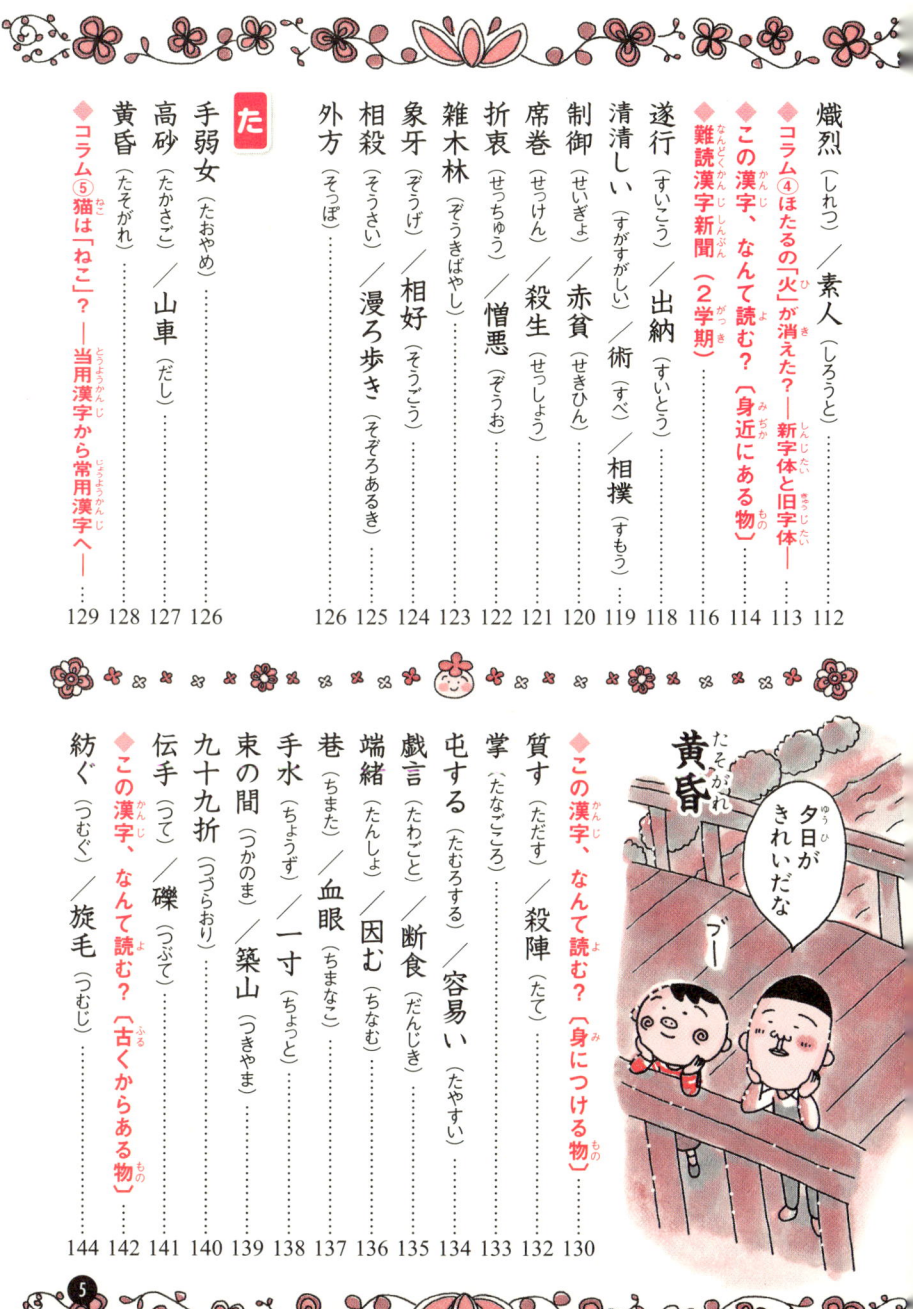

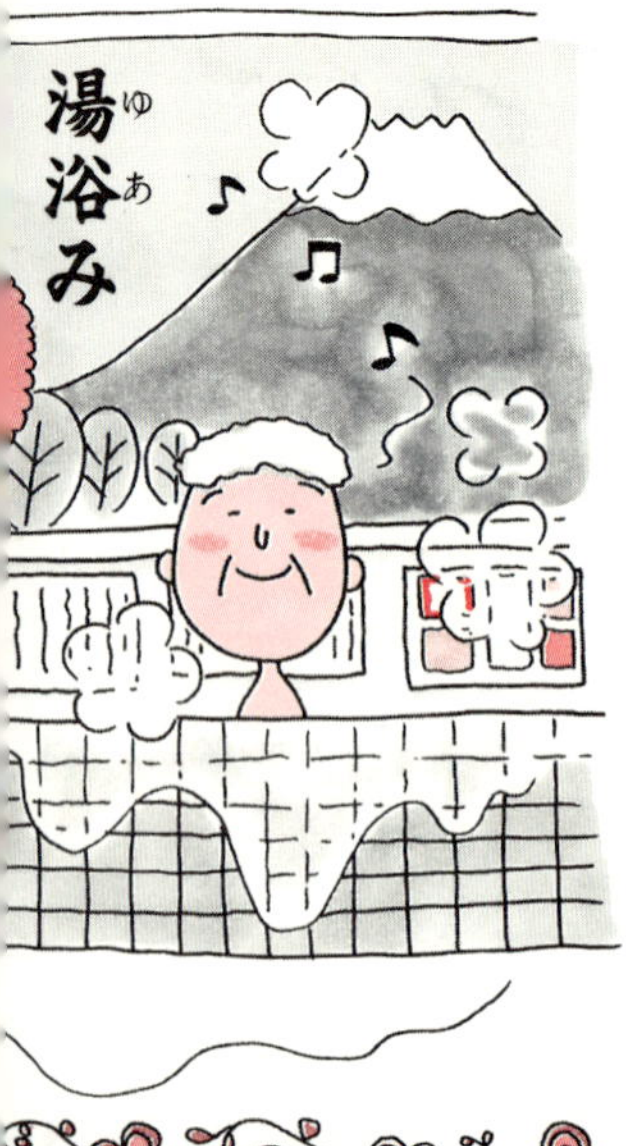

湯浴《ゆあ》み

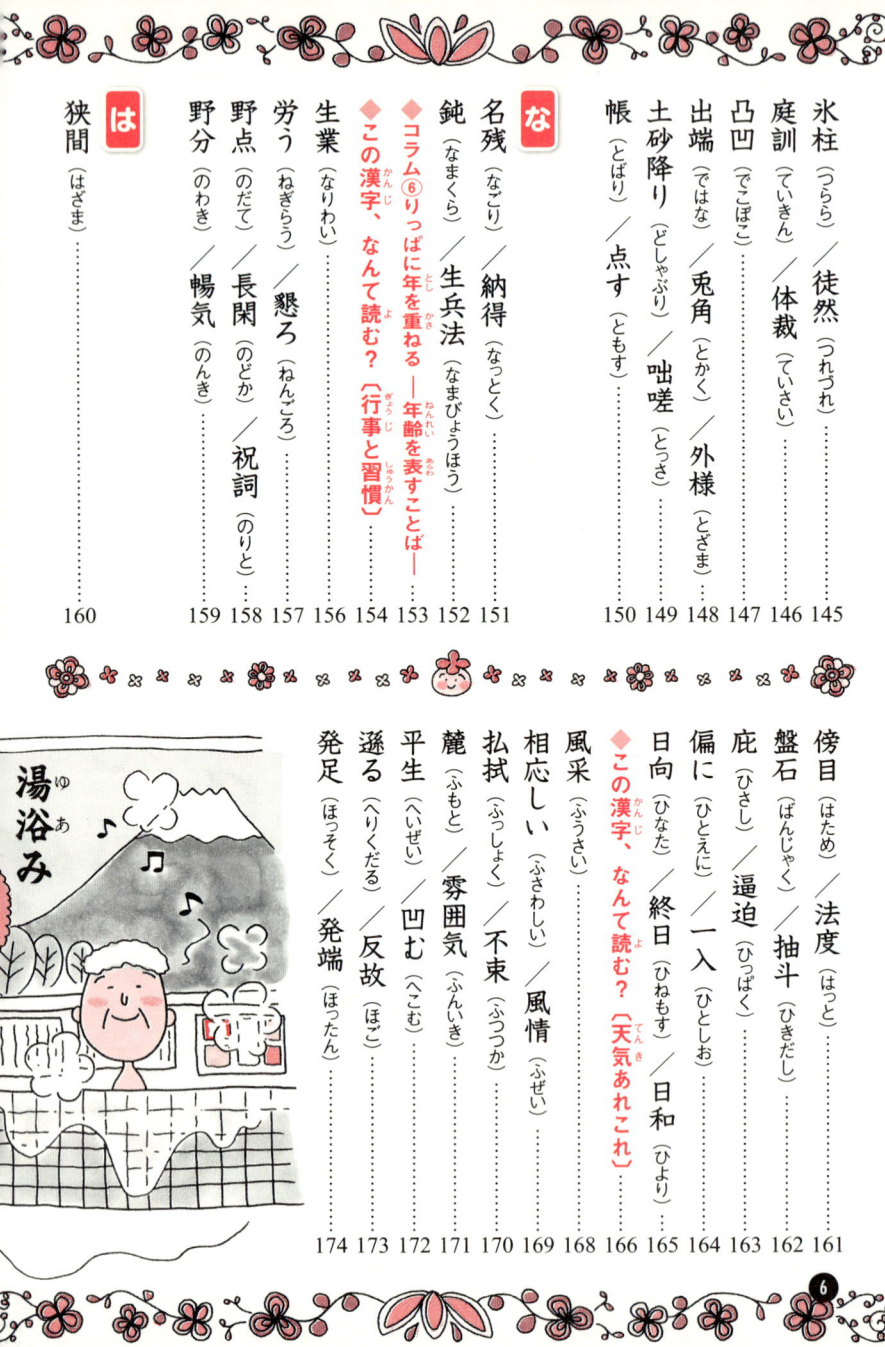

ちびまる子《こ》ちゃんとなかまたち

戸川先生《とがわせんせい》
クラスの担任《たんにん》。優《やさ》しくて人気者《にんきもの》。
小杉《こすぎ》くんのお母《かあ》さん
野口《のぐち》さん
お笑《わら》い好《ず》きな暗《くら》い少女《しょうじょ》。
小杉《こすぎ》くん
食《く》いしんぼう。
藤木《ふじき》くん
ひきょう者《もの》といわれる。
永沢《ながさわ》くん
暗《くら》い。
お姉《ねえ》ちゃん
まる子《こ》に迷惑《めいわく》をかけられることが多《おお》い。
ちびまる子《こ》ちゃん
おっちょこちょいでなまけ者《もの》。
お母《かあ》さん
まる子《こ》の世話《せわ》を焼《や》く。
父《ちち》ヒロシ
のん気《き》者。
おばあちゃん
友蔵《ともぞう》の妻《つま》。
おじいちゃん（友蔵《ともぞう》）
まる子《こ》の一番《いちばん》の味方《みかた》で仲良《なかよ》し。
たまちゃん
まる子《こ》の親友《しんゆう》。
たまちゃんのお父《とう》さん

プサディー
南《みなみ》の島《しま》の少女《しょうじょ》。
まる子《こ》と仲良《なかよ》し。
ケン太《た》
サッカーが
好《す》き。
みまつやの
おやじ
佐々木《ささき》の
じいさん
三十年間《ねんかん》、町《まち》の木《き》の
世話《せわ》をしている。
山田《やまだ》くん
明《あか》るい男子《だんし》。
花輪《はなわ》クン
お金持《かねも》ちの
おぼっちゃま。
城ヶ崎《じょうがさき》さん
美人《びじん》なので
みぎわさんに
意地悪《いじわる》されている。
丸尾《まるお》くん
「ズバリ」が
口《くち》ぐせ。
みぎわさん
花輪《はなわ》クンにお熱《ねつ》。
ヒデじい
花輪《はなわ》クンちの
じいや。
長山《ながやま》くん
かしこくて
優《やさ》しい男子《だんし》。
はまじの
お母《かあ》さん
山根《やまね》くん
胃腸《いちょう》が弱《よわ》い。
かよちゃん
杉山《すぎやま》くんを好《す》き。
冬田《ふゆた》さん
大野《おおの》くんを
好《す》き。
杉山《すぎやま》くん
さっぱり
している。
大野《おおの》くん
正義感《せいぎかん》が
強《つよ》い。
ブー太郎《たろう》
「ブー」という
のが口《くち》ぐせ。
はまじ
おもしろい
男子《だんし》。

著者《ちょしゃ》からのメッセージ

難《むずか》しそうな漢字《かんじ》のことばを楽《たの》しみながら読《よ》んでみよう

川嶋《かわしま》 優《ゆたか》

一《ひと》つの日《ひ》と書《か》けば「一日《いちにち》」と読《よ》みますね。「春《はる》の一日《いちにち》」とか「一《いち》日《にち》じゅう遊《あそ》んだ」などと使《つか》います。ところが暦《こよみ》では、月《つき》の最《さい》初《しょ》の日《ひ》の読《よ》み方《かた》は「一日《ついたち》」です。これはどうしてなのでしょう。

実《じつ》は、暦《こよみ》の月《つき》の最初《さいしょ》の日《ひ》は、その月《つき》の出発《しゅっぱつ》の日《ひ》を表《あらわ》しているのです。そこで「月《つき》の旅立《たびだ》ち→月立《つきだ》ち」、そして「ついたち」となったのです。「一月一日《がつついたち》・二月一日《がつついたち》」と読《よ》みます。このように、ちょっと暦《こよみ》を見《み》るだけで、ことばの秘密《ひみつ》がかくれていることがわかります。これがことばの、特《とく》に日本語《にほんご》のおもしろいところです。

ところで、なぜカレンダーのことを「暦《こよみ》」というのでしょ

うか。暦《こよみ》は日《ひ》を読《よ》むためのものです。そこで、「日読《ひよ》み↓日《か》読《よ》み↓こよみ」となったのです。そして漢字《かんじ》「暦《れき》」にあてはめた読《よ》みが「暦《こよみ》」なのです。もう、これだけで暦《こよみ》の博士《はかせ》になった気分《きぶん》ですね。

この本《ほん》では、ちょっと見《み》ると読《よ》むのが難《むずか》しそうな漢字《かんじ》を使《つか》ったことばを取《と》り上《あ》げています。けれど今《いま》、説明《せつめい》したように、どうしてそういう読《よ》み方《かた》をしているのか、理由《りゆう》がわかれば、簡単《かんたん》に読《よ》むことができます。難《むずか》しそうな漢字《かんじ》を簡単《かんたん》におぼえることができる……これがこの本《ほん》のねらいです。

また、歴史《れきし》・生活《せいかつ》・動物《どうぶつ》・植物《しょくぶつ》……など、特別《とくべつ》な読《よ》み方《かた》のおもしろいことばがたくさん紹介《しょうかい》されています。ページをめくりながら、「なるほど、なるほど」とうなずきながら、知《ち》識《しき》をたくさん頭《あたま》に入《い》れ、心《こころ》で楽《たの》しんでください。

川嶋《かわしま》　優先生《ゆたかせんせい》

学習院名誉教授《がくしゅういんめいよきょうじゅ》
1932年《ねん》生《う》まれ。東京学芸大学卒業《とうきょうがくげいだいがくそつぎょう》。元学習院《もとがくしゅういん》初等科長《しょとうかちょう》。著書《ちょしょ》に『三省堂《さんせいどう》　例解小学《れいかいしょうがく》ことわざ辞典《じてん》』（三省堂《さんせいどう》）、『ちびまる子《こ》ちゃんの四字《よじ》熟語教室《じゅくごきょうしつ》』『ちびまる子《こ》ちゃんの続四字熟語教《ぞくよじじゅくごきょう》室《しつ》』『ちびまる子《こ》ちゃんの慣用句教室《かんようくきょうしつ》』『ちびまる子《こ》ちゃんの漢字辞典《かんじじてん》3』（集英社《しゅうえいしゃ》）など。

ちびまる子《こ》ちゃん
「この漢字《かんじ》、なんて読《よ》む？」の巻《まき》
課外授業《かがいじゅぎょう》で 海《うみ》にやってきたまる子《こ》たち
この漢字《かんじ》なんて読《よ》むんだろう？
ズバリ!!「海《うみ》の星《ほし》」と書《か》くでしょう!!
海星
え？海《うみ》の星《ほし》？う〜〜〜ん…なんだろう
それは海《うみ》にいる星《ほし》の形《かたち》をした生《い》き物《もの》だねベイビー
うんうん
海のいきもの
海の
わかった「海星《ひとで》」だ!!
正解《せいかい》
人《ひと》の手《て》にも似《に》ているから「人手《ひとで》」とも書《か》くんだよ
じゃあ「海《うみ》の月《つき》」はなんて読《よ》む？
海月
星《ほし》の次《つぎ》は月《つき》か…なんだろね
海のいきもの
海のい
海《うみ》の月《つき》…海《うみ》の月《つき》……
う〜ん

海《うみ》に浮《う》かぶ月《つき》のように白《しろ》くて丸《まる》い生《い》き物《もの》だよベイビー
あ
わかった「海月《くらげ》」だぁ!!
なんだなんだ
水《みず》の母《はは》と書《か》いても「水母《くらげ》」と読《よ》むんだ
海《うみ》のつく動物漢字《どうぶつかんじ》はほかにもこんなにあるよ
海《うみ》の豚《ぶた》「海豚《いるか》」
海《うみ》の象《ぞう》「海象《セイウチ》」
海《うみ》の鼠《ねずみ》「海鼠《なまこ》」
海《うみ》の老《ろう》(人《じん》)「海老《えび》」
へえ
おもしろいね
すごいブー
河《かわ》の豚《ぶた》だと「河豚《ふぐ》」なんだ
なるほどー読《よ》み方《かた》をおぼえると楽《たの》しいねぇ
みなさんの話題《わだい》は「読《よ》めそうでちょっと難《むずか》しい読《よ》みの漢字《かんじ》」ですね
あっ戸川先生《とがわせんせい》!

それではこれは読《よ》めますか？
戦う
戦く
戦ぐ
「戦《たたか》う」はみなさん読《よ》めると思《おも》いますが…
むずかしいブー
送《おく》りがなが「く」や「ぐ」だと読《よ》めそうなのになかなか読《よ》めませんね
正解《せいかい》は「戦《おのの》く」「戦《そよ》ぐ」です
ブル
ブル
そよ
そよ
戦《おのの》く＝恐怖《きょうふ》や寒《さむ》さでふるえる（例《れい》／恐《おそ》れ戦《おのの》く）43ページ
戦《そよ》ぐ＝そよそよと音《おと》を立《た》てる（例《れい》／風《かぜ》が戦《そよ》ぐ）43ページ
フワァ〜
オイラには難《むずか》しくてあ・く・びが出《で》てきたじょ〜〜〜
ズバリ!!「あくび」を漢字《かんじ》で書《か》くとこうでしょう
＊欠伸《あくび》
さ・す・が丸尾《まるお》くん物知《ものし》りだねぇ
＊流石《さすが》
「さすが」はこうでしょう
おお
へえ

＊欠伸《あくび》＝18ページを見《み》てね。

＊流石《さすが》＝95ページを見《み》てね。

「あくび」も「さすが」も特別《とくべつ》な読《よ》み方《かた》です 漢字自体《かんじじたい》はそれほど難《むずか》しくありません 読《よ》み方《かた》をおぼえてしまえば難読漢字《なんどくかんじ》を身近《みぢか》に感《かん》じてきっと楽《たの》しくなりますよ
天邪鬼《あまのじゃく》（22ページ）
悪戯《いたずら》（29ページ）
十八番《おはこ》（44ページ）
案山子《かかし》（48ページ）
雑魚寝《ざこね》（94ページ）
注連縄《しめなわ》（100ページ）
山車《だし》（127ページ）
氷柱《つらら》（145ページ）
飯事《ままごと》（186ページ）
フン
へーっ「ままごと」って漢字《かんじ》はああ書《か》くのか
読《よ》み方《かた》をおぼえると楽《たの》しくなってくるね
お祭《まつ》りの「山車《だし》」はあれだブー
ズバリ!! この本《ほん》にのっている難読漢字《なんどくかんじ》を全部《ぜんぶ》おぼえるでしょう!!
みんなもこの本《ほん》で読《よ》み方《かた》をおぼえて楽《たの》しもう!!
難読漢字教室

愛敬

愛《あい》敬《きょう》

意味《いみ》 にこやかでかわいらしい様子《ようす》。

解説《かいせつ》 愛《あい》し敬《うやま》う意味《いみ》の熟語《じゅくご》「愛敬《あいぎょう》・愛敬《あいけい》」を、日本《にほん》で意味《いみ》を広《ひろ》げ、読《よ》み方《かた》を変《か》えて使《つか》うようになったことばです。「愛嬌《あいきょう》」とも書《か》きます。意味《いみ》の似《に》ていることばに「愛想《あいそ》」があり、共《とも》に「愛敬《あいきょう》をふりまく・愛想《あいそ》をふりまく」として使《つか》われます。

使い方《つかいかた》 昔《むかし》の人《ひと》は「女《おんな》は愛敬《あいきょう》、男《おとこ》は度胸《どきょう》」といったけれど、まる子《こ》はだんぜん「女《おんな》も度胸《どきょう》」だね。

今日《きょう》ね 佐々木《ささき》のじいさんにまるちゃんは愛敬《あいきょう》があってかわいいねっていわれたんだ
「愛敬《あいきょう》」って美人《びじん》ってこと?
愛想《あいそ》がいいってことよ
それって愛想《あいそ》?美人《びじん》?
えっと…
美人《びじん》にこだわるまる子であった――

生憎

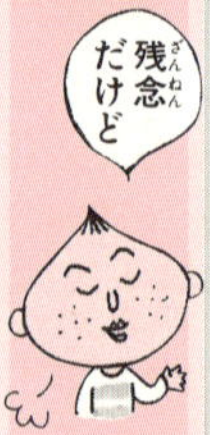

残念《ざんねん》だけど

生《あい》憎《にく》

意味《いみ》 都合《つごう》の悪《わる》い、残念《ざんねん》な様子《ようす》。

解説《かいせつ》 ああ憎《にく》いなあという意味《いみ》の「あやにく」が「あいにく」となりました。そして、深《ふか》く憎《にく》む意味《いみ》の熟語《じゅくご》「生憎《せいぞう》」にこのことばをあてて「生憎《あいにく》」と読《よ》むようにしたのです。「せっかく楽《たの》しみにしていたのに……残念《ざんねん》!」という場面《ばめん》で使《つか》われます。

使い方《つかいかた》 あしたは遠足《えんそく》。うきうきしていたら、残念《ざん》、生憎天気予報《あいにくてんきよほう》は雨《あめ》だって。

みぎわさん今度《こんど》の日曜《にちよう》あいてたら神社《じんじゃ》で遊《あそ》ぼうよ
お生憎《あいにく》さま日曜《にちよう》は予定《よてい》がうまっているわよ
ホホホホホ
さっき花輪《はなわ》クンを映画《えいが》にさそったら断《ことわ》られていたよ…
負《ま》け惜《お》しみだよな
く〜
う…

和える

和《あ》える

意味 魚《さかな》・野菜《やさい》などに、酢《す》・ごま・みそなどを混《ま》ぜ合《あ》わせる。

解説 いっしょにする・混《ま》ぜ合《あ》わせる意味《いみ》の漢《かん》字《じ》「和《わ》」に日本《にほん》のことばの「あえる」をあてて、「和《あ》える」と読《よ》むようにしたのです。また、その料理《りょうり》を「和《あ》え物《もの》」といいます。

使い方 今日《きょう》の夕飯《ゆうはん》は、お母《かあ》さんの得意《とくい》な和《あ》え物《もの》だそうだ。きっとおいしいだろうな、楽《たの》しみだ。

まる子《こ》は菜《な》の花《はな》のごま和《あ》えが好《す》きなんだ
野口《のぐち》さんはどんな和《あ》え物《もの》が好《す》きなの？
……
……明太子《めんたいこ》とイクラの和《あ》え物《もの》
……へえ
魚《さかな》の卵《たまご》ばかりである——

購う

購《あがな》う

つりはいらねえぜ

意味 買《か》い求《もと》める。

解説 自分《じぶん》のものにする意味《いみ》の「あがう」からできたことばといわれ、買《か》い取《と》る意味《いみ》の漢字《かんじ》「購《こう》」をあてて「購《あがな》う」としたのです。「購《こう》」は「購買《こうばい》・購読《こうどく》」などと使《つか》われる字《じ》で、お金《かね》を表《あらわ》す部首《ぶしゅ》「貝《かい》」がついています。

使い方 少《すこ》しずつ土地《とち》を購《あがな》い、農地《のうち》を広《ひろ》げていった。

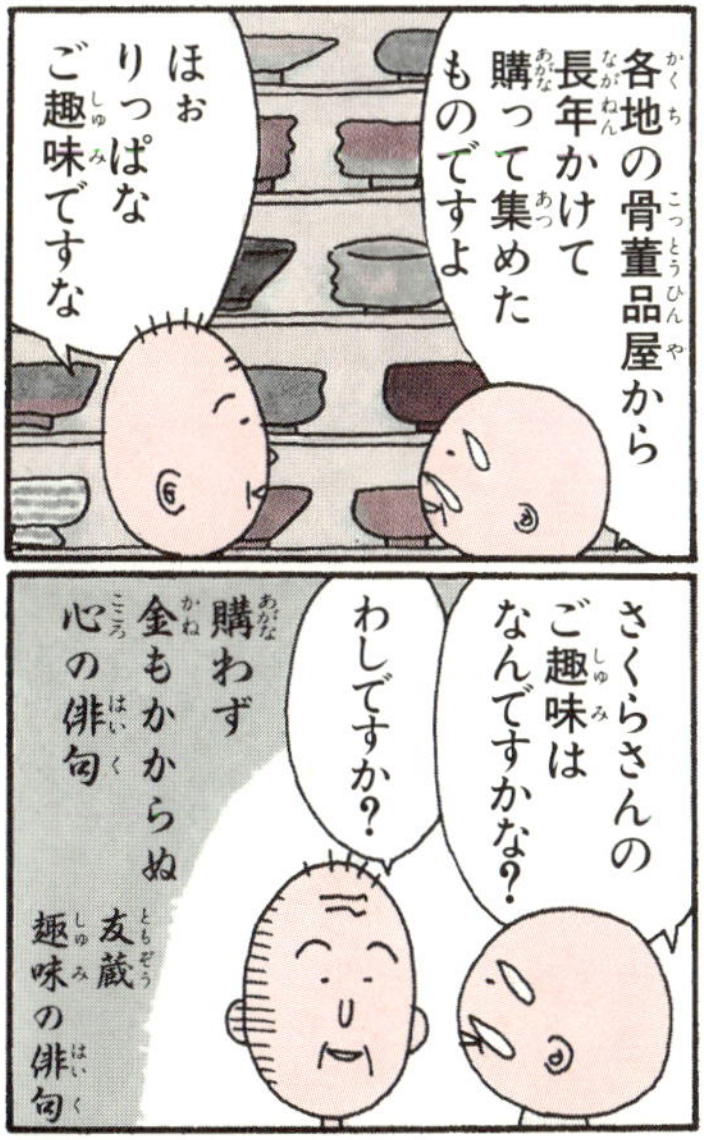

各地《かくち》の骨董品屋《こっとうひんや》から長年《ながねん》かけて購《あがな》って集《あつ》めたものですよ
ほぉりっぱなご趣味《しゅみ》ですな
さくらさんのご趣味《しゅみ》はなんですかな？
わしですか？
購《あがな》わず金《かね》もかからぬ心《こころ》の俳句《はいく》
友蔵《ともぞう》
趣味《しゅみ》の俳句《はいく》

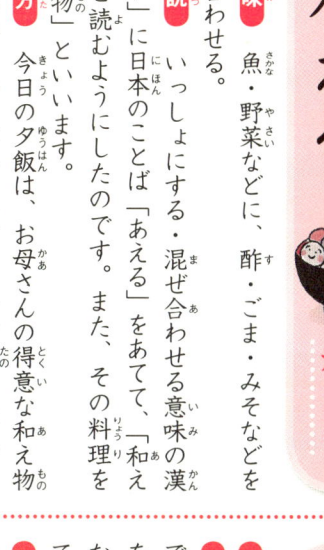

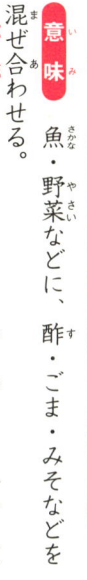

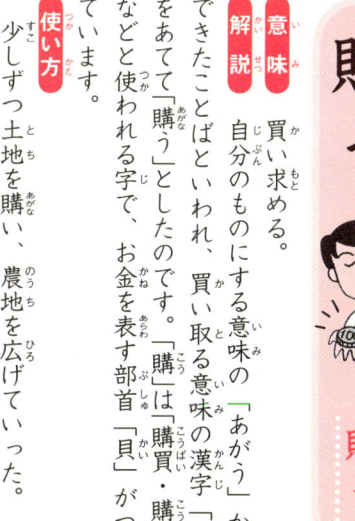

崇める

崇《あが》める

意味《いみ》 尊《とうと》いものとして敬《うやま》い、大切《たいせつ》にする。

解説《かいせつ》 上《うえ》に置《お》く意味《いみ》の「上《あ》がむ」からできたことばです。尊《とうと》い相手《あいて》を上《うえ》に置《お》いて、下《した》から拝《おが》むのです。尊《とうと》ぶ意味《いみ》の漢字《かんじ》「崇《すう》」にこのことばをあてて「崇《あが》める」となりました。

使《つか》い方《かた》 一家《いっか》で先祖《せんぞ》を崇《あが》める。

最新号《さいしんごう》のまんがだぜ 貸《か》してほしくば崇《あが》めたまえ
マンガ

欠伸

欠伸《あくび》

意味《いみ》 眠《ねむ》いときや退屈《たいくつ》なときに、思《おも》わず口《くち》が開《ひら》いて出《で》る大《おお》きな息《いき》。

解説《かいせつ》 「あくぶ」からできたことば。あくび・せのびの意味《いみ》の熟語《じゅくご》「欠伸《けんしん》」にこのことばをあてて「欠伸《あくび》」としたのです。

使《つか》い方《かた》 欠伸《あくび》ばかりしていないで、眠《ねむ》いならさっさと寝《ね》なさい。

似《に》た者親子《ものおやこ》の欠伸《あくび》だわ
ファ〜
ファ〜〜〜

胡座

胡座《あぐら》

意味《いみ》 両足《りょうあし》を前《まえ》に組《く》んで座《すわ》る座《すわ》り方《かた》。

解説《かいせつ》 足《あし》を前《まえ》に置《お》いて座《すわ》る台《だい》「あげくら」からできたことばといわれています。あぐらの意味《いみ》の熟語《じゅくご》「胡座《こざ》」にこのことばをあてて「胡座《あぐら》」と読《よ》むようにしました。

使《つか》い方《かた》 おじいちゃんは胡座《あぐら》をかいて、こっくりしている。

どうだ!! 胡座《あぐら》にビール最高《さいこう》だろ!!
しーん

与る

かかわり

与《あずか》る

意味《いみ》 ①ある事《こと》がらにかかわりを持《も》つ。②目上《めうえ》の人《ひと》からありがたい志《こころざし》を受《う》ける。

解説《かいせつ》 かかわる意味《いみ》を持《も》つ漢《かん》字《じ》「与《よ》」に日本《にほん》のことばをあてて「与《あずか》る」と読《よ》むようにしたのです。読《よ》みが同《おな》じ「預《あず》かる」とは意味《いみ》が少《すこ》しずれるので、区別《くべつ》して使《つか》いましょう。「預《あず》かる」は、人《ひと》や物《もの》などを一定期間手元《いっていきかんてもと》に置《お》いておくことです。

使い方《つかいかた》 ①わたしの与《あずか》り知《し》ったことではない（＝わたしには関《かん》係《けい》ないことだ）。②おほめに与《あずか》り、光栄《こうえい》です（＝ほめていただき、ほこりに思《おも》います）。

「与《くみ》する」とも使《つか》う

仲間《なかま》に加《くわ》わることを「くみする」といいます。「組《くみ》する」からできたことばです。そこで、くみするの意味《いみ》の漢字《かんじ》「与《よ》」にあてて、「与《くみ》する」と読《よ》みます。あつかいやすい相《あい》手《て》の場合《ばあい》、「与《くみ》しやすし・与《くみ》しやすい」と使《つか》います。

与《くみ》する

丸尾《まるお》くんが手伝《てつだ》ってくれてほんとに助《たす》かるよ
うんうん
おほめに与《あずか》り光栄《こうえい》です
これからもじゃんじゃんこのわたくし丸尾末男《まるおすえお》におまかせください
たのもしー
次《つぎ》の日《ひ》――
丸尾《まるお》くんたいへん!!男子《だんし》がケンカしてるよ!!とめてよ
え!?
ズバリ!!わたくしの与《あずか》り知《し》ったことではないでしょう!!
え…

軋轢

軋轢《あつれき》

意味《いみ》 仲《なか》が悪《わる》くなること。

解説《かいせつ》 「軋《あつ》」も「轢《れき》」も、車輪《しゃりん》がぎしぎしときしることで、車《くるま》がなめらかに進《すす》まない様子《ようす》を表《あらわ》します。いざこざを起《お》こしているのです。なお、それぞれ、「軋《きし》る」「轢《きし》る」としても使《つか》われます。

使《つか》い方《かた》 まる子《こ》のクラスでは、口《くち》げんかもたまにあるけれど、軋轢《あつれき》というほどでもない。根《ね》はみんな優《やさ》しい子《こ》ばかりだから。

まる子《こ》 いいかげんにしてよ!! ほんとにいやになっちゃう
なにさ お姉《ねえ》ちゃんだって!!
そういえば 今日《きょう》は ドリフの日《ひ》だよね
そうそう スペシャル版《ばん》の日《ひ》なんだよ 楽《たの》しみだね
ドリフによって軋轢《あつれき》が解消《かいしょう》されるのであった——

強ち

テスト 100

強《あなが》ち

意味《いみ》 かならずしも。まんざら。

解説《かいせつ》 下《した》に「ない・ません」などの打《う》ち消《け》しのことばがきて、「決《けっ》してそうであると決《き》めつけることはできない」という意味《いみ》で使《つか》われます。無理《むり》にする意味《いみ》の「強《きょう》」の字《じ》にあてて「強《あなが》ち」としたのです。

使《つか》い方《かた》 お姉《ねえ》さんが、百点《ひゃくてん》を取《と》ったそうだ。強《あなが》ちうそとは思《おも》えない。よく勉強《べんきょう》しているから。

先月《せんげつ》 ヨーロッパに行《い》って カフェでティータイムをして その足《あし》でエジプトに行《い》って日光浴《にっこうよく》—— 次《つぎ》の週《しゅう》は京都《きょうと》の料亭《りょうてい》でディナーさ
ふつうの人《ひと》がいったらうそっぽいけど… 花輪《はなわ》クンがいうと強《あなが》ち うそとは思《おも》えないよね
うんうん

数多

数多《あまた》

意味《いみ》 たくさん。何度《なんど》も。

解説《かいせつ》 余《あま》るほど数多《かずおお》くある様子《ようす》を表《あらわ》す「あまりた」からできたことばです。「数多《かずおお》く」の漢字《かんじ》をそのまま使《つか》って「数多《あまた》」と読《よ》むようにしました。「引《ひ》く手数多《てあまた》」ということばをよく聞《き》きますが、「さそいが多《おお》い」という意味《いみ》です。売《う》れっ子《こ》ですね。

使《つか》い方《かた》 信長《のぶなが》は数多《あまた》の合戦《かっせん》に勝利《しょうり》を収《おさ》め、ついに天下《てんか》を取《と》った。

お父《とう》さん まる子《こ》は 将来《しょうらい》数多《あまた》の ファンに 囲《かこ》まれる ような アイドルに なれると 思《おも》う?
そうだなぁ…
とりあえず 今《いま》は数多《あまた》の アリんコに 囲《かこ》まれて いるけどな
ギャッ

遍く

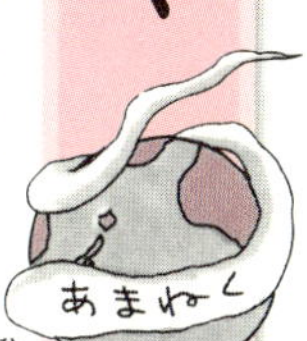
あまねく

遍《あまね》く

意味《いみ》 すべてにわたって。広《ひろ》く。

解説《かいせつ》 余《あま》すところがない意味《いみ》の「あまねし」が「あまねく」となって使《つか》われていることばです。すみからすみまで全部《ぜんぶ》のことです。似《に》たような意味《いみ》の漢字《かんじ》「遍《へん》」にあてて「遍《あまね》く」としました。なお、「普《あまね》く」という表《あらわ》し方《かた》もします。

使《つか》い方《かた》 ノーベル賞《しょう》を手《て》にした彼《かれ》の名《な》は、全国《ぜんこく》に遍《あまね》く知《し》れわたった。

日本中《にほんじゅう》に 遍《あまね》く知《し》れ わたる 静岡《しずおか》の お茶《ちゃ》ですが新茶《しんちゃ》の 季節《きせつ》がやって まいりました
わ〜い わ〜い新茶
遍《あまね》く知《し》れわたる まる子《こ》の新茶《しんちゃ》好《ず》きは
まるちゃんの ために新茶《しんちゃ》を 持《も》ってきたよ
新茶
汗《あせ》ばむ初夏《しょか》に なっても 続《つづ》くのである——
あつい…

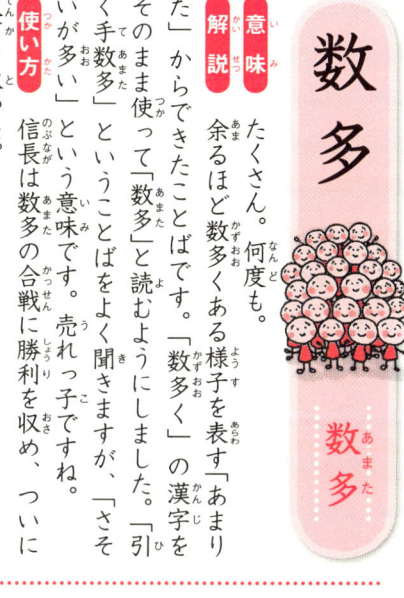

天邪鬼

フン

天邪鬼《あまのじゃく》

意《い》味《み》　何《なに》ごとにつけ、周《まわ》りの人《ひと》のすること、いうことにわざとさからって、じゃまをする人《ひと》。

解《かい》説《せつ》　「邪《じゃ》」は悪《わる》いの意味《いみ》で、天《てん》にいる悪神《あくじん》「天邪鬼《あまんじゃき》」がもとのことばです。お寺《てら》の山門《さんもん》で、仁《に》王様《おうさま》に、ふみつけられている姿《すがた》を見《み》たことがあるでしょう。「あまんじゃく」ともいいます。

使《つか》い方《かた》　たまには、みんなの意見《いけん》に耳《みみ》をかたむけなよ。天邪鬼《あまのじゃく》といわれて、好《す》かれないよ。

今日《きょう》はカレーでいいかしら？
オレはやだね魚《さかな》はねえのかよ
わ〜い
うんうん
…じゃあ焼《や》き魚《ざかな》にでもしようかしら
オレは刺身《さしみ》だぞ！
いいよそれで
うんうん
天邪鬼《あまのじゃく》である——

抗う

ガー

抗《あらが》う

意《い》味《み》　はむかう。さからう。

解《かい》説《せつ》　争《あらそ》う意味《いみ》の「あらう」と、交《まじ》える意味《いみ》の「かう」とで、たがいに争《あらそ》うことからできたことばです。はむかう意味《いみ》の漢字《かんじ》「抗《こう》」にこのことばをあてて「抗《あらが》う」としたのです。そういえば、「抗《こう》」のつく熟語《じゅくご》「反抗《はんこう》・抵抗《ていこう》」……どれもはむかっていますね。

使《つか》い方《かた》　何《なに》かにつけ党《とう》の方針《ほうしん》に抗《あらが》い、ついに除名《じょめい》されてしまった。

わわっ
ワー
ワー
大野《おおの》くんと杉山《すぎやま》くんが6年《ねん》相手《あいて》に抗《あらが》っているところです
どうしたの
？
丸尾《まるお》くんは何《なに》してるの？
わたくしはズバリ!! 抗《あらが》う大野《おおの》くんと杉山《すぎやま》くんを見届《みとど》けているところでしょう!!
へえ

行脚

行《あん》脚《ぎゃ》

意味《いみ》 各地《かくち》を次々《つぎつぎ》と訪《たず》ねていくこと。

解説《かいせつ》 もともとは、お坊《ぼう》さんが修行《しゅぎょう》のために諸《しょ》国《こく》をめぐって歩《ある》くことです。ふつう「行」の音読《おんよ》みは「ギョウ・コウ」ですが、「アン」と読《よ》むのはめずらしく、この音読《おんよ》みを「唐音《とうおん》」といいます。ほかに「行灯《あんどん》・行火《あんか》」にも使《つか》われています。

使《つか》い方《かた》 日本各地《にほんかくち》を行脚《あんぎゃ》し、仏《ほとけ》の教《おし》えを説《と》いて回《まわ》る。

行脚《あんぎゃ》とはもともとお坊《ぼう》さんが諸国《しょこく》をめぐり修行《しゅぎょう》することなんだ
へぇ
ようするに食《た》べ歩《ある》きの旅《たび》ってことだな
アハハ アハハ
……そうではない

安穏

安《あん》穏《のん》

意味《いみ》 変《か》わったことがなく、穏《おだ》やかな様子《ようす》。

解説《かいせつ》 安《やす》らかで穏《おだ》やかなのが「安穏《あんのん》」です。「穏」はもともと「穏《おん》」ですが、「安《あん》」のn（ん）と「穏《おん》」のo（お）とがくっついて、no（の）になったのです。発音《はつおん》しやすいからです。このような発音《はつおん》の変《へん》化《か》を「連声《れんじょう》」といいます。「天皇《てんのう》」もそうですね。

使《つか》い方《かた》 わたしも六十年後《ねんご》には、おじいちゃんやおばあちゃんのように安穏《あんのん》に暮《く》らせるといいな。

じつに安穏《あんのん》な毎日《まいにち》ですな
草木《くさき》も安穏《あんのん》なのがなによりです
こんなに安穏《あんのん》な日々《ひび》でよいのでしょうか
それが幸《しあわ》せってものですよ
安穏《あんのん》な老人《ろうじん》たちである

塩梅

塩梅《あんばい》

意味《いみ》 料理《りょうり》の味《あじ》つけのかげんや物事《ものごと》のぐあい。

解説《かいせつ》 からいとすっぱいの味《あじ》つけからできたことばです。もともとの熟語《じゅくご》は「塩梅《えんばい》」で、ほどよく並《なら》べる意味《いみ》の「按配《あんばい》（按排《あんばい》）」と混《ま》じり合《あ》って、日本《にほん》で「塩梅《あんばい》」となってしまったのです。そのため、「塩梅《あんばい》」「按配《あんばい》」の両方《りょうほう》を使《つか》います。

使《つか》い方《かた》 夏休《なつやす》みもあと一週間《しゅうかん》で終《お》わりだけど、宿題《しゅくだい》の進《すす》みぐあいは、どんな塩梅《あんばい》なの？

おっ 今日《きょう》のおかずは いい塩梅《あんばい》だな 母《かあ》さん 腕《うで》を上《あ》げたな
うん うん
それ いただきもののおかずよ
………

許婚

許婚《いいなずけ》

意味《いみ》 小《ちい》さいときから親同士《おやどうし》が決《き》めた結婚《けっこん》の約束《やくそく》。また、婚約者《こんやくしゃ》。

解説《かいせつ》 「いい」は結《むす》ぶ意味《いみ》の「結《ゆ》い」からといわれていますが、それ以上《いじょう》ははっきりしません。結婚《けっこん》を許《ゆる》す意味《いみ》の熟語《じゅくご》「許婚《きょこん》」にあてて「許婚《いいなずけ》」と読《よ》みます。「許嫁《いいなずけ》」と表《あらわ》すこともあります。

使《つか》い方《かた》 「わたしと花輪《はなわ》クンが許婚《いいなずけ》の仲《なか》だったらいいのになあ」……みぎわさんのひとりごとです。

ボクの 許婚《いいなずけ》だよ
わたしたち 小《ちい》さいころから いっしょに 遊《あそ》んでいたの
幼《おさな》なじみだね
ステキな話だね
アハハ
ブヒ〜
アーハハ
自分《じぶん》たちに 置《お》き換《か》えたく ない まる子《こ》と たまえだった——

漁火

漁火《いさりび》

意味《いみ》 魚《さかな》を集《あつ》めるために、漁船《ぎょせん》がたく火《ひ》。

解説《かいせつ》 魚《さかな》や貝《かい》をとることを古《ふる》くは「漁《いざ》る」といい、これが「いさる」となり、「いさり火《び》」として使《つか》われるようになりました。同《おな》じ意味《いみ》の熟語《じゅくご》「漁火《ぎょか》」にあてて「漁火《いさりび》」です。明《あ》かりに集《あつ》まってくる魚《さかな》の習性《しゅうせい》を利用《りよう》してたく火《ひ》です。

使《つか》い方《かた》 暗《くら》い沖《おき》に、点々《てんてん》と漁火《いさりび》が見《み》える。神秘的《しんぴてき》な光景《こうけい》だね。

漁火《いさりび》は魚《さかな》をさそい寄《よ》せるために漁船《ぎょせん》でたく火《ひ》のことだよ
漁船《ぎょせん》で火《ひ》を？
……
とれたての魚《さかな》を すぐ焼《や》けるなんてうらやましいね
え…
そうではない――

何処

いずこへ〜

何処《いずこ》

意味《いみ》 はっきりしない場所《ばしょ》。どこ。

解説《かいせつ》 「処《こ》」は場所《ばしょ》を指《さ》し、「何《いず》れのところ」を表《あらわ》すのが「何処《いずこ》」です。このような「処《こ》」は、「こ・そこ・あそこ」にも使《つか》われています。そして、「どこ」の場合《ばあい》は「何処《いずこ》」の漢字《かんじ》を使《つか》って「何処《どこ》」と表《あらわ》すこともあります。

使《つか》い方《かた》 雪女《ゆきおんな》は、夫《おっと》と子《こ》どもたちを残《のこ》して、何処《いずこ》へか去《さ》っていった。

ばあさんや
このおいぼれを置《お》いて何処《いずこ》へ行《い》くんじゃ？
お隣《となり》に回覧板《かいらんばん》届《とど》けに行《い》くだけですよ
……
ばあさんや わしもいっしょに連《つ》れてって
友蔵《ともぞう》 心《こころ》の俳句《はいく》

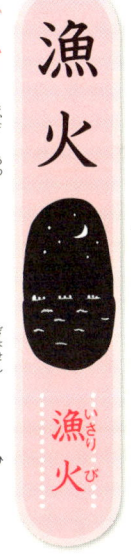

この漢字《かんじ》、なんて読《よ》む？

花《はな》と草木《くさき》

① 紫陽花

梅雨時《つゆどき》に咲《さ》いて、目《め》を楽《たの》しませてくれるよ。

② 土筆

早春《そうしゅん》に芽《め》を出《だ》し、やがてスギナになるよ。

③ 向日葵

夏《なつ》に大《おお》きな黄色《きいろ》い花《はな》を咲《さ》かせるキク科《か》の一年草《いちねんそう》だよ。

④ 風信子

江戸末期《えどまっき》に渡来《とらい》。「ヒヤシント」と呼《よ》ばれたよ。

⑤ 杜若

「燕子花」とも書《か》き、江戸《えど》時代《じだい》の絵師《えし》、尾形光琳《おがたこうりん》の屏風絵《びょうぶえ》でも有名《ゆうめい》だよ。

⑥ 仙人掌

メキシコやアメリカの砂漠《さばく》に多《おお》く分布《ぶんぷ》するよ。

⑦ 万年青

葉《は》は一年《ねん》じゅう青々《あおあお》としている。観賞用《かんしょうよう》の園芸植物《えんげいしょくぶつ》だ。

⑧ 鬼灯

赤《あか》い実《み》の中《なか》の種《たね》をとって空《から》にして吹《ふ》き鳴《な》らすのは？

⑨ 銀杏

その実《み》は同《おな》じ字《じ》で「ぎんなん」と読《よ》むよ。「鴨脚樹」とも書《か》くよ。

⑩ 竜胆

山野《さんや》に自生《じせい》し、紫色《むらさきいろ》のつりがね状《じょう》の花《はな》が咲《さ》くよ。

⑪ 山茶花

椿《つばき》に似《に》ているが、葉《は》は小《ちい》さく、花《はな》は初冬《しょとう》に咲《さ》くよ。

⑫ 撫子

「○○○○ジャパン」「やまと○○○○」といえば？ 秋《あき》の七草《ななくさ》の一《ひと》つだよ。

⑬ 薔薇

花《はな》は香《かお》りが高《たか》く、枝《えだ》にはとげがある。

⑭ 蒲公英

花《はな》は黄色《きいろ》。綿毛《わたげ》のような種《たね》は、風《かぜ》に乗《の》って散布《さんぷ》されるよ。

答《こた》え

①あじさい ②つくし ③ひまわり ④ヒヤシンス
⑤かきつばた ⑥サボテン ⑦おもと ⑧ほおずき ⑨いちょう
⑩りんどう ⑪さざんか ⑫なでしこ ⑬ばら ⑭たんぽぽ

勤しむ

勤《いそ》しむ

意味《いみ》 物事《ものごと》にけんめいにはげむ。精《せい》を出《だ》す。

解説《かいせつ》 「いそいそと出《で》かける」というと、急《いそ》ぎ足《あし》の感《かん》じがしますね。この「いそいそ」と「急《いそ》ぐ」の「いそ」は、もともと同《おな》じなのです。そして、けんめいにはげむのは「いそしむ」で、同《おな》じような意《い》味《み》の漢字《かんじ》「勤《きん》」を使《つか》って「勤《いそ》しむ」としたのです。

使《つか》い方《かた》 お姉《ねえ》さんは勉強《べんきょう》に勤《いそ》しんでいる。まる子《こ》は遊《あそ》びに勤《いそ》しむ？……そんなことばはないよね。

せっ せっ
丸尾《まるお》くん休《やす》み時間《じかん》も勉強《べんきょう》に勤《いそ》しむなんてスゴイね
ボソ
うらやましいブー
物事《ものごと》に一所懸命《いっしょけんめい》はげむことはいいことだブー
どうしたの？ブー太郎《たろう》⁇
勤《いそ》しむことにあこがれるブー太郎《たろう》であった——

居丈高

居丈高《いたけだか》

意味《いみ》 上《うえ》からおさえつけるように、人《ひと》をおどす。

解説《かいせつ》 「居丈《いたけ》」は座《すわ》っているときの背《せ》の高《たか》さ（＝座高《ざこう》）のことで、身《み》をぐっとそらして相手《あいて》をおさえつけるような態度《たいど》をとるのが「居丈高《いたけだか》」です。「居《い》」は座《すわ》る意味《いみ》です。「丈《たけ》」は長《なが》さの意味《いみ》で、ここでは身長《しんちょう》のことです。「身《み》の丈《たけ》」ともいいますね。

使《つか》い方《かた》 あのおじさんは、すぐ居丈高《いたけだか》になってどなりまくるので、だれも寄《よ》りつかない。

オラオラどけよ!!
どけっていってんだろ——
ヒー
ああこわいねえ
ほんとだね
ズバリ!!居丈高《いたけだか》になってどなっているでしょう!!
えっと…
居丈高《いたけだか》にどなっていても子《こ》どもには弱《よわ》いのである

悪戯

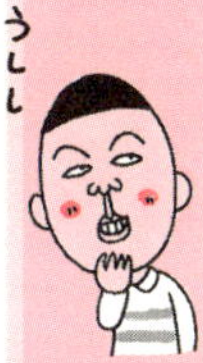
うしし

悪戯《いたずら》

意味《いみ》 ふざけて、人《ひと》にめいわくがかかるような行《おこな》いをすること。

解説《かいせつ》 たいそう、たいへんの意味《いみ》の「いと」と空《から》を表《あらわ》す「うつろ」が合《あ》わさって、「いとうつろ→いたずら」となりました。もとは「むだ」の意味《いみ》でしたが、これがねうちのないことをする意味《いみ》に広《ひろ》がります。やがて「悪《わる》ふざけ」を表《あらわ》す熟語《じゅくご》「悪戯《あくぎ》」にあてて「悪戯《いたずら》」と読《よ》むようになったのです。なお、「戯《ぎ》」は遊《あそ》ぶ、楽《たの》しむの意味《いみ》です。

使い方《つかいかた》 悪戯《いたずら》が過《す》ぎると、とんでもない事件《じけん》になってしまうよ。ほどほどにしなさい。

悪《わる》くない「戯《ぎ》」

「戯《ぎ》」は、よいことばにもたくさん使《つか》われています。幼稚園《ようちえん》で遊《あそ》んだりダンスをしたりするのは「遊戯《ゆうぎ》」、ボールで遊《あそ》ぶのは「球《きゅう》戯《ぎ》」です。訓読《くんよ》みは「戯《たわむ》れる」で、ペットと戯《たわむ》れて楽《たの》しんでいる人《ひと》もたくさんいるでしょう。

きみ 悪戯《いたずら》と いえば どんな ことだと思《おも》うん だい？
有名《ゆうめい》な悪戯《いたずら》と いったら 黒板消《こくばんけ》し 落《お》としだね
ボクが一番《いちばん》だと 思《おも》う悪戯《いたずら》は だれかの背中《せなか》に ガムをくっつけ ることだね
それは すごいね
そのほかには 黒板《こくばん》に落書《らくが》き 廊下《ろうか》にバナナの 皮《かわ》を置《お》いたりと いろいろ あるだろ
どれも 勇気《ゆうき》が いるよね
ボクには そんな悪戯《いたずら》をする 勇気《ゆうき》なんて ないけどね
奇遇《きぐう》だね ボクもさ
根暗《ねくら》な二人《ふたり》の 悪戯談議《いたずらだんぎ》であった——

徒に

時間《じかん》なんて徒《いたずら》に過《す》ぎていくだけさ

徒《いたずら》に

意味《いみ》 むだに。役《やく》に立《た》つことなしに。

解説《かいせつ》 前《まえ》のページの説明《せつめい》にもあるように、「いたずら」は「いとうつろ」からできたことばで、何《なん》のねうちもないことです。似《に》た意味《いみ》を持《も》つ漢字《かんじ》「徒《と》」にあてて「徒《いたずら》」と読《よ》むようにしました。ふつうは、下《した》に「に」がついて「徒《いたずら》に」として使《つか》われています。

使《つか》い方《かた》 徒《いたずら》に夏休《なつやす》みを過《す》ごさないように、しっかりと計画《けいかく》を立《た》てよう。

オレの人生《じんせい》は徒《いたずら》に過《す》ぎている気《き》がするなあ…
何《なに》いってんだ山《やま》ちゃん それじゃ今日《きょう》 オレとここで飲《の》んでることもむだだっていうのかよ
ちくわ
しーーん
……………
ひゅう
徒《いたずら》に時間《じかん》だけが経過《けいか》するのであった

労る

労《いたわ》る

意味《いみ》 優《やさ》しく親切《しんせつ》にする。大切《たいせつ》にあつかう。

解説《かいせつ》 「いた」は病気《びょうき》による苦《くる》しみ、「わる」は思《おも》いやるの意味《いみ》で、「いたわる」は病人《びょうにん》を思《おも》いやり、親切《しんせつ》にすることからできたことばです。「ねぎらう」の意味《いみ》の漢字《かんじ》「労《ろう》」にあてて「労《いたわ》る」となりました。なお、「労《ねぎら》う」という読《よ》み方《かた》もあります（157ページ）。

使《つか》い方《かた》 まる子《こ》は、お年寄《としよ》りを労《いたわ》る優《やさ》しい心《こころ》を持《も》っている。

なんか怠《だる》いのう
ボーー
おじいちゃん病気《びょうき》だよ!! 寝《ね》てなきゃだめだよ
おじいちゃんが早《はや》く よくなるようにまる子《こ》が子守歌《こもりうた》歌《うた》うね
まる子…
労《いたわ》られ 今《いま》さら元気《げんき》と いえんかな 友蔵《ともぞう》 心《こころ》の俳句《はいく》

一途

一途《いちず》

意味《いみ》 一《ひと》つのことに集中《しゅうちゅう》して、ほかのことをかえりみない様子《ようす》。ひたむき。

解説《かいせつ》 「途《ず》」は道《みち》を歩《ある》いていく意味《いみ》を表《あらわ》します。「一《いち》」がついて、一本道《いっぽんみち》――ただそれだけを、わき目《め》もふらずに歩《ある》く態度《たいど》です。なお、「一途《いっと》」と読《よ》むと、一《ひと》つの方法《ほうほう》や方向《ほうこう》の意味《いみ》になります。

使い方《つかいかた》 長山《ながやま》くんは勉強一途《べんきょういちず》だ。だから物知《ものし》りなんだね。少《すこ》しは見習《みなら》おう。

わたしは花輪《はなわ》クンに一途《いちず》なの…この気持《きも》ち どうしたら わかってもらえるかしら
ベイビー 今《いま》のひとりごと 思《おも》いきり 聞《き》こえて いるよ
キャッ はずかしい
一途《いちず》に思《おも》う みぎわさんである――

暇

暇中《いとまちゅう》

暇《いとま》

意味《いみ》 ①ひま ②休《やす》み ③別《わか》れ

解説《かいせつ》 「いと」はひま、「ま（間）」は時《とき》を表《あらわ》し、時間《じかん》があく、時間《じかん》をあける意味《いみ》です。「暇《ひま》」とも読《よ》む漢字《かんじ》「暇《か》」にあてて、「暇《いとま》」と使《つか》っています。「暇《いとま》を取《と》る」といえば休《やす》むこと、「お暇《いとま》します」といえば、さようならをする意味《いみ》です。

使い方《つかいかた》 まる子《こ》はいそがしくて勉強《べんきょう》する暇《いとま》もないといっているが、何《なに》にいそがしいのだろう。

そろそろ お暇《いとま》 しますかな
まだまだ いいじゃ ないですか 佐々木《ささき》さん
よいしょ
木《き》や草《くさ》に 水《みず》をやら ないと… これ以上《いじょう》 話《はな》す暇《いとま》は ないのです 申《もう》し訳《わけ》ない
そうですな
年中《ねんじゅう》暇《いとま》のある わしって一体《いったい》……
ハハ…

田舎

田舎《いなか》

意味《いみ》 都会《とかい》から遠《とお》くはなれた所《ところ》。ふるさと。

解説《かいせつ》 田畑《たはた》と家《いえ》を表《あらわ》す熟語《じゅくご》「田舎《でんしゃ》」に、日本《にほん》のことば「いなか」をあてた読《よ》みが「田舎《いなか》」です。なぜ「いなか」と呼《よ》ぶのかははっきりわかっていません。おそらく「稲《いね》（いな）」に関係《かんけい》のある場所《ばしょ》「か」からではないかといわれています。

使《つか》い方《かた》 「ふるさと」の歌《うた》を聞《き》くと、しみじみと田舎《いなか》を思《おも》い出《だ》してしまう。

否応

否《いや》応《おう》

意味《いみ》 よくないこととよいこと。

解説《かいせつ》 「否《いや》」はいやと首《くび》を横《よこ》にふること、「応《おう》」は応《おう》じるでうなずくことです。下《した》に「なし」がついて、「否応《いやおう》なしに」という形《かたち》で使《つか》われ、「相手《あいて》が何《なん》といおうが無理《むり》やりに」の意味《いみ》を表《あらわ》します。なお、「否《いや》」は二《ふた》つ重《かさ》ねて「否否《いやいや》」としても使《つか》われます。

使《つか》い方《かた》 掃除《そうじ》のとき、前田《まえだ》さんに命令《めいれい》されると、だれもが否応《いやおう》なしに従《したが》ってしまう。

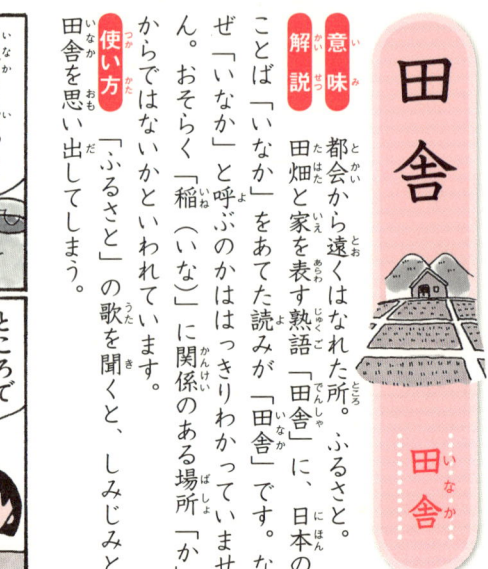

苛立つ

苛立《いらだ》つ

意味《いみ》 思《おも》いどおりにならなくて、いらいらする。

解説《かいせつ》 いらいらすることを「いらっ」といい、激《はげ》しさが高《たか》まることを表《あらわ》す「立《た》つ」がついて、激《はげ》しくいらいらする様子《ようす》を表《あらわ》しています。そして、わずらわしいという意味《いみ》の漢字《かんじ》「苛《か》」にあてたのが「苛《いら》立《だ》つ」という読《よ》みです。

使《つか》い方《かた》 何《なに》を苛立《いらだ》っているの？　深呼吸《しんこきゅう》を三回《かい》してごらん。気持《きも》ちが落《お》ちつくよ。

ああんもういらいらするね
ハアハア苛立《いらだ》つなこいつ…
二人《ふたり》とも何《なに》をいらいらしてるのよ？
ビンのフタが開《あ》かないんだよ！
ほんとうに苛立《いらだ》つよな
聞《き》かなきゃよかった…

窺う

窺《うかが》う

意味《いみ》 そっと様子《ようす》を見《み》る。

解説《かいせつ》 「うかがう」は、穴《あな》をあけて中《なか》の様子《ようす》をのぞくことからできたことばです。そして、似《に》た意《い》味《み》の漢字《かんじ》「窺《き》」にこのことばをあてて「窺《うかが》う」としました。なお、たずねる意味《いみ》の「伺《うかが》う」とは意味《いみ》が少《すこ》し異《こと》なるので、使《つか》い分《わ》けに注意《ちゅうい》しましょう。

使《つか》い方《かた》 まる子《こ》はお母《かあ》さんの顔色《かおいろ》を窺《うかが》ってから、勉強《べんきょう》するか遊《あそ》ぶかを決《き》めることにしている。

じ〜
はまじ自分《じぶん》の家《いえ》の窓《まど》をのぞいたりしてる何《なに》してるのさ
オレのテストの点数《てんすう》を見《み》た母《かあ》ちゃんの様子《ようす》を窺《うかが》っているんだよ……
きわめてまずい状況《じょうきょう》だね

穿つ

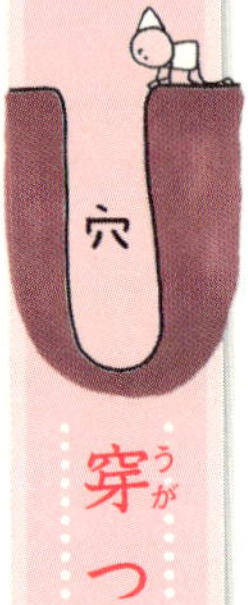

穿《うが》つ

意味《いみ》 ①穴《あな》をあける。②ほんとうの姿《すがた》をつかむ。

解説《かいせつ》 前《まえ》のページの「うかがう」の「うか」と、ここの「うが」は、穴《あな》をあける意味《いみ》です。ただし、ここの「うがつ」は、じっくりと調《しら》べ、真実《しんじつ》をつかみ取《と》る意味《いみ》にも使《つか》われます。そして、似《に》た意味《いみ》の漢《かん》字《じ》「穿《せん》」にあてて「穿《うが》つ」と読《よ》むようにしました。

使《つか》い方《かた》 「雨《あま》だれ石《いし》を穿《うが》つ」とは、小《ちい》さな努力《どりょく》を根気《こんき》よく続《つづ》けて、大《おお》きな成果《せいか》を得《え》るたとえです。

転寝

転《うた》寝《たね》

意味《いみ》 寝《ね》どこに入《はい》らないで、ついうとうとと眠《ねむ》ること。

解説《かいせつ》 うとうとして寝《ね》こんでしまう様子《ようす》を表《あらわ》します。程度《ていど》がだんだんと深《ふか》まっていく意味《いみ》を持《も》つ漢《かん》字《じ》「転《てん》」を使《つか》って、「転寝《うたたね》」としたのです。なお、「転《うた》た寝《ね》」「仮寝《うたたね》」という表《あらわ》し方《かた》もあります。

使《つか》い方《かた》 おじいちゃんは、日向《ひなた》ぼっこをしながら転寝《うたたね》をしている。声《こえ》をかけるのはやめておこう。

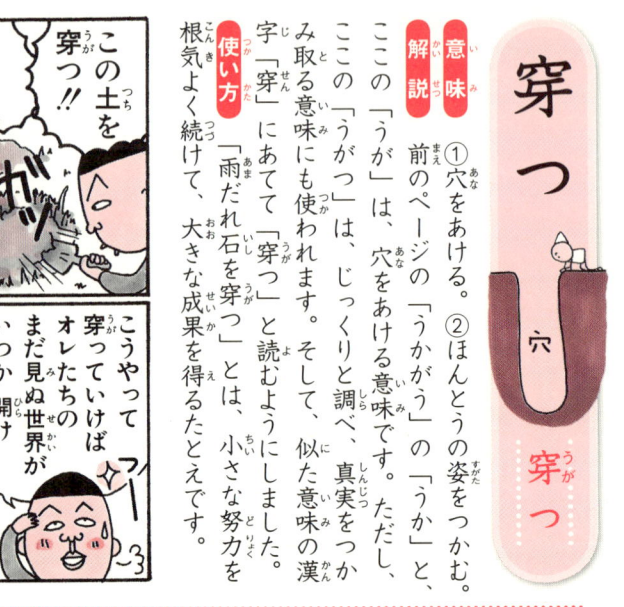

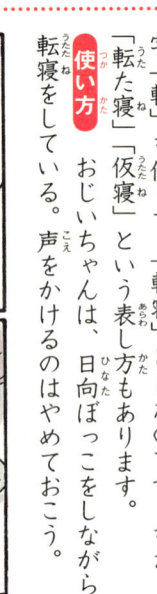

有頂天

有頂天《うちょうてん》

意味《いみ》 うれしくて、すっかり得意《とくい》になること。

解説《かいせつ》 仏教《ぶっきょう》で、形《かたち》のある世界《せかい》のもっとも高《たか》い所《ところ》の天《てん》を表《あらわ》します。このことばを日本《にほん》で、得意《とくい》な様子《ようす》として使《つか》うようになりました。しかし、うれしさのあまり有頂天《うちょうてん》になって、失敗《しっぱい》してはいけません。

うれしいときはまず落《お》ちついて、それから喜《よろこ》ぶようにしましょう。また、うっかり、「有頂《うちょう》点×」などと書《か》かないようにしましょう。

使い方《つかいかた》 花輪《はなわ》クンに「かわいいところがあるね」といわれて、みぎわさんはすっかり有頂天《うちょうてん》になってしまった。

「有《う》」のつくことば

「有《ゆう》」は「有《う》」とも読《よ》みます。主《おも》に仏教《ぶっきょう》のことばで使《つか》われます。有《あ》ると無《な》いとで「**有無**《うむ》」です。形《かたち》の有《あ》るものと無《な》いものは「**有象無象**《うぞうむぞう》」です。どこにでもある、つまらないものを指《さ》す四《よ》字熟語《じじゅくご》です。

有《う》
無《む》

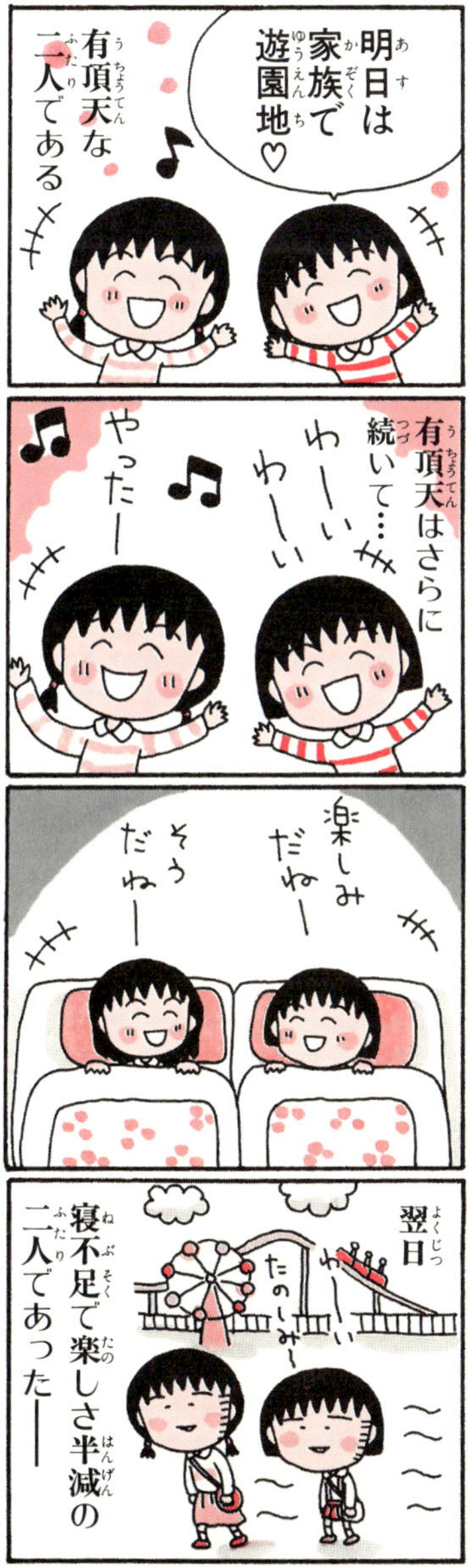
明日《あす》は家族《かぞく》で遊園地《ゆうえんち》♡
有頂天《うちょうてん》な二人《ふたり》である
有頂天《うちょうてん》はさらに続《つづ》いて…
わーい
わーい
やったー
楽しみだねー
そうだねー
翌日《よくじつ》
わーい
たのしみ〜
寝不足《ねぶそく》で楽《たの》しさ半減《はんげん》の二人《ふたり》であった——

虚ろ

テスト

虚《うつ》ろ

意味《いみ》 ①からっぽ。②ぼんやりしている様子《ようす》。

解説《かいせつ》 中《なか》に何《なに》もない、むなしい様子《ようす》が「うつろ」です。空《から》のことを「うつろ」とも「うつぼ」ともいっていました。そして、似《に》た意味《いみ》の漢字《かんじ》「虚《きょ》」にあてて「虚《うつ》ろ」と読《よ》むようにしたのです。なお、「空《うつ》ろ」「空虚《うつろ》」という表《あらわ》し方《かた》もあります。

使《つか》い方《かた》 テストの点数《てんすう》は二十点《てん》。さすがのまる子《こ》も、目《め》が虚《うつ》ろになった。

どうしたのさ ブー太郎《たろう》 虚《うつ》ろな目《め》しちゃってさ
食《た》べ始《はじ》めの アイスが ドブに落《お》ちた ブー
……
虚《うつ》ろに なっても 仕方《しかた》がない と思《おも》う まる子《こ》であった

五月蠅い

ワー

五月蠅《うるさ》い

意味《いみ》 やかましい。しつこくてうっとうしい。

解説《かいせつ》 「うるさい」のことばのもとは、はっきりしていません。ふつうは「煩《うるさ》い」と表《あらわ》しますが、五月《がつ》の蠅《はえ》を使《つか》ったところにこの表《あらわ》し方《かた》のおもしろさがあります。昔《むかし》の五月《がつ》（今《いま》の六月《がつ》）ごろの蠅《はえ》は、ほんとうにうるさくて、うっとうしかったのでしょう。

使《つか》い方《かた》 自動車《じどうしゃ》の音《おと》が五月蠅《うるさ》くて、家族《かぞく》は眠《ねむ》れない。わたしだけはグーグー、…寝《ね》るのは得意《とくい》だから。

ミーン
ミーン
ミン
ミン
ミーン
ミーン
ミン
ミン
ミーン
ミン
ああ もう〜
五月蠅《うるさ》い
ピタ
しーん
え

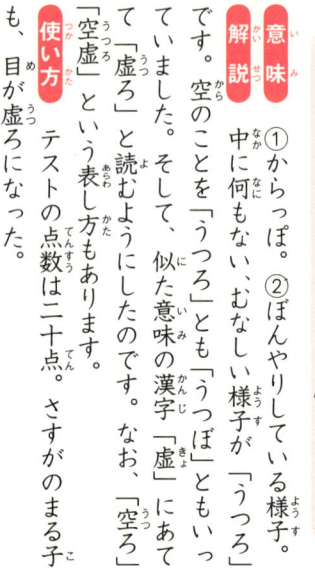

コラム❶

「重箱《じゅうばこ》」と「湯桶《ゆとう》」

—音読《おんよ》みと訓読《くんよ》み—

「生《せい》」という音読《おんよ》みのことばの下《した》には、「物《ぶつ》」というような音読《おんよ》みのことばが来《く》るのが熟語《じゅくご》では、ふつうです。もし、「生《なま》」という訓《くん》読《よ》みのことばだったら、「物《もの》」という訓《くん》読《よ》みのことばが下《した》に続《つづ》きます。

生物《せいぶつ》（音《おん》・音《おん》）
生物《なまもの》（訓《くん》・訓《くん》）

ことばは、ふつうこのように組《く》み合《あ》わさっていますけれど、世《よ》の中《なか》が進《すす》み、複雑《ふくざつ》になってくると、「音《おん》・音《おん》」「訓《くん》・訓《くん》」だけでは、ことばの数《かず》が足《た》りなくなります。そこで、昔《むかし》の人《ひと》が考《かんが》えたのが、音《おん》と訓《くん》の組《く》み合《あ》わせによる新《あたら》しいことばの生産《せいさん》です。

（音《おん》・訓《くん》）…台所《だいどころ》　役場《やくば》　味方《みかた》
（訓《くん》・音《おん》）…石段《いしだん》　湯気《ゆげ》　手帳《てちょう》

これで、

音《おん》・音《おん》［ア］　訓《くん》・訓《くん》［イ］
音《おん》・訓《くん》［ウ］　訓《くん》・音《おん》［エ］

の四通《とお》りがそろいました。これを頭《あたま》に入《い》れて、次《つぎ》のことばは「ア・イ・ウ・エ」のどれにあたるかためしてみましょう。すらっとできたら、たいしたものです。

①絵本《えほん》　②夕食《ゆうしょく》
③家路《いえじ》　④地主《じぬし》

さて、「音《おん》・訓《くん》」の組《く》み合《あ》わせによる読《よ》みを「**重箱読《じゅうばこよ》み**」と呼《よ》びます。「重箱《じゅうばこ》」が「音《おん》・訓《くん》」だからです。そして、「訓《くん》・音《おん》」の組《く》み合《あ》わせによる読《よ》みを「**湯桶読《ゆとうよ》み**」と呼《よ》びます。「湯桶《ゆとう》」とはお湯《ゆ》を入《い》れる桶《おけ》のことで、「訓《くん》・音《おん》」でできていることばだからです。

重箱《じゅうばこ》も湯桶《ゆとう》も食《た》べ物《もの》・飲《の》み物《もの》に使《つか》う道具《どうぐ》なので、ぴったりですね。

問題《もんだい》の答《こた》え　①ア②エ③イ④ウ

この漢字《かんじ》、なんて読《よ》む？
野菜《やさい》と果物《くだもの》

① 無花果

卵大《たまごだい》の実《み》の中《なか》に、外《そと》からは見《み》えない無数《むすう》の白《しろ》い花《はな》が咲《さ》くよ。

② 葡萄

実《み》は房状《ふさじょう》で甘《あま》く、ジュースやワインにもなるよ。

③ 玉蜀黍

黄色《きいろ》い小《ちい》さな実《み》がぎっしり行儀《ぎょうぎ》よく並《なら》んでいるよ。

④ 茄子

○○紺《こん》の色《いろ》は、赤《あか》みをおびた紺色《こんいろ》だよ。

⑤ 牛蒡

根菜料理《こんさいりょうり》、「きんぴら○○○○」はおいしいね。

⑥ 辣韮

塩漬《しおづ》け、甘酢漬《あまずづ》けなど、カレーに合《あ》うと思《おも》うよ。

⑦ 蜜柑

冬《ふゆ》の果物《くだもの》の王様《おうさま》だね。甘《あま》くておいしい柑橘類《かんきつるい》だ。

⑧ **南瓜**

カンボジアから伝来《でんらい》したので、○○○○なのだ。

⑨ **石榴**

実《み》は自然《しぜん》に割《わ》れ、赤《あか》い宝石《ほうせき》みたいな種《たね》がぎっしり。

⑩ **西瓜**

夏《なつ》といえば、この果物《くだもの》。浜辺《はまべ》で○○○割《わ》りもするよ。

⑪ **独活**

体《からだ》は大《おお》きくても役《やく》立《た》たずだと、「○○の大木《たいぼく》」っていわれちゃうよ。

⑫ **胡瓜**

熟《じゅく》すと黄色《きいろ》くなるので「黄瓜」とも書《か》くよ。

⑬ **林檎**

ジャムやお菓子《かし》の原料《げんりょう》によくなります。

⑭ **檸檬**

「○○○ティー」は、うすく輪切《わぎ》りにしたこれを入《い》れるよ。

答《こた》え

①いちじく ②ぶどう ③とうもろこし ④なす ⑤ごぼう ⑥らっきょう ⑦みかん ⑧かぼちゃ ⑨ざくろ ⑩すいか ⑪うど ⑫きゅうり ⑬りんご ⑭レモン

会得

うんうん

会得《えとく》

意味《いみ》 物事《ものごと》の大事《だいじ》なところをよく理解《りかい》して、自分《じぶん》のものにすること。

解説《かいせつ》 「会《え》」は理解《りかい》すること、「得《とく》」は手《て》に入《い》れることです。「会《え》」という読《よ》み方《かた》をおぼえましょう。「絵《え》」という漢字《かんじ》の右《みぎ》にある「会《え》」ですね。

使《つか》い方《かた》 ケン太《た》くんは、いくつもの難《むずか》しいサッカーの技《わざ》を会得《えとく》しようと日夜《にちや》、がんばっている。

長山《ながやま》くんはなんで勉強《べんきょう》ができるんだじょー
できるかどうかわからないけど先生《せんせい》に教《おし》えてもらったことを自分《じぶん》なりに整理《せいり》して会得《えとく》するんだ
先生《せんせい》のいっていることがわからないオイラはどうしたらいいじょ?
え〜〜〜…と
返答《へんとう》に困《こま》る長山《ながやま》くんであった——

大仰

あわわわわわ

大仰《おおぎょう》

意味《いみ》 大《おお》げさな様子《ようす》。

解説《かいせつ》 大《おお》げさなことを「仰々《ぎょうぎょう》しい」といい、さらに「大《おお》」がついて大《おお》きくなったのが「大仰《おおぎょう》」です。そういえば、関西《かんさい》の人《ひと》は「仰山《ぎょうさん》」ということばをよく使《つか》いますね。大《おお》きくてたくさんの意味《いみ》です。なお、「たいぎょう」と読《よ》まないようにしましょう。

使《つか》い方《かた》 そんなことで大仰《おおぎょう》にさわぐものじゃないよ。大事件《だいじけん》だと思《おも》われてしまうよ。

たいへんたいへんうちの庭《にわ》にのら猫《ねこ》がいるよ!
猫《ねこ》ぐらいいるだろ大仰《おおぎょう》だな
大仰《おおぎょう》じゃないんだよ!!猫《ねこ》が5匹《ひき》も赤《あか》ちゃん産《う》んだんだよ
ミー
ミー
うじゃ
うじゃ
え!!?
大仰《おおぎょう》ではない——

悪寒

ブル
ブル

悪《お》寒《かん》

意《い》味《み》 ぞくぞくするように感《かん》じる寒《さむ》さ。

解《かい》説《せつ》 周《まわ》りはそんなに寒《さむ》くないのに、体《からだ》だけがぞくぞくと寒《さむ》く感《かん》じるのが「悪寒《おかん》」で、風邪《かぜ》のひき始《はじ》めです。「悪《お》」はよくないの意味《いみ》で、「好悪《こうお》（＝好《す》ききらい）」という熟語《じゅくご》にも使《つか》われています。「あっかん」と読《よ》まないように注意《ちゅうい》しましょう。

使《つか》い方《かた》 今日《きょう》は悪寒《おかん》がするから、温《あたた》かいものでも食《た》べて、早《はや》く寝《ね》よう。

ブルブル〜〜
お〜〜〜 悪寒《おかん》がするぜ
大丈夫《だいじょうぶ》? はまじ… あんた風邪《かぜ》ひいたんじゃない
ブルブル〜〜〜
悪寒《おかん》がするよ ヒデじい
じ〜〜

怖気

怖《お》気《じけ》

意《い》味《み》 怖《こわ》いと感《かん》じる気持《きも》ち。

解《かい》説《せつ》 おじける（＝怖《こわ》くてびくびくする）気持《きも》ちを、漢字《かんじ》二文字《もじ》で表《あらわ》したことばです。このような「気《け》」は「寒気《さむけ》」にも使《つか》われています。少《すこ》し品《ひん》が落《お》ちますが、「食《く》い気《け》まんまん」というのもあります。なお、怖《こわ》くなることを「怖気《おじけ》づく」といいます。

使《つか》い方《かた》 学校《がっこう》の帰《かえ》り道《みち》、野口《のぐち》さんから怪談《かいだん》を聞《き》いたまる子《こ》は、怖気《おじけ》づいて夜眠《よるねむ》れなくなってしまった。

やめようよ 肝《きも》だめし なんて
さくらさん 怖気《おじけ》づいたのですか? ズバリ だらしないでしょう!!
うわ〜〜
ギャ〜〜
わたくしも 怖気《おじけ》づいて 一歩《ぽ》も前《まえ》に 進《すす》めない でしょう
だらしないぞ

遠近

遠《おち》近《こち》

意味《いみ》 あちらこちら。

解説《かいせつ》 「遠《おち》」は遠《とお》い所《ところ》、「近《こち》」は近《ちか》い所《ところ》で、やさしくいえば「あちこち——あっちこっち」です。熟《じゅく》語《ご》「遠近《えんきん》」にあてて、「遠近《おちこち》」と読《よ》むようにしました。「ち」は方向《ほうこう》や場所《ばしょ》を表《あらわ》し、「彼方此方《おちこち》」と書《か》くこともあります。また、「彼方此方《あちこち》」とも読《よ》みます。

使《つか》い方《かた》 宇宙船《うちゅうせん》に「遠近号《おちこちごう》」と名《な》づけたらどうだろう。宇宙《うちゅう》のあちこちを回《まわ》れるよ。

まる子《こ》や 今日《きょう》は 天気《てんき》も いいし 遠近《おちこち》 散歩《さんぽ》でも するかの
やったー
数時間後《すうじかんご》
迷子《まいご》じゃ…
遠近《おちこち》 歩《ある》き すぎたね
カァ
カァ

戯ける

戯《おど》ける

意味《いみ》 こっけいなことをいったり、したりする。

解説《かいせつ》 ふざけることを「道化《どうけ》」といい、これに「お」と「る」をつけたのが「おどける」です。ふざける意味《いみ》の漢字《かんじ》「戯《ぎ》」にあてて「戯《おど》ける」としました。なお、「戯《ぎ》」は「戯《たわむ》れる」とも使《つか》われます。そして、悪《わる》ふざけは29ページの「悪戯《いたずら》」です。

使《つか》い方《かた》 はまじは、戯《おど》けて友《とも》だちを笑《わら》わせるのが得意《とくい》だ。

プップワプー
猿《さる》の まね
変《へん》な顔《かお》
アハハ
アハハ
アハハ
アハハ
浜崎《はまざき》くん 戯《おど》けるのも いいですが 授業中《じゅぎょうちゅう》です よ
はい…
戯《おど》けすぎ である——

戦く

あわわわ

戦《おのの》く

意味《いみ》 おそろしさや心配《しんぱい》などで体《からだ》がふるえる。

解説《かいせつ》 わなわなとふるえる様《よう》子《す》を表《あらわ》す「わななく」からできたことばです。「いくさ」のほかに「こわくてふるえる」の意味《いみ》も持《も》つ漢字《かんじ》「戦《せん》」にあてて、「戦《おのの》く」と読《よ》むようにしました。なお、同《おな》じ意味《いみ》の熟語《じゅくご》「戦慄《せんりつ》」にあてて、「戦慄《おのの》く」と使《つか》うこともあります。なお、四字熟語《よじじゅくご》にはこわいこわいを表《あらわ》す「戦戦恐恐《せんせんきょうきょう》」というのもあります。

使《つか》い方《かた》 お化《ば》けやしきに入《はい》ったとたん、恐怖《きょうふ》に戦《おのの》いて足《あし》が前《まえ》へ出《で》なくなった。

戦・戦ぐ————【戦《そよ》ぐ】

風《かぜ》がふるえるのは「そよぐ」です。そよそよと吹《ふ》くのです。このことばにも「戦《せん》」の字《じ》をあてて、「戦《そよ》ぐ」と読《よ》むようにしました。「風《かぜ》が戦《そよ》ぐ」——なんだか気《き》持《も》ちよくなります。「風《かぜ》に戦《そよ》ぐ木々《きぎ》の葉《は》」——いい景色《けしき》です。

フル
フル
まる子《こ》や 何《なに》を そんなに 戦《おのの》いているんじゃ
おじいちゃーん まる子《こ》ね テストの点数《てんすう》のことや 宇宙《うちゅう》の終《お》わりは どこだろうとか いろいろ考《かんが》えていたら こわく なっちゃったよお〜〜〜〜
それは たいへん じゃ
まる子《こ》の 戦《おのの》きが 伝《つた》わって きて わしまで おそろしく なってきた わい
おじいちゃーん まる子や〜
……
これが 戦《おのの》きの原因《げんいん》 その1である——
テスト さくらももこ
10
ひっ

十八番
十八番《おはこ》

意味《いみ》 もっとも得意《とくい》とする芸《げい》。

解説《かいせつ》 市川団十郎家《いちかわだんじゅうろうけ》の十八種《じゅうはちしゅ》の得意《とくい》な芸《げい》の台本《だいほん》『歌舞伎十八番《かぶきじゅうはちばん》』を保存《ほぞん》していた箱《はこ》から「おはこ」と呼《よ》ぶようになったのです。そのまま「十八番《じゅうはちばん》」ともいいます。

使い方《つかいかた》 クラス会《かい》で、鈴木《すずき》さんは十八番《おはこ》のお笑《わら》い芸《げい》を披露《ひろう》して、みんなを大笑《おおわら》いさせた。

いよっ十八番《おはこ》!!
清水《しみず》の次郎長《じろちょう》

夥しい
夥《おびただ》しい

うわあ
ブーン
夥《おびただ》しいハチだ
ブー

意味《いみ》 数《かず》がたいへん多《おお》い。はなはだしい。ひどい。

解説《かいせつ》 多《おお》いことを表《あらわ》すことばで、やはり多《おお》いことを表《あらわ》す漢字《かんじ》の「夥《か》」にあてて「夥《おびただ》しい」と読《よ》むようになりました。

使い方《つかいかた》 朝夕《あさゆう》、この道路《どうろ》には夥《おびただ》しい数《かず》の車《くるま》が行《ゆ》き来《き》する。気《き》をつけて歩《ある》こう。

覚束ない
覚束《おぼつか》ない

意味《いみ》 確《たし》かでない。心細《こころぼそ》い。

解説《かいせつ》 「おぼ」はぼんやりしていることで、危《あぶ》なっかしい様子《ようす》を「おぼつかない」といいます。そして、意味《いみ》に関係《かんけい》なく漢字《かんじ》をあてた表《あらわ》し方《かた》が「覚束《おぼつか》ない」です。

使い方《つかいかた》 こんな点数《てんすう》では、とても合格《ごうかく》は覚束《おぼつか》ない。初《はじ》めからやり直《なお》そう。

覚束《おぼつか》ない足《あし》どりだね
ガタガタ
よろよろ

赴く

赴《おもむ》く

意味《いみ》 ある方向《ほうこう》に向《む》かっていく。

解説《かいせつ》 もともとは「面向《おもむ》く」で、顔《かお》が向《む》く、また顔《かお》を向《む》けることです。向《む》かう先《さき》は場所《ばしょ》だったり、状態《じょうたい》だったり、いろいろです。同《おな》じ意味《いみ》の漢《かん》字《じ》「赴《ふ》」にあてて「赴《おもむ》く」と表《あらわ》すようになりました。また、「趣《おもむ》く」と書《か》くこともあります。

使《つか》い方《かた》 遠《とお》くの新《あたら》しい職場《しょくば》に赴《おもむ》く父《ちち》を、家族《かぞく》みんなでさびしく見送《みおく》った。

それでは今度《こんど》は わしがそちらに赴《おもむ》きますので
いや わたしのほうこそ そちらに赴《おもむ》きます
いやいや わしが
わたしが…
わしが
わたしが
どちらが赴《おもむ》いてもよいと思《おも》うまる子《こ》であった——

慮る

うーん

慮《おもんぱか》る

意味《いみ》 いろいろと考《かんが》える。

解説《かいせつ》 考《かんが》えをめぐらす意味《いみ》の「思《おも》いはかる」が「おもんぱかる」となりました。「んぱ」のほうがいいやすいからです。「おもんぱかる」ともいいます。同《おな》じ意味《いみ》の漢字《かんじ》「慮《りょ》」にあてて「慮《おもんぱか》る」となりました。

使《つか》い方《かた》 お母《かあ》さんは、おじいちゃんの健康《けんこう》を慮《おもんぱか》って、料理《りょうり》の塩分《えんぶん》の量《りょう》を少《すく》なめにしている。

草木《くさき》のことを慮《おもんぱか》って種類《しゅるい》によって肥料《ひりょう》も変《か》えるんだよ
へえはじめて知《し》った
ねえお母《かあ》さんまる子《こ》のことを慮《おもんぱか》るんだったら今夜《こんや》はステーキにしてよ
今夜《こんや》は柳葉魚《ししゃも》よ
そう甘《あま》くはない——

疎か

宿題

疎《おろそ》か

意味《いみ》 しなければいけないことを、しないで放《ほう》っておく。

解説《かいせつ》 「おろ」はもと「うろ（空）」で、空《から》っぽの様子《ようす》が「おろそか」です。このことばを同《おな》じ意味《いみ》の漢字《かんじ》「疎《そ》」にあてたのが、「疎《おろそ》か」の読《よ》みです。「疎《そ》」はまた、「疎《うと》い」とも使《つか》われます。

使い方《つかいかた》 お母《かあ》さんはりっぱだ。掃除《そうじ》・洗濯《せんたく》・ご飯《はん》の支度《したく》――何一《なにひと》つ疎《おろそ》かにしない。

まる子《こ》
ゴロゴロしてないで
部屋《へや》を片《かた》づけなさい
コラ
ぐちゃぐちゃ
おかし
掃除《そうじ》を
疎《おろそ》かに
した結果《けっか》
である――
まんが
まんが
ギャ!!
カサ
カサ

音頭

音頭《おんど》

意味《いみ》 みんなで歌《うた》ったり、おどったりすること。また、その歌《うた》やおどり。

解説《かいせつ》 みんなで演奏《えんそう》したり、歌《うた》ったり、おどったりすることの「音頭《おんどう》」が短《みじか》く「音頭《おんど》」となりました。そして、その先頭《せんとう》に立《た》ったり中心《ちゅうしん》になったりして指揮《しき》することを「音頭《おんど》を取《と》る」といいます。

使い方《つかいかた》 応援団《おうえんだん》を作《つく》ることになった。そして、その音頭《おんど》を取《と》るのは大野《おおの》くん。適任《てきにん》だなあ。

乾杯《かんぱい》の音頭《おんど》――
カンパーイ
乾杯《かんぱい》
ジュース
野口《のぐち》が
音頭《おんど》を
取《と》ってい
る！
盆《ぼん》おどりで音頭《おんど》を
取《と》る野口《のぐち》さんである――

腕

腕《かいな》

意味《いみ》 うで。

解説《かいせつ》 「うで」のちょっと古《ふる》い呼《よ》び方《かた》です。腕《うで》の力《ちから》は「腕力《わんりょく》」で、これを「腕力《かいなぢから》」といっていました。そして、相撲《すもう》で相手《あいて》の腕《うで》をひねってたおす技《わざ》を「腕《かいな》ひねり」といいます。「うで」より「かいな」といったほうが、何《なに》か力強《ちからづよ》い感《かん》じがしますね。

使い方《つかいかた》 舟《ふね》をこいできたえた船頭《せんどう》さんの腕《かいな》は、まるで鉄《てつ》のかたまりのようだ。

まる子《こ》の腕《かいな》
山根《やまね》の腕《かいな》
はまじの腕《かいな》
ムキムキー
小杉《こすぎ》の腕《かいな》
みかん10個《こ》乗《の》ったぜ
オオすごい

垣間見る

ちらっ

垣間見《かいまみ》る

意味《いみ》 ちらっとのぞいて、中《なか》の様子《ようす》を見《み》る。

解説《かいせつ》 垣根《かきね》のすきま（垣間《かきま》）から中《なか》をのぞくことで、「かきま」が「かいま」となりました。「き」より「い」のほうがいいやすいからです。目《め》で見《み》るだけでなく、ちらっとほんとうの姿《すがた》を知《し》ってしまう場合《ばあい》にも使《つか》うことばです。

使い方《つかいかた》 返《かえ》ってきた、長山《ながやま》くんのテストを垣間見《かいまみ》たら、またまた百点《ひゃくてん》。すごいなぁ。

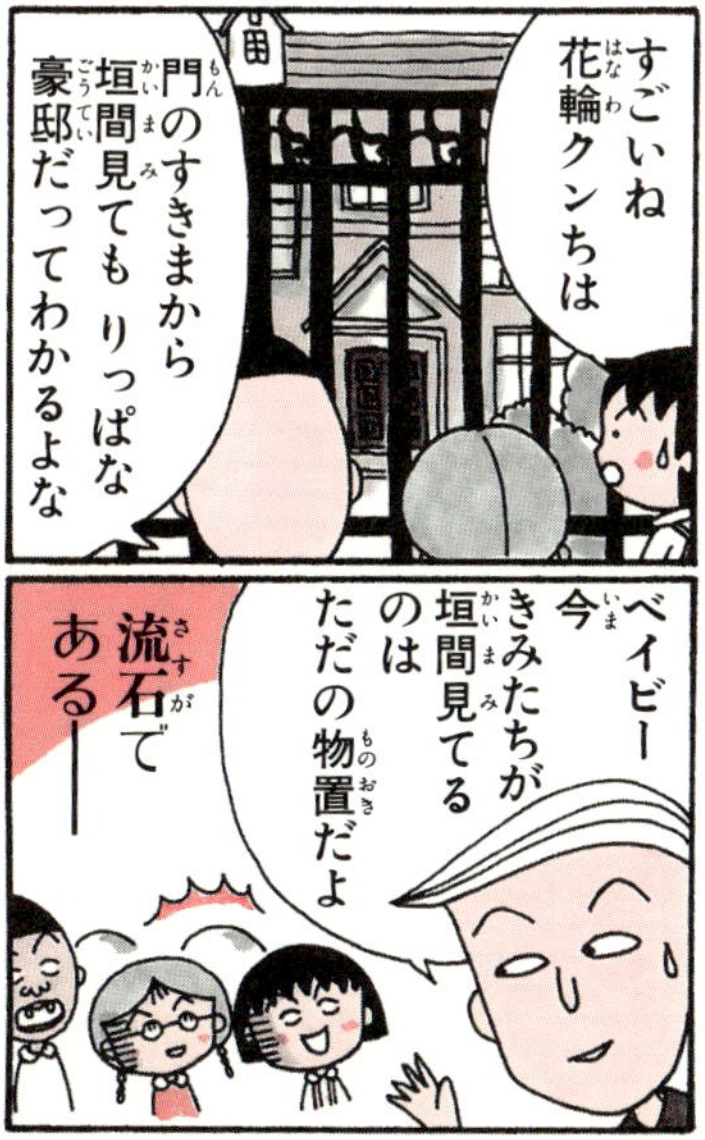

すごいね花輪《はなわ》クンちは
門《もん》のすきまから垣間見《かいまみ》ても りっぱな豪邸《ごうてい》だってわかるよな
ベイビー今《いま》きみたちが垣間見《かいまみ》てるのはただの物置《ものおき》だよ
流石《さすが》である——

界隈

界隈《かいわい》

意《い》味《み》 そのあたり一帯《いったい》。

解《かい》説《せつ》 「さかい」を表《あらわ》す「界《かい》」と「すみ」を表《あらわ》す「隈《わい》」とを合《あ》わせた日本製《にほんせい》の熟語《じゅくご》です。といっても、はじっこやすみっこだけを表《あらわ》しているわけではありません。場所《ばしょ》の中心《ちゅうしん》をはじめ、そのあたり、その近所全体《きんじょぜんたい》を指《さ》すことばです。

使《つか》い方《かた》 東京《とうきょう》で事業《じぎょう》に成功《せいこう》した先輩《せんぱい》は、ついに銀《ぎん》座界隈《ざかいわい》に店《みせ》を出《だ》すことになった。

昔《むかし》 この界隈《かいわい》は田《た》んぼが多《おお》くてな 小《ちい》さいころは わしの庭《にわ》だったわい
えっ おじいちゃん こんな広《ひろ》い庭《にわ》 持《も》っていたの!?
い…いや そうではなくて…
おじいちゃん スゴイねー
この界隈《かいわい》で遊《あそ》んだという意《い》味《み》である――

案山子

案山子《かかし》

意《い》味《み》 作物《さくもつ》を守《まも》るために、鳥《とり》や動物《どうぶつ》へのおどしとして田畑《たはた》に立《た》てる人形《にんぎょう》。

解《かい》説《せつ》 追《お》いはらうために、鳥《とり》や動物《どうぶつ》にいやなにおいをかがせるもの「かがし」からできたことばです。これが、中国《ちゅうごく》の山間《やまあい》の田《た》を守《まも》る人《ひと》「案山子《あんざんし》」にあてて「案山子《かかし》」と読《よ》むようになりました。

使《つか》い方《かた》 「このごろ、案山子《かかし》を見《み》なくなったなあ」と、おじいちゃんは昔《むかし》をなつかしがっている。

今日《きょう》 学校《がっこう》で 案山子《かかし》を 作《つく》ったんだよ
そしたら 顔《かお》がおじいちゃん そっくりでさ!!
へえ
わしに似《に》て ハンサムって ことかの!?
えっと…
似《に》ているが ハンサム ではない――

か

鑑

鑑《かがみ》

意味《いみ》 手本《てほん》とするもの。もはん。

解説《かいせつ》 「鑑《かん》」は鏡《かがみ》のことです。鏡《かがみ》をよく見《み》て、自分《じぶん》の心《こころ》と照《て》らし合《あ》わせ、りっぱな行《おこな》いをしようと決《き》めます。ここから、手本《てほん》とするもの、いましめとなるものを「鑑《かがみ》」というようになりました。60ページの「鑑《かんが》みる」のところも読《よ》んでみましょう。

使い方《つかかた》 これからは尊敬《そんけい》する先生《せんせい》を鑑《かがみ》として、知《ち》識《しき》を増《ふ》やしていこうと考《かんが》えている。

これからはお姉《ねえ》ちゃんを鑑《かがみ》として ちゃんと部屋《へや》もきれいにしなさい
は～い
ぐちゃ
ねえねえお姉《ねえ》ちゃん 社会《しゃかい》の教科書《きょうかしょ》本棚《ほんだな》のどこに並《なら》べてる？ 国語《こくご》は？ 理科《りか》は？ 筆箱《ふでばこ》の中《なか》に鉛筆《えんぴつ》は何本《なんぼん》？ 消《け》しゴムは？
ねえねえ
ねえねえ
鑑《かがみ》とされるのも迷惑《めいわく》である――

屈む

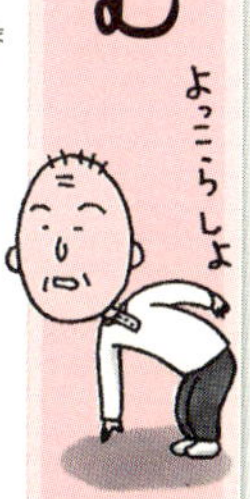
よっこらしょ

屈《かが》む

意味《いみ》 腰《こし》を曲《ま》げる。

解説《かいせつ》 「かがむ」ことを「かがまる」といいます。もっとやさしくいえば「しゃがむ」です。そして、腰《こし》だけでなく、手足《てあし》なども曲《ま》げるときは「かがめる」となります。同《おな》じ意味《いみ》の漢字《かんじ》「屈《くつ》」にあてて「屈《かが》む・屈《かが》める」と読《よ》むようにしました。

使い方《つかかた》 道《みち》ばたで、おばあさんが屈《かが》んでいる。かわいそうに、つかれたのかな。

よい…しょ
まる子《こ》 何《なに》屈《かが》んでいるの？
いや…正座《せいざ》してたら足《あし》がしびれて動《うご》けない お姉《ねえ》ちゃん助《たす》けて…
ヨロヨロ
え…
世話《せわ》のやける妹《いもうと》である――

この漢字《かんじ》、なんて読《よ》む？

虫《むし》いろいろ

① 揚羽蝶

「鳳蝶」とも書《か》く。黒《くろ》い羽《はね》に、もようを持《も》つ大型《おおがた》のチョウ。

② 蜘蛛

糸《いと》をはいて巣《す》を作《つく》り、えさをつかまえるよ。

③ 天道虫

赤地《あかじ》に黒斑点《くろはんてん》、有名《ゆうめい》なのは「七星《ななほし》天道虫」。

④ 蟷螂

前足《まえあし》が草《くさ》を切《き》る鎌《かま》に似《に》ているのでついた名前《なまえ》だ。

⑤ 飛蝗

トノサマ○○○
ショウリョウ○○○
ジャンプが得意《とくい》。

⑥ 蝸牛

巻貝《まきがい》のおうちを持《も》っているよ。でんでん虫《むし》とも。

⑦ 赤蜻蛉

体《からだ》が赤《あか》い
小型《こがた》の○○○を
こう呼《よ》ぶよ。

⑧ 蟻

○○と
キリギリス。
童話《どうわ》では
働《はたら》き者《もの》で有名《ゆうめい》。

⑨ 蟬

夏《なつ》に大合唱《だいがっしょう》のように鳴《な》く
のを○○時雨《しぐれ》というよ。

⑩ 黄金虫

緑色《みどりいろ》の体《からだ》が
金色《きんいろ》に輝《かがや》くよ。
「金亀子」
とも書《か》く。

⑪ 鍬形虫

2本《ほん》の角《つの》が、
兜のかざりの鍬形に
似《に》ていることからつけ
られた名前《なまえ》だよ。

⑫ 兜虫

角《つの》の形《かたち》が、兜につけた
かざりに似《に》ているから
つけられた名前《なまえ》だよ。

⑬ 百足

体《からだ》は細長《ほそなが》く、
足《あし》がたくさんある虫《むし》。
○○○競走《きょうそう》は
運動会《うんどうかい》の競技《きょうぎ》だ。

答《こた》え

①あげはちょう ②くも ③てんとうむし ④かまきり
⑤ばった ⑥かたつむり ⑦あかとんぼ ⑧あり ⑨せみ
⑩こがねむし ⑪くわがたむし ⑫かぶとむし ⑬むかで

難読漢字新聞《なんどくかんじしんぶん》

1学期《がっき》

渓流《けいりゅう》にて

「目《め》には青葉《あおば》」の季節到来《きせつとうらい》。ヒロシの休日《きゅうじつ》は釣《つ》り三昧《ざんまい》!?

まる子《こ》の父《ちち》・ヒロシの趣味《しゅみ》は釣《つ》りである。今日《きょう》は、まる子《こ》、友蔵《ともぞう》といっしょに渓流《けいりゅう》で釣《つ》り三昧《ざんまい》!? いや、渓流《けいりゅう》を利《り》用《よう》して作《つく》られた釣《つ》り堀《ぼり》である。

「うわー、魚《さかな》がいっぱい泳《およ》いでいるよ。**山女**《やまめ》かな、**虹鱒**《にじます》かな。姿《すがた》がよく見《み》えるね」

「渓流《けいりゅう》の王様《おうさま》・**岩魚**《いわな》もいるぞ。水《みず》が澄《す》んでいるから、魚影《ぎょえい》の濃《こ》さが一目瞭然《いちもくりょうぜん》だ」

「『目《め》には青葉《あおば》、**山時鳥**《やまほととぎす》（郭公《ほととぎす》）、**初鰹**《はつがつお》（初松魚《はつがつお》）』。さわやかな新緑《しんりょく》の季節到来《きせつとうらい》、といった**趣**《おもむき》じゃのう」

「おじいちゃん、ここは谷川《たにがわ》なんだから、鰹《かつお》はいないよ。しっかりしてよね」

「アハハ、こりゃ一本取《いっぽんと》られたな、じいさん」

川面《かわも》に立《た》つ**細波**《さざなみ》も**微笑**《ほほえ》**ん**でいるかのようだ。

生《い》き物係通信《ものがかりつうしん》

長閑《のどか》な春《はる》は田園《でんえん》で。

まる子《こ》と花輪《はなわ》クンは、3年《ねん》4組《くみ》の生《い》き物係《ものがかり》です。クラスで飼育《しいく》する生《い》き物《もの》を観察《かんさつ》しようと田園《でんえん》に、ヒデじい運転《うんてん》の車《くるま》でやってきました。春風《はるかぜ》が**戦**《そよ》**ぐ**、よい陽気《ようき》の午後《ごご》です。

「見《み》て、**蓮華草**《れんげそう》の畑《はたけ》だよ。土手《どて》には**菫**《すみれ》の花《はな》や**蒲公英**《たんぽぽ》も。春《はる》の景色《けしき》は**長閑**《のどか》だねえ」

「さくらクン、きれいな花《はな》はお花係《はながかり》の管轄《かんかつ》さ。ボクらは生《い》き物係《ものがかり》、小川《おがわ》で**泥鰌**《どじょう》も捕《つか》まえようぜ、ベイビー」

「小川《おがわ》の水《みず》は、まだ冷《つめ》たいですよ。**風邪**《かぜ》をひいたらたいへんです。それより、花《はな》に集《あつ》まる昆虫《こんちゅう》を観察《かんさつ》しては？ 菜《な》の花畑《はなばたけ》では、**紋白蝶**《もんしろちょう》や**黄**《き》

◆太字《ふとじ》は、特別《とくべつ》な読《よ》み方《かた》や、難《むずか》しいと思《おも》われる読《よ》みです。読《よ》み方《かた》をおぼえましょう。

ガーデンパーティー

難《なん》読《どく》漢《かん》字《じ》クイズ

「子《こ》」のついた漢字《かんじ》、なんて読《よ》む？
下《した》の絵《え》をヒントに答《こた》えてね。

①扇子
②案山子
③撫子
④茄子
⑤束子
⑥金子
⑦硝子

⑧椅子
⑨帽子
⑩餃子
⑪菓子
⑫浮子
⑬障子
⑭小芥子

クイズの答《こた》えはこのページの下《した》にあります。

揚羽《あげは》が飛《と》んでいます。
「おや？ この花《はな》には、ベイビー」**天《てん》道虫《とうむし》**がいるよ、蝶《ちょう》も天道虫《てんとうむし》も成虫《せいちゅう》です。クラスで飼育《しいく》はできません。
「確《たし》か、来《く》る途中《とちゅう》の田《た》んぼに**御玉杓子《おたまじゃくし》**がたくさんいたよ。あれなんか、どう？」
御玉杓子《おたまじゃくし》は蛙《かえる》の子《こ》。やがて足《あし》と手《て》が生《は》え、ピョンピョン跳《は》ねて、大騒動《おおそうどう》になろうとはこのときは、思《おも》いも寄《よ》らない二人《ふたり》でありました。

★答《こた》え…①せんす　②かかし　③なでしこ　④なす　⑤たわし　⑥きんす　⑦ガラス　⑧いす　⑨ぼうし　⑩ギョーザ　⑪かし　⑫うき　⑬しょうじ　⑭こけし

匿う

匿《かくま》う

意味《いみ》 見《み》つからないように、人《ひと》や物《もの》をかくしておく。

解説《かいせつ》 「かくまう」の「かく」は、かくすことに関係《かんけい》があるようですが、はっきりはわかっていません。同《おな》じ「かくす・かくまう」の意味《いみ》の漢字《かんじ》「匿《とく》」にあてたのが「匿《かくま》う」の読《よ》みです。

使《つか》い方《かた》 いくら親切《しんせつ》は大事《だいじ》だといっても、悪《わる》い人《ひと》を匿《かくま》ってはだめだよ。

安心《あんしん》して ここに 入《はい》って いれば 大丈夫《だいじょうぶ》 だからね
一体《いったい》 何《なに》を 匿《かくま》っているの？
テスト さくらももこ
ビクッ
匿《かくま》っているのは 10点《てん》のテストである

欠片

欠片《かけら》

意味《いみ》 こわれたり欠《か》けたりした部分《ぶぶん》の一《ひと》つ一《ひと》つ。

解説《かいせつ》 「片《へん》」は木の半分《はんぶん》の形《かたち》からできた字《じ》で、全部《ぜんぶ》そろっていないことを表《あらわ》します。これに、「欠《か》ける」として使《つか》われている「欠《けつ》」を組《く》み合《あ》わせて、「欠片《かけら》」と読《よ》むようにしたのです。日本《にほん》で作《つく》られた表《あらわ》し方《かた》です。

使《つか》い方《かた》 まる子《こ》が座《すわ》っていた席《せき》のテーブルには、もうお菓子《かし》の一欠片《ひとかけら》も残《のこ》っていない。

あーあ 粘土細工《ねんどざいく》に ヒビが入《はい》って 欠《か》けちゃったよ
わたしのも 欠片《かけら》が 落《お》ちてたよ
オレのも
そして みんなの欠片《かけら》を 集《あつ》めて…
わあ 完成《かんせい》♡
かわいいね
スゲー
一《ひと》つの作品《さくひん》が完成《かんせい》した

河岸

河岸《かし》

意味 川《かわ》の岸《きし》。また、川岸《かわぎし》の市場《いちば》。

解説 船《ふね》をつなぐ杭《くい》のことを「くし・かし」と呼《よ》んだので、船《ふね》の集《あつ》まる河岸《かわぎし》を「河岸《かし》」というようになったといわれています。「川岸《かし》」という表《あらわ》し方《かた》もあります。

使い方 魚河岸《うおがし》では、今朝《けさ》も早《はや》くから、競《せ》り売《う》りが行《おこな》われている。

よーし 河岸《かし》に つけて 荷《に》を おろすぞ!!

畏まる

畏《かしこ》まる

意味 つつしんだ態度《たいど》をとる。

解説 例《たと》えば、尊敬《そんけい》する人《ひと》を前《まえ》にしてきちんと座《すわ》る姿勢《しせい》が「かしこまる」です。「おそれる・うやまう」の意味《いみ》の漢字《かんじ》「畏《い》」にあてて、「畏《かしこ》まる」としたのです。

使い方 店員《てんいん》さんは、承知《しょうち》することを、ていねいに「畏《かしこ》まりました」といっているね。

わたくし さくらももこと 申《もう》します
どうしたん じゃ まる子《こ》 急《きゅう》に畏《かしこ》まって

風邪

風邪《かぜ》

意味 病気《びょうき》のかぜ。

解説 「風《かぜ》」から名《な》づけられた呼《よ》び名《な》です。冷《つめ》たい風《かぜ》にあたって起《お》きる病気《びょうき》ということで、熟語《じゅくご》の「風邪《ふうじゃ》」にあてて「風邪《かぜ》」と呼《よ》ぶようにしたのです。「邪《じゃ》」は害《がい》をおよぼすものの意味《いみ》です。

使い方 「風邪《かぜ》は万病《まんびょう》の元《もと》」というから、あなどれない。

お父《とう》さん 風邪《かぜ》?

気質

気質《かたぎ》

意味《いみ》 その人《ひと》たちだけが特別《とくべつ》に持《も》っている性質《せいしつ》。

解説《かいせつ》 同《おな》じ年代《ねんだい》や職業《しょくぎょう》の人《ひと》が共通《きょうつう》に持《も》っている性質《せいしつ》が「かたぎ」です。共通《きょうつう》なもようをえがき出《だ》す「形木《かたぎ》」からできたことばといわれ、性質《せいしつ》を表《あらわ》す熟語《じゅくご》「気質《きしつ》」にあてて「気質《かたぎ》」と読《よ》むようにしました。

ですから「気質《きしつ》」と「気質《かたぎ》」の意味《いみ》は少《すこ》しずれます。「気質《きしつ》」の意味《いみ》は広《ひろ》く、その中《なか》の独特《どくとく》のものを「気質《かたぎ》」と呼《よ》ぶからです。

使い方《つかいかた》 職人気質《しょくにんかたぎ》の祖父《そふ》は、仕事《しごと》をするとき、だれが何《なん》といおうと自分《じぶん》で満足《まんぞく》がいくまで徹底的《てっていてき》にやる。少《すこ》しがんこだけれど。

形木《かたぎ》

染《そ》め物《もの》にもようをつけるには、もようを板《いた》に彫《ほ》り、それを染《そ》め物《もの》にうつします。この板《いた》を形木《かたぎ》といい、そこから「かたぎ」は大《おお》もと、手本《てほん》の意味《いみ》でも使《つか》われるようになりました。「型木《かたぎ》」とも書《か》きます。

ハァ〜しブ〜
どうしたの？
うちの師匠《ししょう》は職人気質《しょくにんかたぎ》で作品《さくひん》の出来《でき》が悪《わる》いと床《ゆか》にたたきつけて割《わ》ってしまうんだブー
うりゃー
バリーン
今日も5つ割ったブー
今《いま》まで割《わ》った欠片《かけら》の処理《しょり》に追《お》われるブー
そうだよね捨《す》てるほうの身《み》にもなってほしいよね!!
いや師匠《ししょう》は欠片《かけら》で小屋《こや》を作《つく》っているんだブー
これぞ職人気質《しょくにんかたぎ》のなせるわざである――

か

偏る

偏《かたよ》る

意味《いみ》 一方《いっぽう》に寄《よ》る。

解説《かいせつ》 片方《かたほう》に寄《よ》って、つり合《あ》いがとれないことです。中心《ちゅうしん》から外《はず》れ、公平《こうへい》でない意味《いみ》を表《あらわ》す漢字《かんじ》の「偏《へん》」にあてて「偏《かたよ》る」としました。そのまま「片寄《かたよ》る」とも書《か》きます。何事《なにごと》も、偏《かたよ》らずに真《ま》ん中《なか》をしっかり見《み》つめることが大事《だいじ》です。

使《つか》い方《かた》 栄養《えいよう》が偏《かたよ》らないように、好《す》ききらいをしないで何《なん》でも食《た》べなさい。

おい さくら!! そっちに偏《かたよ》りすぎてないか!?
えっ そうかな 2対《たい》2 だけど?
体重《たいじゅう》の偏《かたよ》りである…

傍ら

傍《かたわ》ら

意味《いみ》 そば。わき。

解説《かいせつ》 人《ひと》のすぐそばを表《あらわ》すことば「片辺《かたべ》」が、「かたべら→かたはら→かたわら」となってできたことばです。同《おな》じ意味《いみ》の漢字《かんじ》「傍《ぼう》」にあてて、「傍《かたわ》ら」と表《あらわ》します。「一《ひと》つのことをしながら、その一方《いっぽう》では」という様子《ようす》によく使《つか》います。

使《つか》い方《かた》 本《ほん》を読《よ》む傍《かたわ》ら、音楽《おんがく》をきいて楽《たの》しい時間《じかん》を過《す》ごす。

ボクは ティータイムの 傍《かたわ》ら ママと 国際電話《こくさいでんわ》で 話《はな》してるのさ
へーっ
オレは 肉《にく》を食《く》う 傍《かたわ》ら 肉《にく》を食《く》う!!
…………
傍《かたわ》らではない

彼方

彼方《かなた》

意味《いみ》 あちら。向《む》こう。

解説《かいせつ》 「彼《か》」はあちら、「方《かた》」は場所《ばしょ》や方角《ほうがく》のことで、「彼《か》の方《かた》」が「彼方《かなた》」となって、「あちらのほう、向《む》こうのほう」を表《あらわ》しています。日本《にほん》で考《かんが》えた表《あらわ》し方《かた》です。話《はな》す人《ひと》からはなれた向《む》こう側《がわ》の「彼方《かなた》」に対《たい》して、近《ちか》い場合《ばあい》は「此方《こなた》」といいます。

使《つか》い方《かた》 山《やま》のはるか彼方《かなた》に、夕日《ゆうひ》がしずんでいく。きれいな景色《けしき》だなあ。

あの はるか 彼方《かなた》の雲《くも》が 全部《ぜんぶ》 綿菓子《わたがし》 だったらなあ
ほんとだね
オレは唐揚《からあ》げ だったらいいブー
ぐ～
おなか すいたね
すいたブー
はるか彼方《かなた》の 雲《くも》では 腹《はら》を満《み》たせない 三人《にん》であった――

奏でる

奏《かな》でる

意味《いみ》 楽器《がっき》を演奏《えんそう》する。

解説《かいせつ》 はじいたりさすったりする動作《どうさ》「かきなづ」から、また手《て》をふる動作《どうさ》の「かなづ」からできたことばといわれています。同《おな》じ意味《いみ》の漢字《かんじ》「奏《そう》」にあてて「奏《かな》でる」です。「鳴《な》らす」というより、「奏《かな》でる」といったほうがきれいに聞《き》こえますね。

使《つか》い方《かた》 花輪《はなわ》クンの奏《かな》でるバイオリンの音《ね》に、みんなはうっとりしていた。

ぼっちゃま いつになく 優《やさ》しい音色《ねいろ》を 奏《かな》でてますね
今日《きょう》は いつも お世話《せわ》になってる ヒデじいを思《おも》って 奏《かな》でたよ
ぼっちゃま
ヒデじい 感激《かんげき》！である――

為替

為替《かわせ》

意味《いみ》 お金《かね》を書類《しょるい》で送《おく》るしくみ。また、その書類《しょるい》。

解説《かいせつ》 交《か》わす意味《いみ》の「かわし」からできたことばといわれています。そのため、「交《かわ》し」と書《か》かれたこともあります。けれど、今《いま》は「為替《かわせ》」と表《あらわ》されるので、正《ただ》しく読《よ》めるようにしておきましょう。

「為《い》」は「する」の意味《いみ》で、「替《たい》」は「取《と》りかえる」の意味《いみ》です。為替《かわせ》の起源《きげん》は鎌倉時代《かまくらじだい》の中期《ちゅうき》に始《はじ》まり、江戸時代《えどじだい》にはほとんど現《げん》在同様《ざいどうよう》のものになりました。

使い方《つかいかた》 お金《かね》を送《おく》る方法《ほうほう》には、現金書留《げんきんかきとめ》や通帳《つうちょう》・カードでの振《ふ》り込《こ》み、それから為替《かわせ》もあります。

ガイタメ？

外国《がいこく》へお金《かね》を送《おく》ったり、また、送《おく》ってもらったりするしくみを「外国為替《がいこくかわせ》」といいます。これを略《りゃく》して「外為《がいため》」という人《ひと》もいます。「ガイタメ！」……漢字《かんじ》のことばは、いろいろに読《よ》めるので、おもしろいですね。

お金《かね》を書類《しょるい》で送《おく》るしくみを為替《かわせ》っていうんだよ
へえ そうなんだ
為替《かわせ》にはいろいろ方法《ほうほう》があるんだ
へえ 方法《ほうほう》って？
小切手《こぎって》や手形《てがた》を使《つか》って一時的《いちじてき》にお金《かね》と同《おな》じ価値《かち》のあるものとして送《おく》る方法《ほうほう》だよ
へえ すごい
じゃあお札《さつ》の束《たば》と為替《かわせ》の束《たば》ってどっちがすごいの？
えっと…
まる子《こ》よ 束《たば》ではなく額《がく》の問題《もんだい》である——

鑑みる

鑑《かんが》みる

意味《いみ》 手本《てほん》にして考《かんが》える。

解説《かいせつ》 49ページの説明《せつめい》にもあるように、「鏡《かがみ》」と「鑑《かがみ》」は関係《かんけい》があります。よい結果《けっか》を出《だ》すために、鏡《かがみ》に自分《じぶん》の心《こころ》をてらし合《あ》わせて、じっくりとよく考《かんが》えるのが「かがみる」で、これが「鑑《かんが》みる」となって使《つか》われるようになりました。

使《つか》い方《かた》 過去《かこ》の失敗《しっぱい》に鑑《かんが》みて、今度《こんど》こそ国民《こくみん》の期待《きたい》に応《こた》える政策《せいさく》を打《う》ち立《た》てよう。

前回《ぜんかい》のテストの結果《けっか》に鑑《かんが》みて今回《こんかい》のテストに向《む》けて勉強《べんきょう》しようと思《おも》うんだ
まあ楽《たの》しみ
数日後《すうじつご》――
テスト さくらももこ
20
じゃん
前回《ぜんかい》は10点《てん》だったから鑑《かんが》みた結果《けっか》が出《で》たよね!!
……

感応

感《かん》応《のう》

意味《いみ》 物事《ものごと》にふれて心《こころ》が動《うご》くこと。

解説《かいせつ》 もともとは、人々《ひとびと》の祈《いの》りに対《たい》して神《かみ》や仏《ほとけ》がそれに応《こた》えること、そして人々《ひとびと》が、その結果《けっか》を感《かん》じとることを表《あらわ》していることばです。「かんおう」が「かんのう」となりました。この発音《はつおん》の変化《へんか》を「連声《れんじょう》」といいます。23ページも読《よ》んでみましょう。

使《つか》い方《かた》 命《いのち》あるかぎり鳴《な》き続《つづ》けるかのような「蝉《せみ》時雨《しぐれ》」に感応《かんのう》して、俳句《はいく》を詠《よ》んでみた。

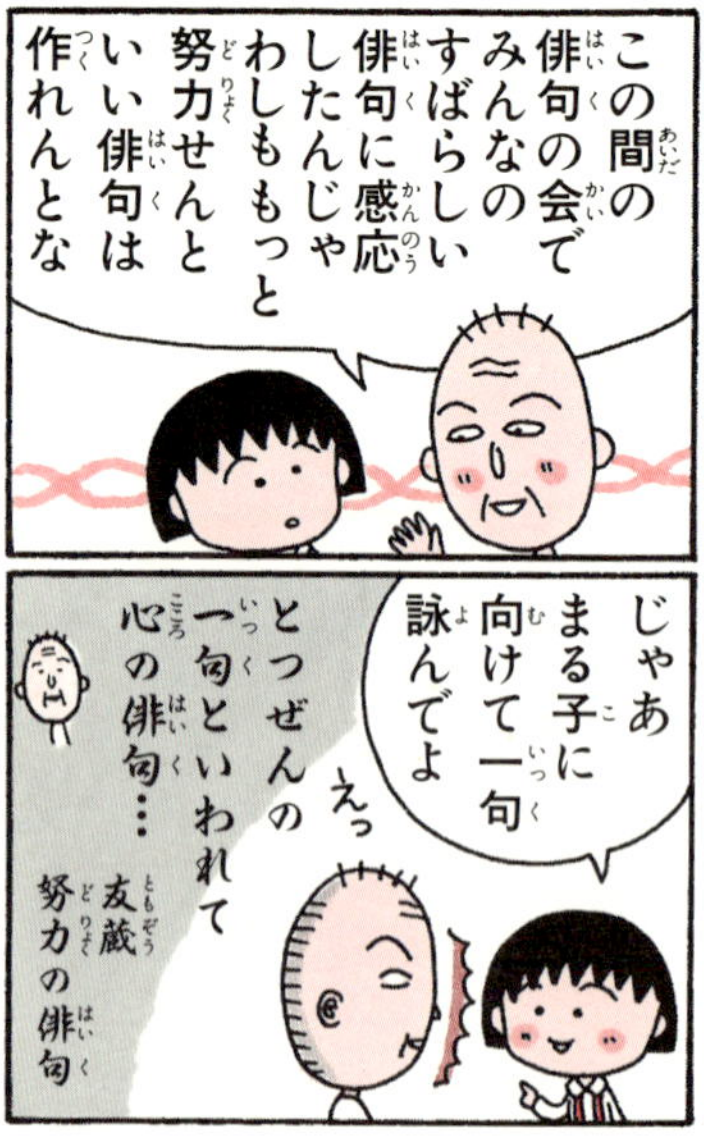

この間《あいだ》の俳句《はいく》の会《かい》でみんなのすばらしい俳句《はいく》に感応《かんのう》したんじゃわしももっと努力《どりょく》せんといい俳句《はいく》は作《つく》れんとな
じゃあまる子《こ》に向《む》けて一句《いっく》詠《よ》んでよ
えっ
とつぜんの一句《いっく》といわれて心《こころ》の俳句《はいく》……
友蔵《ともぞう》努力《どりょく》の俳句《はいく》

看破

見破《みやぶ》ったー

看《かん》破《ば》

意味《いみ》 見破《みやぶ》ること。

解説《かいせつ》 「看《かん》」はよく見《み》ることで、よく見《み》て真相《しんそう》を見《み》ぬくのが「看破《かんぱ》」です。「看《かん》」の字《じ》は「手《て》（龵）」を「目《め》」の上《うえ》にかざして、遠《とお》くを見《み》わたす様子《ようす》を表《あらわ》しています。もし看破《かんぱ》しないで見過《みす》ごしてしまったら、それを「看過《かんか》」といいます。

使い方《つかいかた》 彼《かれ》は研究《けんきゅう》を続《つづ》け、世間《せけん》に広《ひろ》まっている迷信《めいしん》を次々《つぎつぎ》と看破《かんぱ》していった。

そのとんがり頭《あたま》は永沢《ながさわ》くん
隣《となり》は関口《せきぐち》くん
木《き》から出《で》ている手《て》は丸尾《まるお》くんの手《て》
パチパチ
すごいなきみ
スゲー
ズバリ!! 長山《ながやま》くんは看破《かんぱ》の名人《めいじん》でしょう!!

気障

フッ

気《き》障《ざ》

意味《いみ》 気《き》どっていて、いやな感《かん》じを起《お》こさせる様子《ようす》。

解説《かいせつ》 「きざ」——ちょっと不愉快《ふゆかい》になりそうなことばですね。気《き》に障《さわ》ることを「気障《きざわ》り」といい、これが「きざわ」となって「気障《きざ》」となりました。日本《にほん》で作《つく》った表《あらわ》し方《かた》です。

使い方《つかいかた》 気障《きざ》な話《はな》し方《かた》をしないで、ふつうにしゃべったほうが聞《き》きやすいよ。

花輪《はなわ》クンは気障《きざ》なところもあるけど優《やさ》しいよね
うんうんなんでもできるしね
ボクのうわさかいベイビーたちお礼《れい》に薔薇《ばら》でも贈《おく》るよ
要《よう》するに気障《きざ》っぽい花輪《はなわ》クンである——

生粋

オレは生粋《きっすい》の清水《しみず》っ子《こ》だ

生《きっ》粋《すい》

意味《いみ》 まじりけがないこと。

解説《かいせつ》 「生《き》」も「粋《すい》」もまじりけがない意味《いみ》で、その二《ふた》つを重《かさ》ねて作《つく》ったことばが「生粋《きすい》」です。そして、さらにまじりけがないぞと強《つよ》めたのが「生《きっ》粋《すい》」です。力強《ちからづよ》い言《い》い方《かた》ですね。意味《いみ》の似《に》ている漢《かん》字《じ》を組《く》み合《あ》わせて、日本《にほん》で作《つく》ったことばです。

使《つか》い方《かた》 あの人《ひと》は、生粋《きっすい》の江戸《えど》っ子《こ》だそうだ。どうりで、いせいがいいと思《おも》ったよ。

かあー やっぱりビールは最高《さいこう》だな
プハー
ふーん お父《とう》さんはワインとかウイスキーは飲《の》まないの？
オレは生粋《きっすい》の清水《しみず》っ子《こ》だからなやっぱりビールだな
ふ〜ん
ヒロシよビールと清水《しみず》っ子《こ》は関係《かんけい》ないだろう——

几帳面

几帳面《きちょうめん》

意味《いみ》 まじめで、きちんとしている。

解説《かいせつ》 すみずみにまで気《き》をつけて、きちんとしている人《ひと》がらを表《あらわ》すことばです。「几帳《きちょう》」は部屋《へや》のしきりなどに使《つか》うつい立《た》てで、その柱《はしら》の細《こま》かく端正《たんせい》にけずった面《めん》を「几帳面《きちょうめん》」といいます。そこからきちんとしているという意味《いみ》が生《う》まれました。

使《つか》い方《かた》 授業中《じゅぎょうちゅう》に几帳面《きちょうめん》にノートをとるようになったら、成績《せいせき》が上《あ》がったよ。

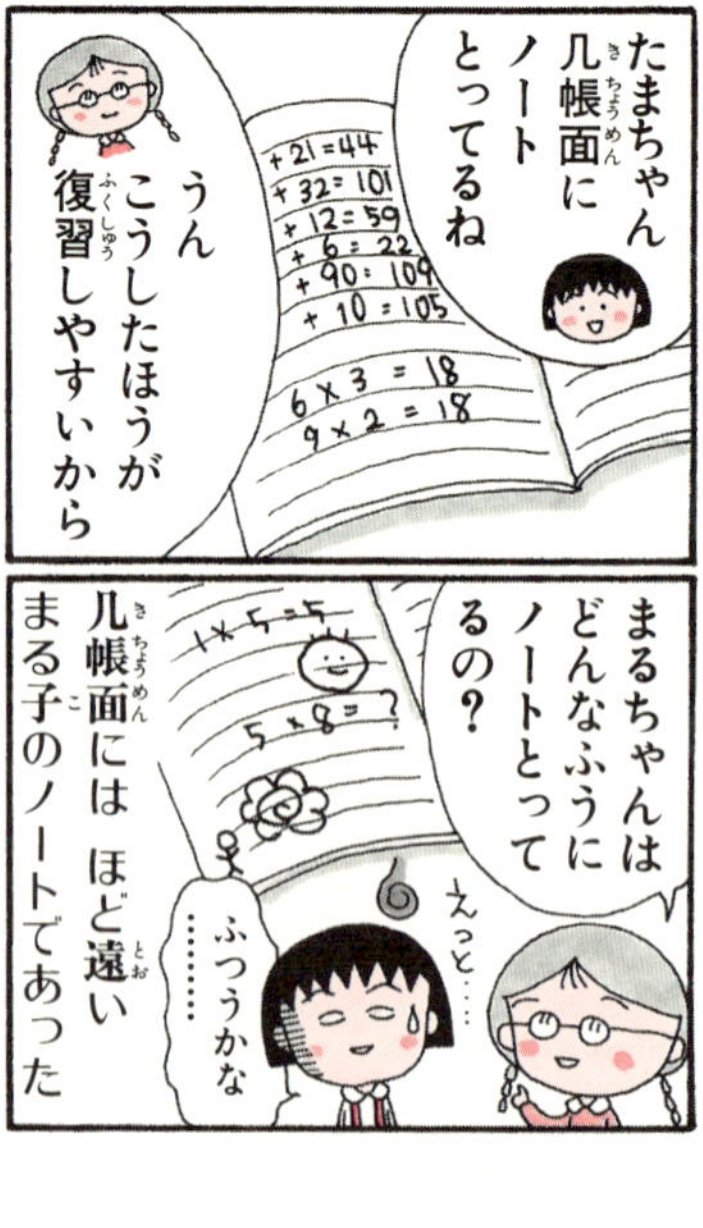

たまちゃん几帳面《きちょうめん》にノートとってるね
うん こうしたほうが復習《ふくしゅう》しやすいから
まるちゃんはどんなふうにノートとってるの？
えっと…
ふつうかな……
几帳面《きちょうめん》にはほど遠《とお》いまる子《こ》のノートであった

奇天烈

奇《き》天《て》烈《れつ》

意味《いみ》 たいそうふうがわりな様子《ようす》。

解説《かいせつ》 わかるような、わからないような、なんとも不思議《ふしぎ》な感《かん》じのすることばです。そのはずで、「不思議《ふしぎ》」という意味《いみ》を持《も》っています。実《じつ》は「きてれつ」ということばがあり、それにそれらしく感《かん》じる漢字《かんじ》を当《あ》てはめたのです。このような表《あらわ》し方《かた》を「当《あ》て字《じ》」といいます。当《あ》てはめ方《かた》は自由《じゆう》なので、「奇的烈《きてれつ》」と表《あらわ》した有名《ゆうめい》な作家《さっか》もいます。

使《つか》い方《かた》 なんとも奇妙奇天烈《きみょうきてれつ》な怪事件《かいじけん》だ。いっそのこと、ホームズに頼《たの》んで解決《かいけつ》してもらおうか。

おい 見《み》ろよ
ずいぶん変《か》わった帽子《ぼうし》だな
てけてけ
おや?
まるちゃんまってー
さっきの子《こ》の仲間《なかま》か?
おーい
おいてくなブー
何《なん》なんだこの奇天烈《きてれつ》な集団《しゅうだん》は!!
ドカドカ
楽《たの》しみだねー
花輪《はなわ》クンちの仮装《かそう》パーティー
巷《ちまた》をさわがす奇天烈集団《きてれつしゅうだん》である——
うんうん

当《あ》て字《じ》

「奇天烈《きてれつ》」のような当《あ》て字《じ》は、何百《なんびゃく》とあります。この本《ほん》にも「兎角《とかく》・砂利《じゃり》・土砂降《どしゃぶ》り」などいろいろのっています。どのように当《あ》てられたのか読《よ》んでみましょう。ことばや漢字《かんじ》がますますおもしろくなります。

踵

踵《きびす》

意味《いみ》 （足《あし》の）かかと。

解説《かいせつ》 「くびす」が変《か》わって「きびす」になりました。といっても、なぜ「くびす」なのか残念《ざんねん》ながらわかっていません。かかとの意味《いみ》の漢字《かんじ》「踵《しょう》」にあてて「踵《きびす》」と読《よ》んでいます。「踵《きびす》を返《かえ》す（＝後《あと》もどりをする）」として、よく使《つか》われます。

使《つか》い方《かた》 のら犬《いぬ》が狭《せま》い道《みち》の真《ま》ん中《なか》に寝《ね》そべっていたので、踵《きびす》を返《かえ》して別《べつ》の道《みち》へと急《いそ》いだ。

ハッ しまった
どうしたんですか さくらさん？
体操服《たいそうふく》忘《わす》れた〜
なんだなんだ
アハハ アハハ
クラスメイトに見送《みおく》られ踵《きびす》を返《かえ》して家《いえ》にもどるまる子《こ》であった——

詭弁

ズバリ!! 詭弁《きべん》でしょう

詭弁《きべん》

意味《いみ》 すじみちが通《とお》らないことを、もっともらしいことばでごまかすこと。

解説《かいせつ》 「詭《き》」はあざむくこと、「弁《べん》」は話《はな》すことです。よく、「詭弁《きべん》を弄《ろう》する」として使《つか》われることばです。「弄《ろう》する」は、思《おも》いのままに、好《す》きなようにする意味《いみ》です。

使《つか》い方《かた》 確《たし》かな証拠《しょうこ》がそろっている。どんなに詭《き》弁《べん》を弄《ろう》しても、とても逃《に》げきれない。

どんなに詭弁《きべん》を弄《ろう》しても 人《ひと》の物《もの》を取《と》るのはよくないぞ
置《お》いていくがいい
あ…
猫《ねこ》に通《つう》じる訳《わけ》がない——

コラム2

日本《にほん》で作《つく》った漢字《かんじ》!?
—国字《こくじ》—

「田《た》」の字《じ》の形《かたち》が表《あらわ》しているように、「田《た》」は中国《ちゅうごく》ではいろいろな農地全体《のうちぜんたい》を表《あらわ》します。けれど、日本《にほん》では「たんぼ」と「はたけ」とを区別《くべつ》して使《つか》いたくなり、「田《た》」とはちがう「はたけ」だけを表《あらわ》す漢字《かんじ》が欲《ほ》しくなりました。

そして、日本《にほん》で作《つく》られたのが「畑《はたけ》」の字《じ》です。水《みず》のない田《た》ということで、「火《ひ》」をつけたのです。さらに「畠《はたけ》」という字《じ》も作《つく》りました。白《しろ》くかわいた田《た》という意味《いみ》です。

このように、日本《にほん》で作《つく》った漢字《かんじ》を「**国字**《こくじ》」といいます。ほかには、どんな国字《こくじ》があるでしょうか。

峠《とうげ》…山《やま》の上《のぼ》りと下《くだ》りの境目《さかいめ》
凪《なぎ》…風《かぜ》が止《と》まる
躾《しつけ》…美《うつく》しい身《み》だしなみ

193ページにある魚《うお》へんの漢字《かんじ》の中《なか》にも「鰯《いわし》」をはじめ、たくさんの国字《こくじ》が使《つか》われています。

そして、さらになんと外来語《がいらいご》にも国字《こくじ》が使《つか》われました。

粁（キロメートル）…千米《せんメートル》の長《なが》さ
瓩（キログラム）…千瓦《せんグラム》の重《おも》さ

なお、国字《こくじ》は日本語《にほんご》のために作《つく》られたので音読《おんよ》みはないはずですが……、あるのです。「人《ひと》が動《うご》いて働《はたら》く」の「働《どう》」の字《じ》です。そして、なんと漢字《かんじ》の生《う》みの親《おや》の中国《ちゅうごく》に逆輸出《ぎゃくゆしゅつ》され、向《む》こうでも使《つか》われています。

漢字《かんじ》を中国《ちゅうごく》から教《おそ》わり、それをもとにして片仮名《かたかな》・平仮名《ひらがな》を作《つく》り出《だ》しただけでなく、漢字《かんじ》まで作《つく》ってしまうとは——日本人《にほんじん》って、ほんとうに器用《きよう》な国民《こくみん》ですね。

この漢字《かんじ》、なんて読《よ》む？

動物《どうぶつ》いろいろ

① 海豹

オットセイに似《に》ている「海《うみ》の豹《ひょう》」って？

② 海象

2本《ほん》の長《なが》い牙《きば》を持《も》っている「海《うみ》の象《ぞう》」って？

③ 海豚

鯨《くじら》の仲間《なかま》。シロ○○○、バンドウ○○○など。

④ 猟虎

海《うみ》に浮《う》かんで貝《かい》をおなかに乗《の》せ、石《いし》で割《わ》るよ。

⑤ 驢馬

馬《うま》に似《に》ているが、小《ちい》さくておとなしいよ。

⑥ 山羊

羊《ひつじ》に似《に》ているが、性質《せいしつ》は活発《かっぱつ》で素早《すばや》いよ。

⑦ 蜥蜴

ピンチにはしっぽを切《き》って逃《に》げる。「石竜子」とも書《か》くよ。

⑧ 蝙蝠

ほ乳類《にゅうるい》なのに、夕暮《ゆうぐ》れになると鳥《とり》のように飛《と》ぶよ。

⑨ 栗鼠

団栗《どんぐり》が大好《だいす》きで、「木鼠《きねずみ》」ともいわれるよ。

⑩ 土竜

大《おお》きさは鼠《ねずみ》ほど。強《つよ》い前足《まえあし》で、地中《ちちゅう》に穴《あな》を掘《ほ》るよ。

⑪ 河馬

体重《たいじゅう》は2～3トン。口《くち》は大《おお》きく、足《あし》は短《みじか》いよ。

⑫ 麒麟

頭《あたま》まで4メートル。ほ乳類一《にゅうるいいち》、背《せ》が高《たか》いよ。

⑬ 駱駝

ヒトコブ○○○、フタコブ○○○。砂漠《さばく》の乗《の》り物《もの》だね。

⑭ 蝦蟇

ヒキガエルのこと。「○○のあぶら売《う》り」は大道芸人《だいどうげいにん》だ。

答《こた》え

①あざらし ②セイウチ ③いるか ④らっこ ⑤ろば ⑥やぎ ⑦とかげ ⑧こうもり ⑨りす ⑩もぐら ⑪かば ⑫きりん ⑬らくだ ⑭がま

肌理

肌理《きめ》

意味《いみ》 皮《ひ》ふの表面《ひょうめん》に現《あらわ》れる細《こま》かいもよう。

解説《かいせつ》 木《き》の切《き》り口《くち》に、もようのように見《み》える筋《すじ》が「木目《きめ》」で、その呼《よ》び方《かた》をほかの物《もの》や皮《ひ》ふのもように「肌理《きめ》」として使《つか》っています。同《おな》じ意味《いみ》の熟語《じゅくご》「肌理《きり》」にあてて「肌理《きめ》」としたのです。「肌《き》」は、はだ、「理《め》」は筋《すじ》です。

使《つか》い方《かた》 このクリームをぬると、肌理細《きめこま》かな美人《びじん》になれるって、ほんとうかなあ？

まる子《こ》の肌《はだ》は スベスベで 肌理《きめ》が細《こま》かくて うらやましいわ こんな肌《はだ》に もう一度《いちど》 もどりたい わねえ
わたしも だね
ムリ ムリ
肌理《きめ》細《こま》かい 心配《こころくば》りのない ヒロシであった

雲母

雲母《きらら》

意味《いみ》 鉱石《こうせき》の雲母《うんも》。

解説《かいせつ》 「きらら」はきらきらとかがやくということで、「雲母《うんも》」を指《さ》すことばです。「雲母《うんぼ》」ともいいます。「雲母《うんも》」のほとんどは花崗岩《かこうがん》という岩石《がんせき》の中《なか》にふくまれ、きらきらきらめいています。

使《つか》い方《かた》 「雲母《きらら》」とはいい呼《よ》び名《な》だなあ。では、お母《かあ》さんがおこっているときの目《め》は「ぎらら」かな？ ちょっとこわいね。

雲母《きらら》は日本画《にほんが》に 使《つか》う材料《ざいりょう》でも あるんだよ 真珠《しんじゅ》の粉《こな》の ようにきらきら していて とてもきれい なんだ
へえ…
それじゃ まるで ボクの周《まわ》りにいる ベイビーたち のようだね
え…

金子

おっとっとっ

金子《きんす》

意味《いみ》 お金《かね》。

解説《かいせつ》 お金《かね》を表《あらわ》す熟語《じゅくご》で、「子《す》」は「扇子《せんす》・様子《ようす》」の「子《す》」と同《おな》じように、物《もの》や物事《ものごと》にそえることばです。銀《ぎん》の貨幣《かへい》の場合《ばあい》は「銀子《ぎんす》」ですが、銀子《ぎんす》もまたふつうの「お金《かね》」の意味《いみ》に使《つか》われます。

使《つか》い方《かた》 「金子《きんす》」でも「銀子《ぎんす》」でも、とにかくたくさんあればいいいね。

ちょいと金子《きんす》をめぐんでくれませんかね
ならん
それじゃ銀子《ぎんす》でもいいんで…

まる子《こ》なら絶対《ぜったい》に金子《きんす》だね!!
わしも銀《ぎん》より金《きん》さんじゃ!!
友蔵《ともぞう》よ それは遠山《とおやま》の金《きん》さんであろう

久遠

終わりがないブー

久遠《くおん》

意味《いみ》 いつまでも続《つづ》いて、終《お》わりのないこと。

解説《かいせつ》 「久《ひさ》しい」と「遠《とお》く」とからできている熟語《じゅくご》で、「久遠《きゅうえん》」とも読《よ》みますが、仏教《ぶっきょう》では「久遠《くおん》」と使《つか》っています。「久《きゅう》」を「久《く》」、「遠《えん》」を「遠《おん》」と読《よ》むこの読《よ》み方《かた》はたいへんにめずらしいので、きちんと読《よ》めるようにしておきましょう。

使《つか》い方《かた》 「この世界《せかい》が久遠《くおん》に栄《さか》えますように!」と願《ねが》いながら、人々《ひとびと》は仏《ほとけ》に祈《いの》りをささげた。

まる子《こ》は願《ねが》っている…この夏休《なつやす》みが久遠《くおん》に続《つづ》くことを——
おじいちゃーーん

そして夏休《なつやす》み最後《さいご》の日《ひ》久遠《くおん》とも思《おも》える宿題《しゅくだい》の山《やま》を前《まえ》にして呆然《ぼうぜん》とするまる子《こ》がいた
がんばれまる子《こ》
自業自得《じごうじとく》である——

奇しくも

えっ

奇《く》しくも

意味《いみ》 不思議《ふしぎ》にも。めずらしくも。

解説《かいせつ》 不思議《ふしぎ》なという意味《いみ》の漢字《かんじ》「奇《き》」を使《つか》って、「奇《く》しくも」と表《あらわ》しました。「くしくも」はまた「くすしくも」といい、これが「くすし」となり、今《いま》の「薬《くすり》」となりました。神《かみ》や仏《ほとけ》の力《ちから》のような、不《ふ》思議《しぎ》な効《き》きめがあるものという意味《いみ》です。

使い方《つかいかた》 三《み》つ子《ご》でもないのに、奇《く》しくもあの三人《にん》兄弟《きょうだい》は誕生日《たんじょうび》が同《おな》じなんだ。めずらしいよね。

まるちゃん 新《あたら》しい鉛筆《えんぴつ》買《か》ったんだね
うん お母《かあ》さんと買《か》いに行《い》ったんだ
ややっ
奇《く》しくもわたくしとおそろいでしょう!!
ヒュー ヒュー
「ちょっとヤダ」と思《おも》うまる子《こ》であった――

口舌

ベーラ
ベラ
ベラ
ベラ

口《く》舌《ぜつ》

意味《いみ》 おしゃべり。

解説《かいせつ》 もともとの熟語《じゅくご》は「口舌《こうぜつ》」で、ことば、また口さきだけのことを表《あらわ》します。これを日本《にほん》で「口舌《くぜつ》」として、おしゃべり、そして口《くち》げんかなどの意味《いみ》も加《くわ》えて使《つか》っています。「口舌《くぜち》」ともいい、また「口説《くぜつ》」と書《か》くこともあります。

使い方《つかいかた》 どんなことばを並《なら》べても、そんな口舌《くぜつ》にはだまされません。

藤木《ふじき》くん さくらと野口《のぐち》はいつも何《なに》をしゃべっているんだろう?
野口《のぐち》って何《なに》考《かんが》えているかわからないよな…
ごにょ
ごにょ
同感《どうかん》だね… それにしてもなんでさくらなんだろう?
ああいう口舌《くぜつ》の達者《たっしゃ》な男子《だんし》はイヤだね お笑《わら》い芸人《げいにん》は別《べつ》だけど それが仕事《しごと》だからね
まったく同感《どうかん》だね
ごにょ ごにょ
口舌《くぜつ》の達者《たっしゃ》な子《こ》どもたちの会話《かいわ》であった――

曲者

曲者《くせもの》!!
ごごご

曲《くせ》者《もの》

意味《いみ》 ゆだんのできない、あやしい者《もの》。

解説《かいせつ》 漢字《かんじ》をそのまま読《よ》めば「曲《ま》がったところがある者《もの》」です。もともとは「癖《くせ》のある者《もの》」で、どこかふつうとちがったところがある人《ひと》のことで、これが「あやしい者《もの》」として使《つか》われるようになりました。日本《にほん》で作《つく》った表《あらわ》し方《かた》です。

なお、「癖《くせ》」の字《じ》は「疒（やまいだれ）」がついているように、よくない様子《ようす》を表《あらわ》します。

使《つか》い方《かた》 あの子《こ》はおとなしそうだけれど、なかなかの曲者《くせもの》で、かげでよく悪戯《いたずら》をしているらしい。今度《こんど》、注意《ちゅうい》しよう。

よい「癖《くせ》」？

「癖《くせ》」は、もともと悪《わる》いことです。ところが、最近《さいきん》「きちんとあいさつをする癖《くせ》をつけましょう」などと、よいことにも使《つか》われるようになってきました。これには、曲者《くせもの》もさぞかしびっくりしていることでしょう。

おはようございます
ペコリ

これはこの屋敷《やしき》に伝《つた》わる秘蔵《ひぞう》の宝《たから》…
他言無用《たごんむよう》ですな
カタ…
だれじゃ!!
曲者《くせもの》!!
すいやせん外《そと》のゴミがくせえので片《かた》づけしてやしたブー
プ〜ン
そうかごくろう
曲者《くせもの》くせものくせえもの…
ダジャレである——
ククク…
おもしろいね

寛ぐ

寛《くつろ》ぐ

意味《いみ》 ゆったり、のんびりする。

解説《かいせつ》 もともとは、かたく、きつくしまっていたものをゆるめることを表《あらわ》していました。「ゆったり」の意味《いみ》の漢字《かんじ》「寛《かん》」にあてて「寛《くつろ》ぐ」としたのです。

使い方《つかいかた》 土曜日《どようび》の夜《よる》は、一家《いっか》で寛《くつろ》いで楽《たの》しい時間《じかん》を過《す》ごしている。

やっぱり日曜《にちよう》は昼寝《ひるね》にかぎるな
寛《くつろ》ぎすぎよ!!
うんうん
ポリポリ

口伝

口伝《くでん》

意味《いみ》 口《くち》から口《くち》へ語《かた》り伝《つた》えること。

解説《かいせつ》 「口伝《くでん》」は、口伝《くちづた》え・言《い》い伝《つた》えの意味《いみ》で、昔《むかし》から伝《つた》わっている、ほかの人《ひと》にはめったに見《み》せない技《わざ》などを伝《つた》えることです。「口伝《こうでん》」とも読《よ》みます。

使い方《つかいかた》 子《こ》どもが一人前《いちにんまえ》になったら、先祖代々《せんぞだいだい》の口伝《くでん》を教《おし》えよう。

わしからの口伝《くでん》じゃ
フムフム
なになに?

求道

求道《ぐどう》

意味《いみ》 正《ただ》しい道理《どうり》を求《もと》める。

解説《かいせつ》 「求道《きゅうどう》」と読《よ》めば正《ただ》しい道《みち》を志《こころざ》すことですが、「求道《ぐどう》」と読《よ》めば仏《ほとけ》の教《おし》えを守《まも》り、よい報《むく》いを得《え》られるように願《ねが》う意味《いみ》になります。仏教《ぶっきょう》のことばです。

使い方《つかいかた》 若《わか》いころから求道一筋《ぐどうひとすじ》の日々《ひび》を重《かさ》ね、ついには一門《いちもん》を代表《だいひょう》するりっぱな僧《そう》となった。

求道一筋《ぐどうひとすじ》
ザー

功徳

功《く》徳《どく》

意味《いみ》 ①人《ひと》のためになるようなよい行《おこな》い。②神《かみ》や仏《ほとけ》のめぐみ。

解説《かいせつ》 「功徳《こうとく》・功徳《くどく》」といえば、人々《ひとびと》のためにすぐれた働《はたら》きをすることで、「功徳《くどく》」にはさらに神《かみ》や仏《ほとけ》のめぐみの意味《いみ》が加《くわ》わります。仏教《ぶっきょう》のことばです。別《べつ》のことばでいえば「ご利益《りやく》」です。

使い方《つかいかた》 あの家《いえ》が尊敬《そんけい》されるのも、先祖代々《せんぞだいだい》の村人《むらびと》への功徳《くどく》によるものだ。

先生《せんせい》 先《さき》に全員分《ぜんいんぶん》のプリントを回収《かいしゅう》しておきました
すばらしいですね
みなさんも長山《ながやま》くんのように 人《ひと》のために働《はたら》く功徳《くどく》の行《おこな》いができるよう心《こころ》がけましょう
はーーい
流石《さすが》 長山《ながやま》くんである

暮れ泥む

暮《く》れ泥《なず》む

意味《いみ》 日《ひ》が暮《く》れそうで、なかなか暮《く》れない。

解説《かいせつ》 夕日《ゆうひ》が西《にし》の空《そら》にかたむいているのに、なかなか日《ひ》が暮《く》れない様子《ようす》からできたことばで、物事《ものごと》がなかなか進《すす》まない様子《ようす》にも使《つか》われます。「とどこおる」の意味《いみ》の漢字《かんじ》「泥《でい》（どろ）」にあてて「暮《く》れ泥《なず》む」と読《よ》むようにしています。

使い方《つかいかた》 暮《く》れ泥《なず》む春《はる》の日《ひ》は、家《いえ》に帰《かえ》るのが、ついおそくなってしまう。

暮《く》れ泥《なず》む夕方《ゆうがた》――
待てー うおー
キャー ハマジがオニだー
キャー
逃げるブー
時《とき》を忘《わす》れて遊《あそ》ぶ子《こ》どもたち…
そして
ハッ
何時《なんじ》だと思《おも》ってんの!!
ひぃ
暮《く》れ泥《なず》む日《ひ》は お母《かあ》さん雷《かみなり》に注意《ちゅうい》しよう

境内

境《けい》内《だい》

意味《いみ》 神社《じんじゃ》やお寺《てら》の敷地《しきち》の中《なか》。

解説《かいせつ》 境《さかい》の内側《うちがわ》、囲《かこ》いの中《なか》は「境内《きょうない》」で、これを「境内《けいだい》」と読《よ》むと神社《じんじゃ》やお寺《てら》のへいの中《なか》になります。建物《たてもの》だけでなく、参道《さんどう》も庭《にわ》も全部《ぜんぶ》ふくめます。

なお、「境《きょう》」を「境《けい》」と読《よ》むのはたいへんめずらしく、この「境《けい》内《だい》」ぐらいです。

「内《だい》」もめずらしいのですが、こちらは「お内裏《だいり》さま」などと使《つか》われています。この読《よ》み方《かた》については、下《した》で説明《せつめい》します。

使《つか》い方《かた》 お正月《しょうがつ》の三《さん》が日《にち》は、神《じん》社《じゃ》やお寺《てら》の境内《けいだい》は、お参《まい》りの人《ひと》でいっぱいになり、にぎやかだ。

オレがオニだ〜!
ワー
ワー
逃げろ〜
アハハ
アハハ
ドタ
ドタ
ドタ
コラッ 境内《けいだい》でドタバタするもんじゃない
境内《けいだい》は神様《かみさま》の庭《にわ》だからもう少《すこ》し静《しず》かにせんといかん!!
そして——
そろ〜り
そろ〜り
そろ〜り
極端《きょくたん》である——

「境《けい》内《だい》」の読《よ》み

ときどき、めずらしい漢字《かんじ》の読《よ》みに出会《であ》うことがあります。「境内《けいだい》」もそうです。次《つぎ》のページの「希有《けう》」もそうです。こういう読《よ》み方《かた》をする漢字《かんじ》の発音《はつおん》を「呉音《ごおん》」といいます。主《おも》に仏教《ぶっきょう》のことばに使《つか》われます。

呉音《ごおん》?

希有

うわっ
めずらしい

希《け》有《う》

意味《いみ》 めったにない。

解説《かいせつ》 訓読《くんよ》みすると「希《まれ》に有《あ》る」で、めずらしい様子《ようす》を表《あらわ》します。前《まえ》のページのコラムの説明《せつめい》にもあるように、「希有《けう》」という読《よ》み方《かた》もめずらしいですね。そういえば、この本《ほん》にあることばの読《よ》み方《かた》は、希有《けう》なものばかりです。

使い方《つかいかた》 日本海側《にほんかいがわ》では、蜃気楼《しんきろう》という希有《けう》な現象《げんしょう》が、ときどき起《お》きるそうだ。一度《いちど》見《み》てみたいな。

たいへんじゃ
ばあさん!!
希有《けう》な
出来事《できごと》が
起《お》きたぞ!!
どうしたの
じいさん?
ほれ
すごい
100点《てん》
なんて
やったな
テスト
さくらももこ
100
希有《けう》である

気圧される

気《け》圧《お》される

意味《いみ》 気持《きも》ちの上《うえ》で、相手《あいて》の勢《いきお》いにおされる。

解説《かいせつ》 力《ちから》ではなく、なんとなく相手《あいて》に気分的《きぶんてき》におされてしまうことを表《あらわ》します。気持《きも》ちの上《うえ》で圧倒《あっとう》されてしまうのです。「圧《あつ》」は「おす・おさえつける」の意味《いみ》です。天気予報《てんきよほう》の「気圧《きあつ》」と読《よ》みまちがえないようにしましょう。

使い方《つかいかた》 相手《あいて》がどなりまくるので、こちらは気圧《けお》されて、何《なに》もことばを返《かえ》せなかった。

きみとは
絶交《ぜっこう》だね
元気《げんき》出《だ》して
はいアイス
ぼくは
気圧《けお》された気分《きぶん》で
いっぱいだ
わっ
当《あ》たり!!
わたし
も!
オイラ
も!!
ボクだけ
はずれ…
はずれ
さらに気圧《けお》された気分《きぶん》に
なる藤木《ふじき》であった――

戯作

戯《げ》作《さく》

意味《いみ》 大衆《たいしゅう》を楽《たの》しませるための詩《し》や文章《ぶんしょう》。

解説《かいせつ》 「戯《ぎ》」は「たわむれる」という意味《いみ》で、おもしろがって書《か》いた小説《しょうせつ》などを中国《ちゅうごく》では「戯作《ぎさく》」といっています。日本《にほん》では、これを「戯作《げさく》」と読《よ》んで、江戸時代《えどじだい》にはやった気軽《きがる》な小説《しょうせつ》を指《さ》して使《つか》っています。

使《つか》い方《かた》 十返舎一九《じっぺんしゃいっく》といえば、『東海道中膝栗毛《とうかいどうちゅうひざくりげ》』を書《か》いた、江戸時代《えどじだい》の代表的《だいひょうてき》な戯作者《げさくしゃ》だ。

へえ なかなか おもしろかったよ この戯作者《げさくしゃ》はだれかな?
まる子《こ》だよ
すごいまるちゃん
えー…と この戯作《げさく》は… ………
戯作《げさく》じゃないわ 未来《みらい》のわたしたちの話《はなし》よ♡
……
はなわくんとわたしの愛のストーリー

解脱

迷
ハッ

解《げ》脱《だつ》

意味《いみ》 迷《まよ》いから解《と》き放《はな》たれ、仏《ほとけ》の教《おし》えのほんとうの意味《いみ》を知《し》るようになる。

解説《かいせつ》 「解脱《かいだつ》」ということばは、しばられていた状態《じょうたい》から自由《じゆう》になることです。「解脱《げだつ》」と読《よ》むと、仏教《ぶっきょう》の真理《しんり》を知《し》り、この世《よ》の迷《まよ》いや苦《くる》しみから解《と》き放《はな》たれ、安《やす》らかな心《こころ》を持《も》つ意味《いみ》になります。

使《つか》い方《かた》 その僧《そう》は解脱《げだつ》を求《もと》め、山《やま》にこもって修行《しゅぎょう》を続《つづ》けた。

わしも解脱《げだつ》して迷《まよ》いから解放《かいほう》されたいものじゃ
じいさんどうしたんだい 急《きゅう》に…
どちらの饅頭《まんじゅう》を食《た》べるか迷《まよ》っているのじゃ〜〜〜
…
解脱《げだつ》するほどの迷《まよ》いではない――

け

外道

キャ

外道《げどう》

意味《いみ》 真理《しんり》にそむく教《おし》え、また、そのようなことを教《おし》える人《ひと》。人《ひと》に災《わざわ》いをもたらすもの。

解説《かいせつ》 仏《ほとけ》の教《おし》えを「内道《ないどう》」といい、その教《おし》えにそむくものを「外道《げどう》」といいます。悪魔《あくま》や化《ば》け物《もの》の意味《いみ》にも使《つか》い、また「この外道《げどう》め！」と人《ひと》への悪口《わるくち》としても使《つか》います。もともと、仏教《ぶっきょう》のことばです。

使《つか》い方《かた》 こんな悪《わる》さをするなんて、外道《げどう》のしわざにちがいない。とてもゆるせない。

内道《ないどう》
外道《げどう》
外道《げどう》はいけないね
そうじゃよ人《ひと》の道《みち》から外《はず》れてはいかんのじゃ
……
その通《とお》りである――

解毒

オレの解毒剤《げどくざい》は酒《さけ》だな
酒

解毒《げどく》

意味《いみ》 体《からだ》に入《はい》った毒《どく》を消《け》すこと。

解説《かいせつ》 「解《げ》」は分解《ぶんかい》することで、薬《くすり》で毒《どく》を中和《ちゅうわ》してしまうのが「解毒《げどく》」です。「解《かい》」を「解《げ》」と読《よ》むのはめずらしく、「熱《ねつ》を下《さ》げる」という意味《いみ》の「解熱《げねつ》」と前《まえ》のページの「解脱《げだつ》」で使《つか》われているくらいです。「下毒」と書《か》かないようにしましょう。

使《つか》い方《かた》 この植物《しょくぶつ》は解毒《げどく》作用《さよう》があるので、昔《むかし》から薬草《やくそう》として使《つか》われている。

これは解毒剤《げどくざい》だよ
解毒剤
これを飲《の》むと体《からだ》の毒《どく》が解毒《げどく》されるかわりにちがう毒《どく》が体《からだ》に入《はい》りこむよ
それじゃ解毒《げどく》じゃないブー
ククク

この漢字《かんじ》、なんて読《よ》む？
鳥《とり》いろいろ

① 家鴨

野生《やせい》のマガモを飼《か》いならしたよ。「家《いえ》の鴨《かも》」と書《か》けば？

② 金糸雀

黄色《きいろ》い小鳥《ことり》で、姿《すがた》と鳴《な》き声《ごえ》が美《うつく》しいよ。

③ 朱鷺

佐渡《さど》で飼育《しいく》されている特別天然記念物《とくべつてんねんきねんぶつ》の国際保護鳥《こくさいほごちょう》。

④ 孔雀

きじの仲間《なかま》。広《ひろ》げた羽《はね》が美《うつく》しく緑色《みどりいろ》にかがやくよ。

⑤ 雲雀

雀《すずめ》よりやや大《おお》きく、空高《そらたか》くのぼってさえずる。

⑥ 十姉妹

江戸時代《えどじだい》に、日本《にほん》で飼《か》いならして改良《かいりょう》した鳥《とり》だといわれるよ。

⑦ 鸚哥

オウムの仲間《なかま》。色彩《しきさい》がより美《うつく》しく、ちょっと小型《こがた》。

⑧ 信天翁

英語《えいご》ではアルバトロス。鳥島《とりしま》にいる国際保護鳥《こくさいほごちょう》で特別天然記念物《とくべつてんねんきねんぶつ》だよ。

⑫ 百舌

昆虫《こんちゅう》や蛙《かえる》など、とった獲物《えもの》を枝《えだ》に刺《さ》しておく習性《しゅうせい》があるよ。

⑨ 啄木鳥

木《き》をつついて、虫《むし》をとって食《く》う鳥《とり》は?

速《はや》い
カカカカカカカカカカカカカ

⑬ 鸚鵡

インコより大《おお》きく、人《ひと》のことばのまねがうまい。

コンニチハ
アハハ
アハハ
しゃべっているじょー

⑩ 木菟

ふくろうの仲間《なかま》で耳《みみ》のような羽《はね》があるよ。

⑪ 時鳥

「杜鵑」「子規」「郭公」「不如帰」なども書《か》き、卵《たまご》をうぐいすの巣《す》に産《う》む習性《しゅうせい》があるよ。

⑭ 駝鳥

2メートルを超《こ》える最大《さいだい》の鳥《とり》で、飛《と》べないが走《はし》りは速《はや》いよ。

ドドド
ドドド
すぎ

答《こた》え

①あひる ②カナリア ③とき ④くじゃく ⑤ひばり ⑥じゅうしまつ ⑦いんこ ⑧あほうどり ⑨きつつき ⑩みみずく ⑪ほととぎす ⑫もず ⑬おうむ ⑭だちょう

健気

がんばるぞー

健気《けなげ》

意味《いみ》 幼《おさな》い者《もの》や弱《よわ》い者《もの》が、がんばっている様子《ようす》。

解説《かいせつ》 ふつうならへたへたとくずれてしまうような子《こ》どもや力《ちから》のない人《ひと》が、苦《くる》しさに負《ま》けないでけんめいにがんばっている様子《ようす》が「けなげ」です。ふつうでない、りっぱな様子《ようす》を表《あらわ》す「けなりげ」ということばからできたといわれています。そして、がんばる意味《いみ》の「健《けん》」と様子《ようす》を表《あらわ》す「気《け》」とを合《あ》わせて、「健気《けなげ》」としました。

使《つか》い方《かた》 あの少女《しょうじょ》は、まだ小学《しょうがく》三年生《ねんせい》なのに、健気《けなげ》にも病気《びょうき》がちの母親《ははおや》を助《たす》けて、せっせと家事《かじ》をしている。えらいなあ。

まるちゃん あんな小《ちい》さな子《こ》が河原《かわら》のゴミを集《あつ》めているよ
健気《けなげ》だねえ まる子《こ》たちも手伝《てつだ》おう
おじいさん 小学生《しょうがくせい》の子《こ》が健気《けなげ》にも河原《かわら》のゴミを拾《ひろ》っているわよ
ほう感心《かんしん》じゃ それじゃわしたちも…
ご老人《ろうじん》や子《こ》どもたちが健気《けなげ》にも河原《かわら》の掃除《そうじ》をしているぞ
オレたちもこうしちゃおれないな
そして
ガヤガヤ
えっ
いつの間《ま》に
河原《かわら》は大掃除《おおそうじ》の人《ひと》でにぎわうのであった——

「気《げ》」のつくことば

気分《きぶん》や様子《ようす》を表《あらわ》す「気《き》」は「気《け》」とも使《つか》われ、また上《うえ》のことばによって「気《げ》」にもなります。「なにげなく…」の「何気《なにげ》」もそうです。「健気《けなげ》」はりっぱですが、くれぐれも「可愛気《かわいげ》ないなあ」などといわれないように。

気《げ》 気《け》 気《き》

気配

気《け》配《はい》

意味《いみ》 なんとなくそのように感《かん》じられる様子《ようす》。

解説《かいせつ》 あれこれと気《き》をつかう意味《いみ》の「気配《きくば》り」からでき、意味《いみ》が変《か》わって、確《たし》かめてはいないけれど、なんとなくそのように感《かん》じられる様子《ようす》を表《あらわ》すことばとして使《つか》われるようになりました。日本《にほん》で作《つく》られたことばです。

使《つか》い方《かた》 玄関《げんかん》の前《まえ》に人《ひと》の気配《けはい》がする。お客《きゃく》さんかな？ それとも配達《はいたつ》の人《ひと》が来《き》たのかな？

そこにいるのは気配《けはい》でわかるまる子《こ》
ビクッ
戸棚《とだな》の饅頭《まんじゅう》を勝手《かって》に食《た》べているのも気配《けはい》でわかるのよ
え？
流石《さすが》である――

喧伝

あーでこーで
うんうん

喧《けん》伝《でん》

意味《いみ》 さかんにいいふらすこと。

解説《かいせつ》 「喧《けん》」は「喧嘩《けんか》」に使《つか》われる字《じ》で、やかましい、さわがしい様子《ようす》を表《あらわ》します。「伝《でん》」は伝《つた》えることで、しきりにやかましくいいふらすのが「喧《けん》伝《でん》」です。ほんとうに、うるさそうな感《かん》じがする熟《じゅく》語《ご》です。

使《つか》い方《かた》 悪《わる》いうわさは、すぐ喧伝《けんでん》されて広《ひろ》まるから、気《き》をつけよう。

おいおい聞《き》いたか!! はまじとさくら両思《りょうおも》いだって
ほんとうかおい みんな聞《き》いたか!!
ズバリこのうわさは瞬《また》く間《ま》に喧伝《けんでん》され広《ひろ》まるでしょう!!
ヒー
大迷惑《だいめいわく》である――

好事家

ククク

好事家《こうずか》

意味《いみ》 めずらしいこと、変《か》わったことを特《とく》に好《この》む人《ひと》。

解説《かいせつ》 「好事《こうじ》」と読《よ》めばよいことの意味《いみ》になり、「好事《こうず》」と読《よ》めば、ふつうとちがって風変《ふうが》わりなことに興味《きょうみ》を持《も》つ意味《いみ》になります。そして、そのような趣味《しゅみ》を持《も》つ人《ひと》を「好事家《こうずか》」と呼《よ》びます。

使《つか》い方《かた》 祖父《そふ》は好事家《こうずか》で、古《ふる》くてめずらしい物《もの》を集《あつ》めては、部屋《へや》にかざって自慢《じまん》している。

好事家《こうずか》っていえばだれだろう?
うーん そうだねえ
さくらさん 動《うご》かないで
アリんコが「の」の字《じ》書《か》いてるよ おもしろいね
「好事家《こうずか》」といえば野口《のぐち》さんである――

拘泥

物事

拘泥《こうでい》

意味《いみ》 一《ひと》つの物事《ものごと》にこだわって、どうしようもなくなること。

解説《かいせつ》 「拘《こう》」はかかわる意味《いみ》です。「泥《でい》」は泥《どろ》で、ぬかるみにはまり、先《さき》へ進《すす》めない状態《じょうたい》を表《あらわ》します。このように、一《ひと》つのことにこだわって、よい方法《ほうほう》をとれないでいる様子《ようす》が「拘泥《こうでい》」です。

使《つか》い方《かた》 そんな小《ちい》さなことにいつまでも拘泥《こうでい》していないで、広《ひろ》い世界《せかい》に目《め》を向《む》けてごらん。

う〰〰ん なんだっけ あの人《ひと》の名前《なまえ》…… ああん思《おも》い出《だ》せないで気《き》になるねえ アーアーア―― ちがうイーイー イーちがう!!
そんなことに拘泥《こうでい》してるヒマがあったらお風呂《ふろ》に入《はい》ってきなさい!!
ハーーイ
あっ思《おも》い出《だ》した ハイジだ!!
拘泥《こうでい》した意味《いみ》はないが結果《けっか》オーライである――

更迭

社長
部下
あとはよろしく

更迭《こうてつ》

意味《いみ》 ある役目《やくめ》や地位《ちい》にある人《ひと》が、ほかの人《ひと》と代《か》わること。

解説《かいせつ》 ときどき、新聞《しんぶん》やテレビのニュースで見《み》る熟語《じゅくご》です。いろいろな大事《だいじ》な役《やく》にある人《ひと》が、やめさせられることです。「更《こう》」も「迭《てつ》」も入《い》れかわる意味《いみ》を表《あらわ》します。

使い方《つかいかた》 ちょっとした失言《しつげん》で、あの大臣《だいじん》が更迭《こうてつ》されてしまった。がんばっていた人《ひと》なのに、おしいな。

昨日《きのう》ニュースで内閣《ないかく》の閣僚《かくりょう》が更迭《こうてつ》されるっていってたよね
あれは更迭《こうてつ》されても仕方《しかた》がないって テレビで評論家《ひょうろんか》がいってたね
山田《やまだ》くん知《し》ってたかい？
さっぱり 話《はなし》の意味《いみ》がわからない山田《やまだ》であった

業腹

ムキー

業腹《ごうはら》

意味《いみ》 腹立《はらだ》たしいこと。

解説《かいせつ》 地獄《じごく》ではげしく燃《も》え立《た》っている火《ひ》を「業《ごう》火《か》」といいます。腹《はら》の中《なか》で、その業火《ごうか》が燃《も》え立《た》っているように、はげしくおこりまくっている様子《ようす》が「業腹《ごうはら》」です。いまいましくて、しゃくにさわって、しょうがないのです。

使い方《つかいかた》 なんとも業腹《ごうはら》な話《はなし》だ。こうなった以上《いじょう》は、こっちもだまっていないぞ。

ああん もう ものすごく腹立《はらだ》たしいね
それは なんとも業腹《ごうはら》な話《はなし》じゃ!!
どうしたの？
まる子《こ》のおやつがプリンじゃなかったんじゃ!!
え……それだけ？

紺屋

紺屋《こうや》

意味《いみ》 染《そ》め物屋《ものや》。

解説《かいせつ》 もと、藍色《あいいろ》に染《そ》める染《そ》め物屋《ものや》さんを「藍《あい》染屋《ぞめや》」といい、このことばがもとになって、広《ひろ》く染《そ》め物屋《ものや》さんを指《さ》して「紺屋《こんや》」と呼《よ》ぶようになりました。そして、「紺屋《こうや》」となりました。「藍《あい》」と「紺《こん》」は青《あお》と同《おな》じ仲間《なかま》の色《いろ》です。

使《つか》い方《かた》 「紺屋《こうや》の白袴《しろばかま》」は、紺屋《こうや》が他人《たにん》のために忙《いそが》しく、自分《じぶん》の白袴《しろばかま》を染《そ》めるひまがないことから。

江戸時代《えどじだい》の染色工《せんしょくこう》は紫師《むらさきし》 紅師《べにし》 茶染師《ちゃぞめし》 紺屋《こうや》の4つに分《わ》かれていたんだ
ズバリ染《そ》める色《いろ》によって分《わ》かれていたでしょう!!

紺屋参上《こうやさんじょう》！
なんかかっこいい
戦隊《せんたい》ものみたいだな
ブー
戦隊《せんたい》ものではなく染色《せんしょく》する人々《ひとびと》である――

柿落とし

柿《こけら》落《お》とし

意味《いみ》 劇場《げきじょう》などができあがったとき、最初《さいしょ》に上《じょう》演《えん》する出《だ》し物《もの》。

解説《かいせつ》 工事《こうじ》をしたときに出《で》る材木《ざいもく》のけずりくずを「柿《こけら》」といい、屋根《やね》などに残《のこ》っているその柿《こけら》を落《お》として建物《たてもの》が完成《かんせい》――というわけで、新築祝《しんちくいわ》いに演《えん》じる出《だ》し物《もの》を「柿落《こけらお》とし」といっています。

使《つか》い方《かた》 新《あたら》しくできる劇場《げきじょう》の柿落《こけらお》としが楽《たの》しみだ。演劇《えんげき》かな？ 音楽《おんがく》かな？ きっと豪華《ごうか》な演目《えんもく》だろう。

昨日《きのう》東京《とうきょう》に新《あたら》しくできた劇場《げきじょう》の柿落《こけらお》としに行《い》ってきたんだ
へえーっ・・・こけら落《お》とし？
？

花輪《はなわ》クンわざわざ東京《とうきょう》までこけらを落《お》としに行《い》ったんだって
こけらって？ それ落《お》とすとどうなるの？
ゲームじゃねえか
柿《こけら》落《お》としである

固執

固執《こしつ》

意味《いみ》 自分《じぶん》の考《かんが》えにこだわって、変《か》えようとしない。

解説《かいせつ》 「執《しつ》」は、しがみつくことで、自分《じぶん》の意見《いけん》を固《かた》く主張《しゅちょう》してゆずろうとしないのが「固執《こしつ》」です。「固執《こしゅう》」とも読《よ》みます。

使《つか》い方《かた》 いつまでも自分《じぶん》の意見《いけん》に固執《こしつ》していないで、ほかの人《ひと》の意見《いけん》にも耳《みみ》をかたむけてごらん。

木霊

木霊《こだま》

意味《いみ》 山《やま》びこ。

解説《かいせつ》 声《こえ》や音《おと》が、山《やま》などにぶつかってはね返《かえ》ってくるのが山《やま》びこです。昔《むかし》は山《やま》にある木《き》の精霊《せいれい》によるものと考《かんが》えられ、木《き》の霊《れい》――「木霊《こだま》」と名《な》づけたのです。

使《つか》い方《かた》 「ヤッホー」「ヤッホー」――山間《やまあい》に、木霊《こだま》がひびいている。山登《やまのぼ》りはいいなあ。

言霊

言霊《ことだま》

意味《いみ》 言葉《ことば》に宿《やど》る不思議《ふしぎ》な霊《れい》の力《ちから》。

解説《かいせつ》 木《き》に宿《やど》る精霊《せいれい》は「木霊《こだま》」でしたが、日本人《にほんじん》は言葉《ことば》の持《も》つ力《ちから》も精霊《せいれい》によるものと考《かんが》え、言葉《ことば》を大事《だいじ》にしてきました。

使《つか》い方《かた》 日本《にほん》のことを「言霊《ことだま》の幸《さき》わう国《くに》」と呼《よ》ぶそうだ。言葉《ことば》が幸《しあわ》せをもたらしてくれることだ。

諺

諺《ことわざ》

意味《いみ》 昔《むかし》から言《い》い伝《つた》えられてきた、ためになる短《みじか》いことば。「犬《いぬ》も歩《ある》けば棒《ぼう》にあたる」など。

解説《かいせつ》 「ことわざ」は「言技《ことわざ》」の意味《いみ》で、ことばが持《も》っている特別《とくべつ》な技《わざ》を使《つか》って示《しめ》した短《みじか》い句《く》のことをいいます。ことわざを表《あらわ》す漢字《かんじ》「諺《げん》」にあてて、「諺《ことわざ》」と読《よ》みます。

使《つか》い方《かた》 「いろはかるた」は諺《ことわざ》を集《あつ》めたかるただ。どれも役《やく》に立《た》つことばかりで、よい勉強《べんきょう》になる。

親《おや》はなくとも子《こ》は育《そだ》つぅ
パタン
親《おや》の心《こころ》 子《こ》知《し》らず…
かわいさ余《あま》って憎《にく》さが百倍《ひゃくばい》っ
口《くち》は災《わざわ》いのもとね
ハッ
諺《ことわざ》である——

零れる

零《こぼ》れる

意味《いみ》 水《みず》があふれたり、もれたりして落《お》ちる。

解説《かいせつ》 水《みず》がしたたり落《お》ちたり、もれて外《そと》に出《で》たりするのが「こぼれる」です。同《おな》じ意味《いみ》の漢字《かんじ》「零《れい》」を使《つか》って「零《こぼ》れる」としたのですが、この漢字《かんじ》をどこかで見《み》たことがあるでしょう。そう、この漢字《かんじ》は、数字《すうじ》のゼロを表《あらわ》す「零《れい》」と同《おな》じです。

使《つか》い方《かた》 悲《かな》しい話《はなし》を聞《き》き、涙《なみだ》が零《こぼ》れて止《と》まらなかった。

小杉《こすぎ》が入《はい》ると
ザバーン
ザー
風呂《ふろ》の湯《ゆ》は体積分《たいせきぶん》零《こぼ》れ出《で》る
小杉《こすぎ》が出《で》ると
小杉母
あーあ
湯《ゆ》は$\frac{1}{3}$に減《へ》るのであった——

御用達

御用達《ごようたし》

意味《いみ》 ご用事《ようじ》をうけたまわること。

解説《かいせつ》 宮中《きゅうちゅう》や役所《やくしょ》に品物《しなもの》などを納《おさ》めることが「御用達《ごようたし》」です。用事《ようじ》をうけたまわることを、ていねいに表《あらわ》したのです。なにしろ、りっぱな所《ところ》から注文《ちゅうもん》を受《う》け、品物《しなもの》を納《おさ》めるわけですから、その役《やく》をする店《みせ》にとってはたいへんな名誉《めいよ》です。そして、このような店《みせ》の人《ひと》たちを「御用商人《ごようしょうにん》」と呼《よ》びます。なお、「御用達《ごようたつ》」とも読《よ》みます。

使い方《つかいかた》 あのお店《みせ》は、代々《だいだい》お役所《やくしょ》の御用達《ごようたし》なので、品物《しなもの》はどれもりっぱで、粗末《そまつ》な物《もの》はない。信用《しんよう》が置《お》ける。

「用足《ようた》し」と「用達《ようたし》」

用事《ようじ》をすることを「用《よう》を足《た》す」といいますね。「ちょっと用足《ようた》しに」などと使《つか》います。この「用足《ようた》し」と「用達《ようたし》」の意味《いみ》は同《おな》じです。ただ、「用達《ようたし》」のほうは江戸幕府《えどばくふ》のころから使《つか》っていたので、ぐっと重《おも》みがあるのです。

フムフム

うわあ きれいな 和菓子《わがし》だねえ
お隣《となり》からのいただきものよ なんでも昔《むかし》は宮内庁御用達《くないちょうごようたし》のお菓子《かし》だったそうよ
*宮内庁御用達《くないちょうごようたし》？
宮中《きゅうちゅう》からお声《こえ》がかかるほど名誉《めいよ》あるお菓子《かし》だったってことだね
へえ〜〜っ りっぱすぎて食《た》べられないね
わしも同《おな》じ思《おも》いじゃよ なにしろ昔《むかし》は宮内庁御用達《くないちょうごようたし》じゃからな
棚《たな》の上《うえ》にかざっておこう
そうじゃ そうじゃ
腐《くさ》るわよ
その通《とお》りである

*宮内庁御用達《くないちょうごようたし》＝この制度《せいど》は、昭和《しょうわ》29年《ねん》（1954年《ねん》）に廃止《はいし》されました。

声色

声色《こわいろ》

意味《いみ》　声《こえ》の調子《ちょうし》。

解説《かいせつ》　声《こえ》の様子《ようす》やぐあいを表《あらわ》すことばですが、主《おも》にいろいろな人《ひと》の声《こえ》をまねる意味《いみ》に使《つか》われています。もともとは、役者《やくしゃ》のせりふをまねることから使《つか》われ始《はじ》めたことばです。

使《つか》い方《かた》　声色《こわいろ》を使《つか》うのが上手《じょうず》なのは、やっぱり鈴《すず》木《き》さんかな。このあいだは玉井《たまい》さんの声色《こわいろ》をまねて、かんかんにおこらせてしまったよ。

はい さくらです あらまあ お元気《げんき》ですか
お母《かあ》さん 電話《でんわ》のときは 声色《こわいろ》変《か》わるね よし今《いま》のうちに 戸棚《とだな》のお菓子《かし》でも いただこうかね
ちょっと 失礼《しつれい》…
コラ
予想外《よそうがい》の 母《はは》の声色《こわいろ》であった——

強面

強面《こわもて》

意味《いみ》　こわい顔《かお》や態度《たいど》。

解説《かいせつ》　固《かた》くこわばった「こわ面《おもて》」からできたことばです。「面《おもて》」は顔《かお》です。そして、相手《あいて》に対《たい》して強《つよ》い態度《たいど》に出《で》る様子《ようす》に使《つか》われます。「強面《こわもて》の談判《だんぱん》」「強面《こわもて》の交渉《こうしょう》」——相手《あいて》はびくっとします。

使《つか》い方《かた》　こちらは平和的《へいわてき》な話《はな》し合《あ》いを望《のぞ》んでいるのに、相手《あいて》が強面《こわもて》の姿勢《しせい》をくずさないなら、仕方《しかた》がない。交渉決裂《こうしょうけつれつ》だ。

すごい強面《こわもて》の人《ひと》だね
うん態度《たいど》も 強面《こわもて》だね
のし のし
わーい おじいちゃーん
アハハ よしよし かわいいのう
強面《こわもて》でも 子《こ》どもには 優《やさ》しい…のである

コラム③

「昨日《きのう》・今日《きょう》・明日《あす》」の読《よ》み

—熟字訓《じゅくじくん》—

日本語《にほんご》の「きのう」を漢字《かんじ》で表《あらわ》すとき、「昨日《きのう》」と書《か》きます。中国《ちゅうごく》の熟語《じゅくご》「昨日《さくじつ》」を借《か》りて、これに「きのう」をあてたのです。このような表《あらわ》し方《かた》を「**熟字訓**《じゅくじくん》」といいます。

そして、「きょう」は「今日《こんにち》」にあてて「今日《きょう》」、「あす」は「明日《みょうにち》」にあてて「明日《あす》」です。

このような熟字訓《じゅくじくん》は、この本《ほん》には「田舎《いなか》・氷柱《つらら》・流石《さすが》」など、たくさんのっています。そのほかにもどんなのがあるか、いくつか紹介《しょうかい》しましょう。

- ことし……今年《こんねん》→今年《ことし》
- けさ……今朝《こんちょう》→今朝《けさ》
- しぐれ……時雨《じう》→時雨《しぐれ》
- たなばた…七夕《しちせき》→七夕《たなばた》
- しない……竹刀《ちくとう》→竹刀《しない》
- みやげ……土産《どさん》→土産《みやげ》
- むすこ……息子《そくし》→息子《むすこ》
- つゆ……梅雨《ばいう》→梅雨《つゆ》
- さなえ……早苗《そうびょう》→早苗《さなえ》
- ゆかた……浴衣《よくい》→浴衣《ゆかた》
- かや……蚊帳《ぶんちょう》→蚊帳《かや》
- やけど……火傷《かしょう》→火傷《やけど》

中《なか》には110ページにもあるように、「白髪《はくはつ》」を「白髪《しらが》」とも読《よ》んで、微妙《びみょう》に使《つか》い分《わ》けているものもあります。

このように、漢字《かんじ》は一《ひと》つ一《ひと》つが音読《おんよ》み・訓読《くんよ》みをいくつか持《も》っているだけでなく、場面場面《ばめんばめん》に合《あ》わせて、くるっと読《よ》みを変《か》えることがあります。

だから漢字《かんじ》はめんどう——ではなく、だから漢字《かんじ》はおもしろいのです。外国《がいこく》の人《ひと》もおどろいています。漢字《かんじ》は働《はたら》き者《もの》です。

この漢字《かんじ》、なんて読《よ》む？

海《うみ》・川《かわ》の生《い》き物《もの》

① 河豚

ふくれると豚《ぶた》のように太《ふと》って見《み》える「河《かわ》の豚《ぶた》」？内臓《ないぞう》に猛毒《もうどく》があるよ。

② 海星

人《ひと》の手《て》に似《に》ている「海《うみ》の星《ほし》」って？

③ 海月

海《うみ》に映《うつ》った月《つき》のような生《い》き物《もの》とは？「水母」とも書《か》くよ。

④ 山女

サクラマスが海《うみ》に下《くだ》らずに川《かわ》の上流《じょうりゅう》で育《そだ》ったもの。「山女魚」とも書《か》くよ。

⑤ 泥鰌

沼《ぬま》、水田《すいでん》、小川《おがわ》の泥《どろ》の中《なか》にすんでいる生《い》き物《もの》だよ。

⑥ 岩魚

岩《いわ》の間《あいだ》にすむ魚《さかな》の意味《いみ》。山間《やまあい》の最上流《さいじょうりゅう》にいる魚《さかな》だ。

⑦ 海胆

「海栗」「雲丹」とも書《か》くよ。海《うみ》の栗《くり》は見《み》たまんま。雲丹は加工《かこう》した食品《しょくひん》だ。

⑧ 太刀魚

1メートル以上《いじょう》もあり、刀《かたな》のように細長《ほそなが》く、銀白色《ぎんはくしょく》で鱗《うろこ》がない魚《さかな》だよ。

⑨ 海鼠

平安時代《へいあんじだい》からめずらしく貴重《きちょう》な食《た》べ物《もの》とされたよ。「海《うみ》の鼠《ねずみ》」って、わかる?

⑩ 寄居虫

「宿借り」とも書《か》くよ。成長《せいちょう》するたびに貝殻《かいがら》をとりかえる海《うみ》の生《い》き物《もの》だ。

⑪ 海老

「蝦」とも書《か》くよ。「〇〇で鯛《たい》を釣《つ》る」って諺《ことわざ》があるね。

⑫ 秋刀魚

秋《あき》に大量《たいりょう》にとれて、その形《かたち》が刀《かたな》に似《に》ているから、こう書《か》くよ。

⑬ 烏賊

足《あし》は10本《ぽん》。ピンチに墨《すみ》を吐《は》くよ。やり〇〇、するめ〇〇などがいるね。

⑭ 章魚

足《あし》は8本《ぽん》、こちらも逃《に》げるときに墨《すみ》を出《だ》す。「蛸」とも書《か》くよ。

答《こた》え

①ふぐ ②ひとで ③くらげ ④やまめ ⑤どじょう
⑥いわな ⑦うに ⑧たちうお ⑨なまこ
⑩やどかり ⑪えび ⑫さんま ⑬いか ⑭たこ

今昔

今昔《こんじゃく》

意味《いみ》　今《いま》と昔《むかし》。

解説《かいせつ》　今《いま》の世《よ》の中《なか》と昔《むかし》の世《よ》の中《なか》です。その両方《りょうほう》を比《くら》べたときに使《つか》うことばです。あまりにも変《か》わり方《かた》が大《おお》きい場合《ばあい》、心《こころ》にしみじみと感《かん》じる思《おも》いを「今《こん》昔《じゃく》の感《かん》がある」といいます。「今昔《こんせき》」とも読《よ》みます。

使い方《つかかた》　数十年前《すうじゅうねんまえ》は、外《そと》で公衆電話《こうしゅうでんわ》をさがしたけれど、今《いま》は携帯電話《けいたいでんわ》がポケットの中《なか》——ああ、今《こん》昔《じゃく》の感《かん》があるなあ。

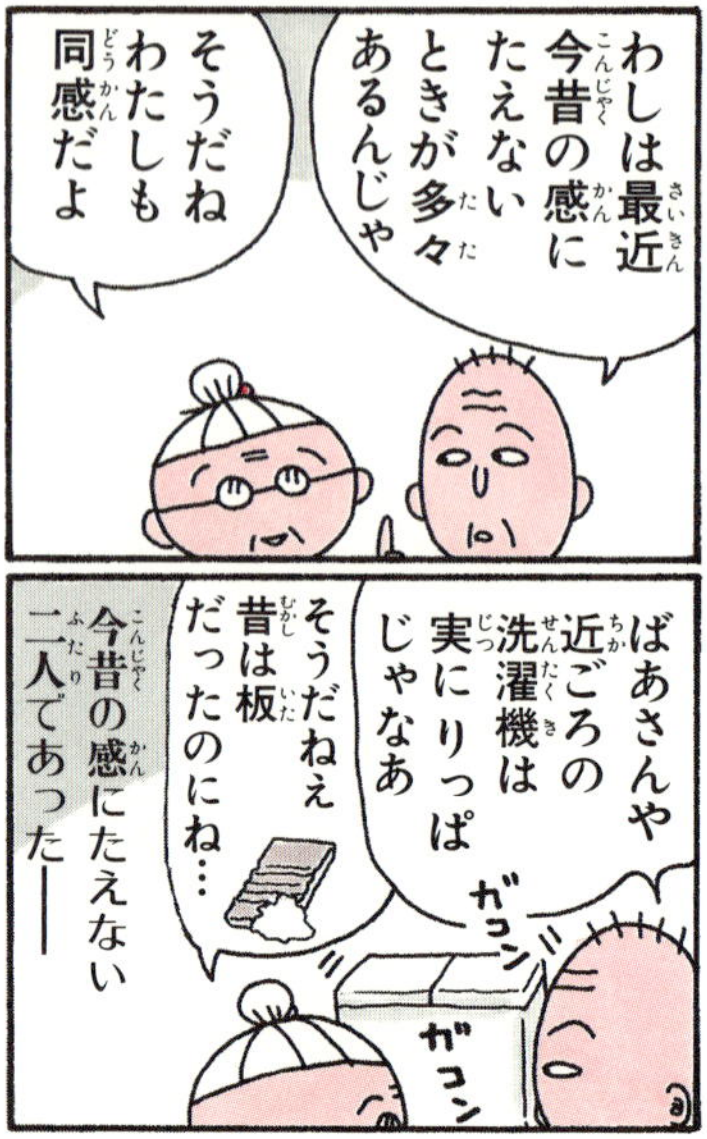
わしは最近《さいきん》今昔《こんじゃく》の感《かん》にたえないときが多々《たた》あるんじゃ
そうだねわたしも同感《どうかん》だよ
ばあさんや近《ちか》ごろの洗濯機《せんたくき》は実《じつ》にりっぱじゃなあ
ガコン
ガコン
そうだねえ昔《むかし》は板《いた》だったのにね…
今昔《こんじゃく》の感《かん》にたえない二人《ふたり》であった——

建立

建立《こんりゅう》

意味《いみ》　お寺《てら》や塔《とう》などを建《た》てること。

解説《かいせつ》　寺院《じいん》や仏像《ぶつぞう》や塔《とう》など、仏教関係《ぶっきょうかんけい》の物《もの》を建《た》てることを「建立《こんりゅう》」といいます。ふつう「建《けん》」「立《りつ》」と読《よ》む漢字《かんじ》が「建《こん》」「立《りゅう》」と使《つか》われるのは、たいへんめずらしいので、しっかりおぼえましょう。

使い方《つかかた》　聖徳太子《しょうとくたいし》によって建立《こんりゅう》されたといわれる奈良《なら》の法隆寺《ほうりゅうじ》は、世界最古《せかいさいこ》の木造建築《もくぞうけんちく》として世界遺《せかいい》産《さん》に登録《とうろく》されている。

日光東照宮《にっこうとうしょうぐう》は死《し》んだ徳川家康《とくがわいえやす》を東照大権現《とうしょうだいごんげん》という神《かみ》としてまつるために建立《こんりゅう》された神社《じんじゃ》なのよ
へえ実在《じつざい》の人物《じんぶつ》を？
だったらまる子《こ》にも「まる子宮《こぐう》」を建立《こんりゅう》してくれないかな
まるこ
無理《むり》な話《はなし》である——

金輪際《こんりんざい》

意味《いみ》 どんなことがあっても。

解説《かいせつ》 下《した》に打《う》ち消《け》しのことば「ない・ません」などが来《き》て、「絶対《ぜったい》に・決《けっ》して」という意味《いみ》を表《あらわ》します。もともと、地面《じめん》のいちばん下《した》の層《そう》を指《さ》す仏教《ぶっきょう》のことばで、これより下《した》はないぞと強《つよ》い意味《いみ》をこめて日本《にほん》で使《つか》うようになりました。

使い方《つかいかた》 金輪際《こんりんざい》、二度《にど》とうそはつきませんから、どうかゆるしてください。

ヒッ!
金輪際《こんりんざい》おやつぬきです!!
どうか おゆるしください
金輪際《こんりんざい》 金輪際《こんりんざい》 金輪際《こんりんざい》 金輪際《こんりんざい》 金輪際《こんりんざい》 金輪際《こんりんざい》 金輪際《こんりんざい》 金輪際《こんりんざい》 金輪際《こんりんざい》 金輪際《こんりんざい》
もう しません!!

金輪際《こんりんざい》の押《お》し売《う》りである

最期《さいご》

意味《いみ》 命《いのち》が終《お》わるとき。

解説《かいせつ》 「最初《さいしょ》」の反対語《はんたいご》は「最後《さいご》」です。最《もっと》も終《お》わりです。これを「最期《さいご》」と書《か》くと、人生《じんせい》の一《ひと》めぐりの終《お》わりになり、死《し》ぬときの意味《いみ》になります。「期《ご》」は生《う》まれてから死《し》ぬまでを表《あらわ》す仏教《ぶっきょう》のことばで、その一生《いっしょう》を「一期《いちご》」といいます。

使い方《つかいかた》 彼女《かのじょ》は国《くに》のために戦《たたか》い、華々《はなばな》しい最期《さいご》をとげた。今《いま》でも、人々《ひとびと》から尊敬《そんけい》を一身《いっしん》に集《あつ》めている。

ああ かわいそう 最期《さいご》に 何《なに》かして あげられ ないかなぁ ねえ お母《かあ》さん
料理《りょうり》 しにくい じゃない

魚《さかな》の最期《さいご》である

狭霧

狭《さ》霧《ぎり》

意味《いみ》　霧《きり》。

解説《かいせつ》　ただ「霧《きり》」というより「さ」をつけたほうが美《うつく》しく聞《き》こえます。「狭《さ》」は、せまいの意味《いみ》で、霧《きり》がこく立《た》ちこめている感《かん》じを表《あらわ》しています。このような「さ」はことばの調子《ちょうし》を整《ととの》える働《はたら》きをします。夜《よる》を「小夜《さよ》」と呼《よ》ぶのも、この表《あらわ》し方《かた》の「さ」によるものです。

使《つか》い方《かた》　谷一面《たにいちめん》の狭霧《さぎり》――神秘的《しんぴてき》だなあ。

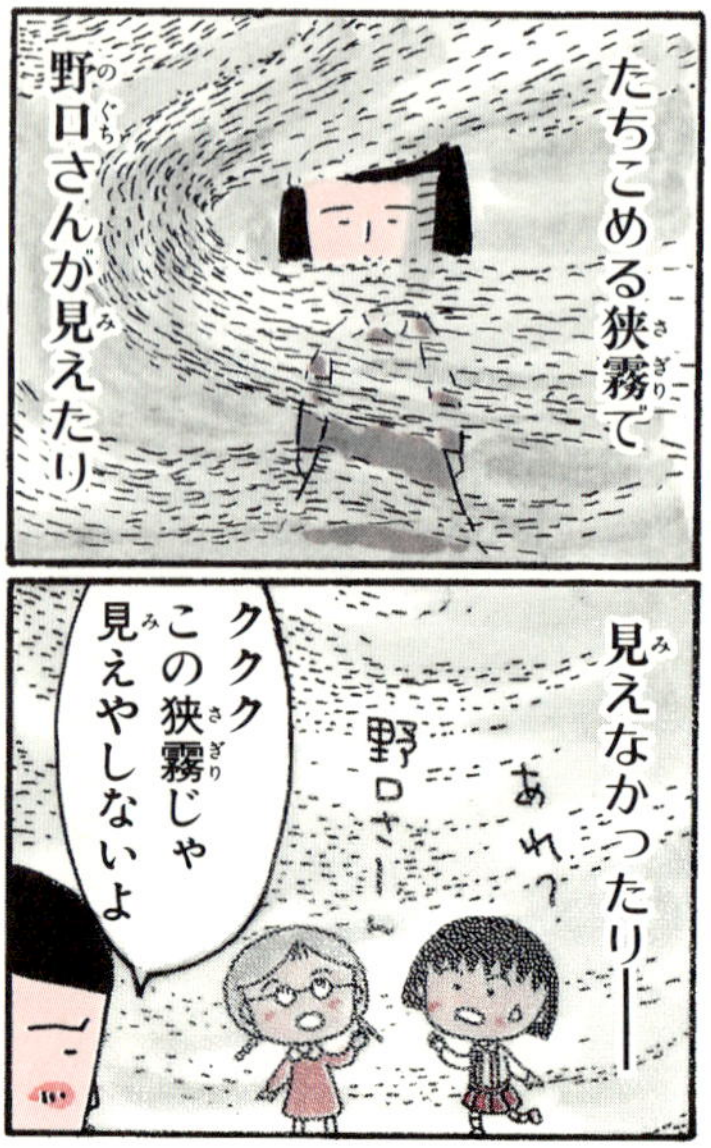

たちこめる狭霧《さぎり》で
野口《のぐち》さんが見《み》えたり
見《み》えなかったり――
あれ？
野口さーん
ククク
この狭霧《さぎり》じゃ
見《み》えやしないよ

雑魚寝

雑《ざ》魚《こ》寝《ね》

意味《いみ》　大勢《おおぜい》の人《ひと》が入《い》り交《ま》じって寝《ね》ること。

解説《かいせつ》　「雑魚《ざこ》」は、いろいろな種類《しゅるい》が交《ま》じった小《ちい》さな魚《さかな》たちです。「雑魚《ざつぎょ》」が「ざっこ」、そして「雑魚《ざこ》」と呼《よ》ばれるようになったといわれています。その雑魚《ざこ》たちが乱雑《らんざつ》に寝《ね》ている様子《ようす》が「雑魚寝《ざこね》」です。とてもゆったりとは寝《ね》ていられません。

使《つか》い方《かた》　合宿《がっしゅく》では雑魚寝《ざこね》だったので、みんなの寝《ね》息《いき》が気《き》になり、なかなか寝《ね》つけなかった。

お父《とう》さん
もうちょっと
向《む》こうへ行《い》ってよ
おい
じいさん
足《あし》がじゃまだ
なんじゃ
ヒロシ
うるさいのう
何《なに》してんの？
スー
スー
雑魚寝《ざこね》である――

さ

流石

流石《さすが》ぼっちゃま

流石《さすが》

意味《いみ》 思《おも》っていたとおり、りっぱな様子《ようす》。

解説《かいせつ》 「流石《さすが》だ」と使《つか》えば、思《おも》っていたとおりりっぱだ、の意味《いみ》になり、「流石《さすが》の○○も」と使《つか》えば、そうはいうもののだめか、という意味《いみ》になります。「流石《りゅうせき》」は中国《ちゅうごく》の故事《こじ》（＝昔《むかし》から伝《つた》わってきた事《こと》がら）にある話《はなし》ですが、なぜこれが「さすが」なのか、いろいろ説《せつ》があり、はっきりしません。

使《つか》い方《かた》 流石《さすが》の横綱《よこづな》も、けがには勝《か》てません。

なんなの この点数《てんすう》は!! 100点《てん》満点中《まんてんちゅう》5点《てん》って流石《さすが》に あきれちゃうわよ
テスト さくらももこ
5
しゅん
流石《さすが》じゃ まる子《こ》!! なかなか 5点《てん》なんか とれるもんじゃないぞ!! よくやった
フォローしているつもりの友蔵《ともぞう》であった

瑣末

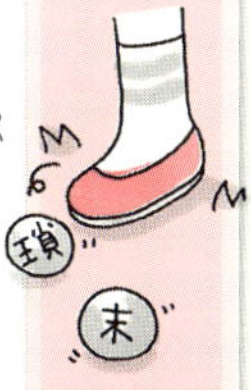
瑣
末

瑣《さ》末《まつ》

意味《いみ》 大切《たいせつ》でない。小《ちい》さい。

解説《かいせつ》 「瑣《さ》」は小《ちい》さくてくずのようなもの、「末《まつ》」はいちばん下《した》のはじっこで、つまらないものを表《あらわ》します。両方《りょうほう》が合《あ》わさって、取《と》るに足《た》らない、ねうちのない様子《ようす》を表《あらわ》している熟語《じゅくご》です。

なお、「些末《さまつ》」と書《か》くこともあります。

使《つか》い方《かた》 りっぱな人間《にんげん》になるためには、瑣末《さまつ》なことにこだわらないで、大《おお》きな目標《もくひょう》を持《も》ってごらん。

コラ まる子《こ》!! 庭《にわ》に西瓜《すいか》の種《たね》捨《す》てちゃダメ!!
ぺっぺっ
お母《かあ》さん そんな瑣末《さまつ》なこと いわないでよ この中《なか》の一《ひと》つが西瓜《すいか》になるかもしれないんだからね
……

潮騒

ザザー

潮騒《しおさい》

意味《いみ》 海《うみ》の水《みず》が満《み》ちてくるときの波《なみ》の音《おと》。

解説《かいせつ》 「潮《しお》」は海《うみ》の水《みず》です。その満《み》ちてくる潮《しお》の波《なみ》の音《おと》「潮騒《しおさわ》ぎ」が、短《みじか》く「潮騒《しおさい》」となりました。「しおざい」とも読《よ》みます。

なお、もともと「しお」には「汐《しお》」というのもありました。朝《あさ》の満《み》ちしおと引《ひ》きしおは「潮《しお》」、夕方《ゆうがた》の満《み》ちしおと引《ひ》きしおは「汐《しお》」、と使《つか》い分《わ》けたこともありましたが、今《いま》はどれも「潮《しお》」の字《じ》で統一《とういつ》して表《あらわ》します。

使い方《つかいかた》 潮騒《しおさい》を耳《みみ》にし、潮風《しおかぜ》を全身《ぜんしん》に受《う》けて、わたしはこの海岸《かいがん》の村《むら》で育《そだ》った。

「塩《しお》」と「潮《しお》」

「しお水《みず》」？——さて、どう書《か》くのでしょう。塩《しお》からい海《うみ》の水《みず》だから「潮水《しおみず》」？　残念《ざんねん》、「塩水《しおみず》」が正解《せいかい》です。「潮《しお》」は一字《じ》で海《うみ》の水《みず》を表《あらわ》すので、「潮水《しおみず》」とは書《か》きません。「塩《しお》」と「潮《しお》」。よく意味《いみ》を考《かんが》えて、使《つか》い分《わ》けましょう。

潮　塩

塩水

ザザ……
あれ？ 波《なみ》の音《おと》が聞《き》こえる
ほんとうじゃ……
ザザ…
潮騒《しおさい》の音《おと》だな……
ザザ
ザザ…
心休《こころやす》まるね…
だな…
どこから聞《き》こえるんじゃろ
ザザ…
ザザザ…
ザザー
ザザ
潮騒《しおさい》の音《おと》の正体《しょうたい》はおばあちゃんの豆《まめ》を洗《あら》う音《おと》であった——

仕種

あら
いやだ

仕《し》種《ぐさ》

意味《いみ》 物事《ものごと》をするときの身《み》ぶり。

解説《かいせつ》 「仕《し》」は動作《どうさ》をすること、「種《くさ》」はそのやり方《かた》です。もともとは、舞台《ぶたい》の上《うえ》での役者《やくしゃ》のせりふ以外《いがい》の表現《ひょうげん》を「仕種《しぐさ》」といっていました。今《いま》は、多《おお》くは特色《とくしょく》のある身《み》ぶりに対《たい》して使《つか》われています。「仕草《しぐさ》」とも書《か》きます。

使《つか》い方《かた》 あの赤《あか》ちゃんの仕種《しぐさ》はかわいいね。周《まわ》りの人《ひと》は、みんなにこにこしているよ。

あら 二人《ふたり》とも 流石《さすが》 姉妹《しまい》ね 食《た》べる仕種《しぐさ》がそっくりよ
えっ そうかな
仕種《しぐさ》が同《おな》じといわれショックを隠《かく》せない姉《あね》であった

嗜好品

嗜《し》好《こう》品《ひん》

意味《いみ》 好《す》きな飲《の》み物《もの》や食《た》べ物《もの》。

解説《かいせつ》 ふつう、飲食物《いんしょくぶつ》は体《からだ》の栄養《えいよう》のためにとりますが、香《かお》りや味《あじ》を楽《たの》しみながら好《す》きで飲《の》んだり食《た》べたりする物《もの》もあります。これが「嗜好品《しこうひん》」です。例《たと》えば、お酒《さけ》・コーヒーです。「嗜《し》」も「好《こう》」も「たしなむ・好《この》む」という意味《いみ》です。

使《つか》い方《かた》 わたしの嗜好品《しこうひん》は、アイスクリームかな。いやいや、まだまだたくさんあって数《かぞ》えきれない。

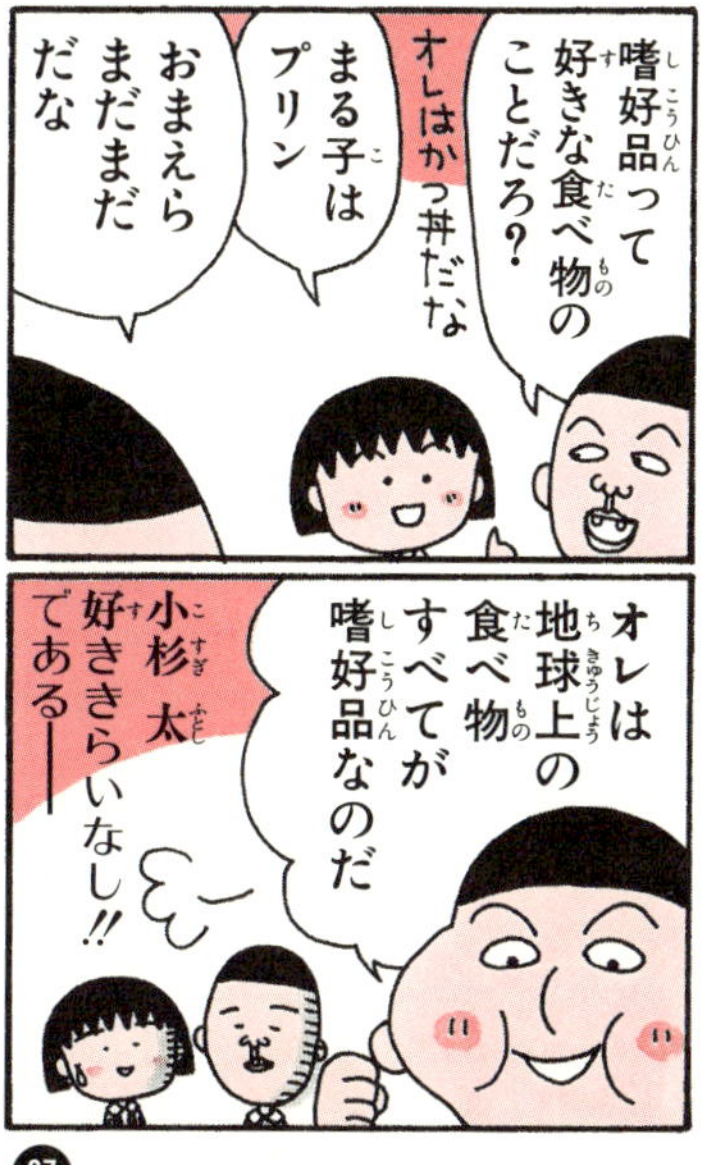
嗜好品《しこうひん》って好《す》きな食《た》べ物《もの》のことだろ?
オレはかつ丼だな
まる子《こ》はプリン
おまえらまだまだだな
オレは地球上《ちきゅうじょう》の食《た》べ物《もの》すべてが嗜好品《しこうひん》なのだ
小杉《こすぎ》 太《ふとし》 好《す》ききらいなし!! であるーー

市井

市井《しせい》

意味《いみ》 人家《じんか》の集《あつ》まる町《まち》。世間《せけん》。

解説《かいせつ》 人々《ひとびと》は水《みず》のある所《ところ》に集《あつ》まって生活《せいかつ》をします。「市《し》」は町《まち》のことです。そこで、井戸《いど》の周《まわ》りに集《あつ》まった人家《じんか》ということで、「市《し》井《せい》」ということばが生《う》まれました。

使《つか》い方《かた》 老後《ろうご》は市井《しせい》をはなれ、静《しず》かに暮《く》らしてみたいと思《おも》う。

市井《しせい》の人々《びとびと》

支度

支度《したく》

意味《いみ》 準備《じゅんび》をすること。

解説《かいせつ》 「支《し》」は計算《けいさん》する、「度《たく》」は測《はか》るの意味《いみ》で、もともとはあらかじめ計算《けいさん》しておくことを表《あらわ》すことばでしたが、日本《にほん》に入《はい》って「準《じゅん》備《び》する」として使《つか》われるようになりました。「仕度《したく》」とも書《か》きます。

使《つか》い方《かた》 あしたの支度《したく》をちゃんとしてから、寝《ね》るようにしている。

遠足《えんそく》の支度《したく》だけは素早《すばや》いのよね……
ハンカチとティッシュと おやつと…

強か

強《した》か《たた》

意味《いみ》 ①ひどく。②手《て》ごわい。

解説《かいせつ》 「確《たし》か」からできたことばといわれ、その程度《ていど》を「強《きょう》」の字《じ》を使《つか》って強《つよ》めています。「いやというほど」の意味《いみ》に使《つか》われています。

使《つか》い方《かた》 ①転《ころ》んで、腰《こし》を強《したた》か打《う》ってしまった。②相手《あいて》は強《したた》かだ。油断《ゆだん》しないでかかれ。

野口《のぐち》は強《した》かなやつだね
永沢《ながさわ》くんも強《した》かだよ…
ククク

老舗

老舗《しにせ》

意味《いみ》 昔《むかし》から続《つづ》いている店《みせ》。

解説《かいせつ》 「し」は仕事《しごと》をすること、「にせ」は似《に》せることです。先祖《せんぞ》からの商売《しょうばい》のやり方《かた》を同《おな》じように代々《だいだい》受《う》けついできた店《みせ》を「しにせ」と呼《よ》び、同《おな》じ意《い》味《み》の熟語《じゅくご》「老舗《ろうほ》」にあてて「老舗《しにせ》」としたのです。「舗《ほ》」は店《みせ》のことです。

使《つか》い方《かた》 ここは江戸《えど》時代《じだい》から続《つづ》いている老舗《しにせ》で、評判《ひょうばん》が高《たか》い。

駅《えき》のそばの老舗《しにせ》の和菓子屋《わがしや》閉店《へいてん》するらしいわよ
えぇ〜
うそ〜
いやじゃ〜
おまえら一度《いちど》も行《い》ったことないだろその老舗《しにせ》の和菓子屋《わがしや》に
一度《いちど》でいいから食《た》べてみたい老舗《しにせ》の味《あじ》である

東雲

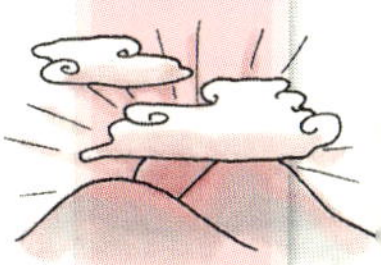

東雲《しののめ》

意味《いみ》 明《あ》け方《がた》。

解説《かいせつ》 東《ひがし》の空《そら》が白《しら》む明《あ》け方《がた》を表《あらわ》します。篠《しの》という細《ほそ》い竹《たけ》で編《あ》んだ明《あ》かりとりの目《め》の間《あいだ》（＝すきま）から、明《あ》け方《がた》の光《ひかり》が差《さ》しこんでくる様子《ようす》からできたことばといわれています。明《あ》け方《がた》の東《ひがし》の空《そら》にたなびく雲《くも》「東雲《とううん》」にあてて「東雲《しののめ》」と読《よ》んでいます。詩《し》に出《で》てくるような、きれいなことばですね。

使《つか》い方《かた》 東雲《しののめ》の空《そら》に、白《しろ》い鳥《とり》が一羽《わ》飛《と》んでいく。

東雲《しののめ》の空《そら》…空気《くうき》がきれいじゃのう
朝《あさ》の散歩《さんぽ》も悪《わる》くないのう
さくらさん
お早《はや》いですな
佐々木《ささき》さんこそ
東雲《しののめ》の空《そら》とわたしと佐々木《ささき》のじいさん
友蔵《ともぞう》 東雲《しののめ》の俳句《はいく》

し

注連縄

注連縄《しめなわ》

意味《いみ》 清《きよ》らかな場所《ばしょ》を区切《くぎ》る縄《なわ》。

解説《かいせつ》 神様《かみさま》が居《い》る（＝占《し》めている）場所《ばしょ》を示《しめ》す「占《し》め縄《なわ》」の意味《いみ》です。「注連《ちゅうれん》（＝水《みず》を注《そそ》いで清《きよ》めて連《つら》ねた縄《なわ》）」にあてて「注連縄《しめなわ》」と読《よ》むようにしました。神社《じんじゃ》に張《は》ってありますね。悪魔《あくま》を寄《よ》せつけないようにしているのです。「標縄《しめなわ》・七五三縄《しめなわ》」とも書《か》きます。

使《つか》い方《かた》 今年《ことし》も、玄関《げんかん》と台所《だいどころ》に注連縄《しめなわ》を張《は》って、家族《かぞく》の安全《あんぜん》を祈《いの》ることにしよう。

わあ
花輪《はなわ》クンちの
注連縄《しめなわ》
大《おお》きいね〜〜〜
特注品《とくちゅうひん》
さ
うちのは小《ちい》さい
注連飾《しめかざ》り……
………
まる子《こ》よ…
大《おお》きさではない——

赤銅色

赤銅色《しゃくどういろ》

意味《いみ》 赤黒《あかぐろ》い銅《どう》の色《いろ》。

解説《かいせつ》 もともとは、銅《どう》を指《さ》して「赤銅《せきどう》」といっていましたが、日本《にほん》では銅《どう》に金《きん》・銀《ぎん》を加《くわ》えた合金《ごうきん》を「赤銅《しゃくどう》」と呼《よ》ぶようになりました。赤黒《あかぐろ》い色《いろ》をしている銅《どう》です。「赤《せき》」を「赤《しゃく》」と読《よ》むのはたいへんめずらしいので、しっかりおぼえましょう。

使《つか》い方《かた》 この夏《なつ》はずっと海《うみ》で過《す》ごしたので赤銅色《しゃくどういろ》になってしまった。ちょっと焼《や》きすぎたかな。

こちらの
赤銅色《しゃくどういろ》の
つぼ…
いくらで
買《か》いますか？
千両《せんりょう》
一万両《まんりょう》
タラコ一腹《ひとはら》
では
タラコ一腹《ひとはら》
で………
えっ
なぜっっ
やったブー
野口《のぐち》さんの好物《こうぶつ》である

砂利

砂利《じゃり》

意味《いみ》 かどのとれた細《こま》かい石《いし》。

解説《かいせつ》 なぜ「じゃり」というのか？ それはジャリジャリと音《おと》がするから、いや、小《ち》さな石《いし》を「さざれ石《いし》」といい、それが「ざれ石《いし》」と変《か》わって「じゃり」になったのだ……など、いろいろな説《せつ》があります。ただ、「砂利《じゃり》」は意味《いみ》に関係《かんけい》なく、音《おん》だけでそれらしく表《あらわ》した日本製《にほんせい》の熟語《じゅくご》であることは確《たし》かです。

使《つか》い方《かた》 砂利《じゃり》をしきつめた道路《どうろ》を走《はし》る。

うわっ くつの中《なか》に 砂利《じゃり》が入《はい》った
うわっ オレも
キャッ わたしも
わっ ほんとだ
砂利が入ったまま競走だー
ワハハ
いたいー
若《わか》ければ 砂利《じゃり》が入《はい》っても いとおかし… ですな……

蒐集

蒐集《しゅうしゅう》

意味《いみ》 あつめる。

解説《かいせつ》 ごみをはじめ、何《なに》から何《なに》まで物《もの》を集《あつ》めるのは「収集《しゅうしゅう》」です。しかし、趣味《しゅみ》や研究《けんきゅう》などで特別《とくべつ》な物《もの》を集《あつ》める場合《ばあい》、昔《むかし》は「蒐集《しゅうしゅう》」の熟語《じゅくご》を使《つか》っていました。「蒐《しゅう》」は集《あつ》める意味《いみ》です。今《いま》でもこの字《じ》を見《み》ることがあるので、おぼえておきましょう。

使《つか》い方《かた》 父《ちち》は切手《きって》の蒐集《しゅうしゅう》にこっている。記念切手《きねんきって》をはじめ、めずらしい切手《きって》がずらりとある。

ボクは 外国《がいこく》の 絵葉書《えはがき》を 蒐集《しゅうしゅう》して いるよ
わたしは かわいい シールを 蒐集《しゅうしゅう》して いるの
まるちゃんは？
え…と…
まる子《こ》の蒐集《しゅうしゅう》と いえば ひた隠《かく》しに している悪《わる》い点《てん》の テスト用紙《ようし》である

この漢字《かんじ》、なんて読《よ》む？

食《た》べ物《もの》

① 饂飩

小麦粉《こむぎこ》で作《つく》った麺類《めんるい》の一種《いっしゅ》。昔《むかし》は「うんどん」といったよ。

② 蕎麦

つゆにつけて、勢《いきお》いよくズズーッと食《た》べるのは「ざる○○」だね。

③ 素麺

麺《めん》は白《しろ》くて極細《ごくぼそ》。昔《むかし》は「さくめん」といったよ。

いただきます

④ 天麩羅

野菜《やさい》や魚《さかな》に水《みず》でといた小麦粉《こむぎこ》の衣《ころも》をつけて、油《あぶら》で揚《あ》げた食《た》べ物《もの》だよ。

いいかおりだね

⑤ 餃子

三日月形《みかづきがた》にして焼《や》いたり、揚《あ》げたりする中国料理《ちゅうごくりょうり》だよ。

おまち
ヒョー

⑥ 饅頭

皮《かわ》の中《なか》には、甘《あま》くておいしいあんこが入《はい》っているよ。

おっ いいねぇ

⑦ 心太

古《ふる》くは「こころぶと」。酢《す》じょうゆをかけて食《た》べるとおいしいよ。

⑧ 善哉

関東《かんとう》は餅《もち》にあんをかける。関西《かんさい》はつぶしあんの汁粉《しるこ》。

⑨ 金団

栗《くり》、隠元豆《いんげんまめ》、さつまいもを甘《あま》く煮《に》てつぶした料理《りょうり》だよ。

⑩ 羊羹

あんと寒天《かんてん》で作《つく》った代表的《だいひょうてき》な和菓子《わがし》。

⑪ 団子

花《はな》より○○○。桃太郎《ももたろう》が持《も》って行《い》ったのは、きび○○○。

⑫ 納豆

大豆《だいず》を発酵《はっこう》させた食品《しょくひん》。「糸引《いとひ》き○○○○」ともいうよ。

⑬ 煎餅

小麦粉《こむぎこ》や米粉《こめこ》で作《つく》った焼《や》き菓子《がし》。「煎《せん》」は、あぶり焼《や》くという意味《いみ》。

⑭ 金平糖

ポルトガル語《ご》の「コンフェイト」がもとになったことば。16世紀《せいき》に渡来《とらい》。

答《こた》え

①うどん ②そば ③そうめん ④てんぷら ⑤ギョーザ ⑥まんじゅう ⑦ところてん ⑧ぜんざい ⑨きんとん ⑩ようかん ⑪だんご ⑫なっとう ⑬せんべい ⑭こんぺいとう

羞恥心

羞恥心《しゅうちしん》

意味《いみ》 恥《は》ずかしいと思《おも》う気持《きも》ち。

解説《かいせつ》 「羞《しゅう》」も「恥《ち》」も、恥《は》じらいを表《あらわ》します。こんなことをしたら、また、されたら恥《は》ずかしいなと思《おも》う気持《きも》ちです。例《たと》えば、電車《でんしゃ》の中《なか》で化粧《けしょう》をしたり、食《た》べながら歩《ある》いたりすることです。人間《にんげん》、恥《はじ》を知《し》ることが大切《たいせつ》です！

使《つか》い方《かた》 羞恥心《しゅうちしん》のない人《ひと》が増《ふ》えてきたようだ。みんなで反省《はんせい》しあって、よい世《よ》の中《なか》にしていこう。

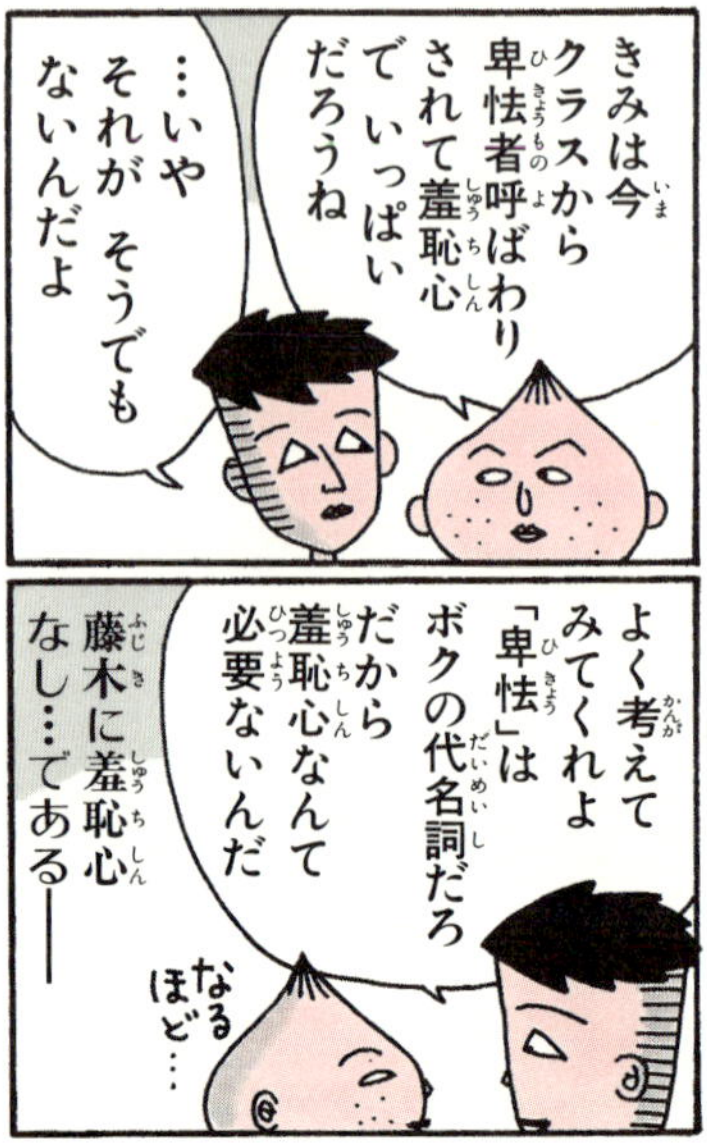

きみは今《いま》クラスから卑怯者呼《ひきょうものよ》ばわりされて羞恥心《しゅうちしん》でいっぱいだろうね
…いやそれが そうでもないんだよ
よく考《かんが》えてみてくれよ「卑怯《ひきょう》」はボクの代名詞《だいめいし》だろ
だから羞恥心《しゅうちしん》なんて必要《ひつよう》ないんだ
なるほど…
藤木《ふじき》に羞恥心《しゅうちしん》なし…である——

入水

入水《じゅすい》

意味《いみ》 水《みず》に入《はい》って死《し》ぬこと。

解説《かいせつ》 「入水《にゅうすい》」と読《よ》めば水《みず》に入《はい》ることですが、「入水《じゅすい》」と読《よ》めば、水《みず》の中《なか》に身《み》を投《な》げて死《し》ぬことになります。読《よ》み方《かた》のちがいで、意味《いみ》が大《おお》きく変《か》わります。「入《じゅ》」という読《よ》みはたいへんめずらしいので、おぼえておきましょう。

使《つか》い方《かた》 一一八五年《ねん》、壇ノ浦《だんのうら》の戦《たたか》いで、安徳天皇《あんとくてんのう》は祖母《そぼ》にだかれて入水《じゅすい》し、平家《へいけ》は滅亡《めつぼう》した。

入水《じゅすい》って水《みず》に入《はい》って死《し》ぬことなんだって
身投《みな》げのことだね
オレは入水《じゅすい》なんてごめんだねお〜こわ
ブルブル
プールに入《はい》るのは入水《にゅうすい》だぜ
入水《にゅうすい》は好《す》き!!
わたしも!!
だれしも入水《じゅすい》はごめんである——

出奔

出奔《しゅっぽん》

意味《いみ》 よそへ逃《に》げる。

解説《かいせつ》 「出《しゅつ》」は出《で》ていくことです。「奔《ほん》」は「奔《ほん》走《そう》（＝勢《いきお》いよく走《はし》る）」「奔流《ほんりゅう》（＝勢《いきお》いよく流《なが》れる）」などに使《つか》われる勢《いきお》いのよい様子《ようす》を表《あらわ》す字《じ》です。そこで、さっとどこかへ行方《ゆくえ》をくらましてしまうのが、「出奔《しゅっぽん》」です。

使《つか》い方《かた》 なぜ彼《かれ》が出奔《しゅっぽん》しなければならなかったのか、だれにもわからない。まったく不思議《ふしぎ》な事件《じけん》だ。

まる子《こ》や何《なに》をしているんじゃ?
しー
まる子《こ》はこれから行方《ゆくえ》をくらますんだから
何《なに》っ出奔《しゅっぽん》するじゃと!!
見《み》つけたわよまる子《こ》お母《かあ》さんの大切《たいせつ》な口紅《くちべに》折《お》ったでしょ〜〜〜〜!!
ヒィ
出奔《しゅっぽん》したいほどお母《かあ》さんの迫力《はくりょく》はすごいのである――

呪縛

呪縛《じゅばく》

意味《いみ》 まじないをかけて、動《うご》けなくすること。

解説《かいせつ》 そのまま訓読《くんよ》みすると「呪《のろ》って縛《しば》りつける」です。こわいですね。またこのことばは、おどしたり、不安《ふあん》がらせたりして、相手《あいて》の自由《じゆう》をうばう場合《ばあい》にも使《つか》われます。

使《つか》い方《かた》 寝《ね》ているとき、とつぜん呪縛《じゅばく》にかかったように体《からだ》が動《うご》かなくなった。だれからもうらまれていないし…、とにかくお医者《いしゃ》さんにみてもらおう。

だるまさんが――
ころんだブ――
オレの呪縛《じゅばく》にかかるブー
カキー
う…体《からだ》が動《うご》かねえ
みんな演技派《えんぎは》である――

遵守《じゅんしゅ》

ビシッ

意味《いみ》 規則《きそく》などをきちんと守《まも》ること。

解説《かいせつ》 教《おし》えや法律《ほうりつ》などをきちんと守《まも》ることを、「順守《じゅんしゅ》」といいます。けれど、同《おな》じ意味《いみ》で「遵守《じゅんしゅ》」ということばもよく使《つか》われます。「順《じゅん》」も「遵《じゅん》」も従《したが》う意味《いみ》です。大事《だいじ》なことばなので、きちんと読《よ》めるようにしておきましょう。

使《つか》い方《かた》 みんなで交通規則《こうつうきそく》を遵守《じゅんしゅ》して、事故《じこ》ゼロを目指《めざ》しましょう。

学校《がっこう》での決《き》まり事《ごと》を遵守《じゅんしゅ》することが学校生活《がっこうせいかつ》にとって大切《たいせつ》なことだと思《おも》います
おー
パチ パチ
次《つぎ》 山田《やまだ》くん
宿題《しゅくだい》の作文《さくぶん》忘《わす》れたじょー
学校生活《がっこうせいかつ》を遵守《じゅんしゅ》できない山田《やまだ》であった――

性懲《しょうこ》り

しゅん

意味《いみ》 心《こころ》の底《そこ》から反省《はんせい》すること。

解説《かいせつ》 同《おな》じあやまちを二度《にど》とくり返《かえ》さないようにしようと思《おも》うのが「性懲《しょうこ》り」で、ただの「懲《こ》りる」よりずっと深《ふか》く反省《はんせい》している態度《たいど》です。というのは「性《しょう》」は心《こころ》の奥底《おくそこ》を指《さ》すことばだからです。「性懲《しょうこ》りもなく……」という形《かたち》でよく使《つか》われます。

使《つか》い方《かた》 しかられたのに、性懲《しょうこ》りもなく、またいたずらをしている。今度《こんど》は、絶対《ぜったい》にゆるさない。

まる子《こ》…また性懲《しょうこ》りもなく戸棚《とだな》にある缶《かん》のお菓子《かし》を取《と》ろうとしているわね
あっ
あけたら手伝い10回すること!!
お母《かあ》さんのほうが一枚《いちまい》上《うわ》手《て》であった――

成就

やったー

成就《じょうじゅ》

意味《いみ》 願《ねが》いがかなうこと。物《もの》事《ごと》をやっとなしとげること。

解説《かいせつ》 「成《じょう》」も「就《じゅ》」も、「なしとげる」の意味《いみ》です。それにしても、この二《ふた》つの漢字《かんじ》の読《よ》み方《かた》はめずらしいですね。仏教《ぶっきょう》のことばだからです。「就《じゅ》」としてふつうのことばに使《つか》われている例《れい》は、今《いま》はこの「成就《じょうじゅ》」だけです。「成《じょう》」のほうは、仏《ほとけ》になる意味《いみ》の「成仏《じょうぶつ》」ということばにも使《つか》われています。

使《つか》い方《かた》 ついに、入学試験《にゅうがくしけん》に合《ごう》格《かく》。長《なが》い間《あいだ》の苦労《くろう》と努力《どりょく》が実《みの》って大願成就《たいがんじょうじゅ》だ。さっそく、お礼参《れいまい》りに行《い》ってこよう。

学業成就《がくぎょうじょうじゅ》

神社《じんじゃ》やお寺《てら》で、生徒《せいと》や学生《がくせい》のお祈《いの》りでいちばん多《おお》いのは、成《せい》績《せき》の向上《こうじょう》や合格《ごうかく》を願《ねが》う「学業成《がくぎょうじょう》就《じゅ》」です。お札《ふだ》やお守《まも》りも売《う》っています。今度《こんど》、お参《まい》りに行《い》ったとき、どんな形《かたち》で学業成就《がくぎょうじょうじゅ》のお祈《いの》りがされているか、よく見《み》てみましょう。

学業成就

願《ねが》いが成就《じょうじゅ》するように
神社《じんじゃ》にお参《まい》り――
えーっと 鳥居《とりい》の前《まえ》で 一礼《いちれい》だよね
そうじゃ
神社《じんじゃ》によっては しきたりが少《すこ》し ちがうんじゃ
この神社《じんじゃ》では 鈴《すず》は静《しず》かに 1回《かい》じゃ
鈴《すず》は1回《かい》…
おじぎと拍手《はくしゅ》は 2回《かい》ずつ 二礼《にれい》 二拍手《にはくしゅ》じゃ
えーっと おじぎと 拍手《はくしゅ》は 2回《かい》ずつ…
あせ あせ
そして 最後《さいご》に 一礼《いちれい》じゃ
ハッ
願《ねが》いごと するの 忘《わす》れた!!
しきたりを気《き》にするあまり 成就《じょうじゅ》させたいことを 願《ねが》い忘《わす》れるまる子《こ》であった

精進

精進《しょうじん》

意味《いみ》 一心《いっしん》に努力《どりょく》すること。

解説《かいせつ》 もともとは仏教《ぶっきょう》のことばで、仏《ほとけ》の教《おし》えを一心《いっしん》に学《まな》ぶことを表《あらわ》します。「精《しょう》」は精神《せいしん》、「進《しん》」ははげむ意味《いみ》で、精神《せいしん》をこめて教《おし》えを学《まな》ぶのです。なお、修行《しゅぎょう》のためにとる、魚《さかな》や肉《にく》を用《もち》いない料理《りょうり》を「精進料理《しょうじんりょうり》」といいます。

使《つか》い方《かた》 ベートーベンは音楽《おんがく》の道《みち》に精進《しょうじん》し、ついに「楽聖《がくせい》」と呼《よ》ばれるようになった。

ボクは花輪家《はなわけ》の跡取《あとと》りだからね経済《けいざい》を学《まな》ぶことに精進《しょうじん》しているよ
へえ流石《さすが》だねボクも見習《みなら》うよさくらは?
う…うん
まる子《こ》が日々《ひび》精進《しょうじん》していることといえば……ぐーたらである――

尚早

おまえらにはまだ早《はや》いな

尚早《しょうそう》

意味《いみ》 まだ早《はや》すぎる。

解説《かいせつ》 「尚《しょう》」は「なお・まだ」の意味《いみ》で、「尚早《しょうそう》」は早《はや》すぎて、まだふさわしい時期《じき》ではないことを表《あらわ》します。なお、「尚早《しょうそう》」をまちがえて「そうしょう」といわないように気《き》をつけましょう。

使《つか》い方《かた》 まだ七月《がつ》だというのに、もう冬用《ふゆよう》の服《ふく》を売《う》り出《だ》そうなんて、時期尚早《じきしょうそう》だ。早《はや》ければいいというものではないよ。

ねえ買《か》ってよお〜〜〜〜
ダメ!! まる子《こ》には時期尚早《じきしょうそう》すぎるわよ
どうしたんじゃ?
まる子《こ》が嫁入《よめい》り道具《どうぐ》を買《か》ってといってるんですよ
時期尚早《じきしょうそう》じゃ〜〜っ
その通《とお》りである――

装束

装《しょう》束《ぞく》

意味《いみ》 身《み》なり。身支度《みじたく》。

解説《かいせつ》 「装《しょう》」はよそおう、「束《そく》」はととのえることで、「旅装束《たびしょうぞく》」などと身支度《みじたく》の意味《いみ》で使《つか》われます。また、特《とく》に昔《むかし》の礼服《れいふく》を指《さ》していうこともあります。

使い方《つかいかた》 彼《かれ》は、きちんとした昔《むかし》風《ふう》の装束《しょうぞく》を身《み》に着《つ》け、伝統《でんとう》のある儀式《ぎしき》にのぞんだ。

黒装束《くろしょうぞく》…だね
キキ
ククク

相伴

相《しょう》伴《ばん》

意味《いみ》 客《きゃく》といっしょに、もてなしを受《う》ける。

解説《かいせつ》 訓読《くんよ》みすると「相伴《あいともな》う」で、連《つ》れ立《だ》つの意味《いみ》です。他人《たにん》のおかげで、自分《じぶん》も利益《りえき》を得《え》るような場合《ばあい》に使《つか》うことばです。

使い方《つかいかた》 お客《きゃく》さんをお連《つ》れしただけなのに、わたしにまでごちそうとは。お相伴《しょうばん》に与《あずか》ります。

いやあ
悪《わる》いね
お相伴《しょうばん》に
与《あずか》って
こんなに
飲《の》んじゃって

所作

所《しょ》作《さ》

意味《いみ》 体《からだ》の動《うご》かし方《かた》。

解説《かいせつ》 もともと仏教《ぶっきょう》のことばで、「すること・しわざ」を表《あらわ》していましたが、日本《にほん》では「身《み》ぶり・身《み》のこなし」として使《つか》われています。「所《しょ》」はすること、「作《さ》」は行《おこな》うの意味《いみ》です。

使い方《つかいかた》 立《た》ったり座《すわ》ったり、彼《かの》女《じょ》の一《ひと》つ一《ひと》つの所作《しょさ》は美《うつく》しい。

所《しょ》作《さ》
ペコリ
ススス

緒戦

緒《しょ》戦《せん》

意味 はじめての戦《たたか》い。また、戦《たたか》いのはじめのころ。

解説 「緒《しょ》」は糸《いと》の端《はし》、いとぐちを表《あらわ》し、「はじめ」の意味《いみ》です。最初《さいしょ》の試合《しあい》の意味《いみ》で使《つか》うときは、「初戦《しょせん》」と同《おな》じです。「ちょ戦《せん》」と読《よ》むこともありますが、「緒戦《しょせん》」のほうをおぼえておきましょう。

使い方 みんなで力《ちから》を合《あ》わせ、みごと地方大会《ちほうたいかい》の緒戦《しょせん》をかざった。

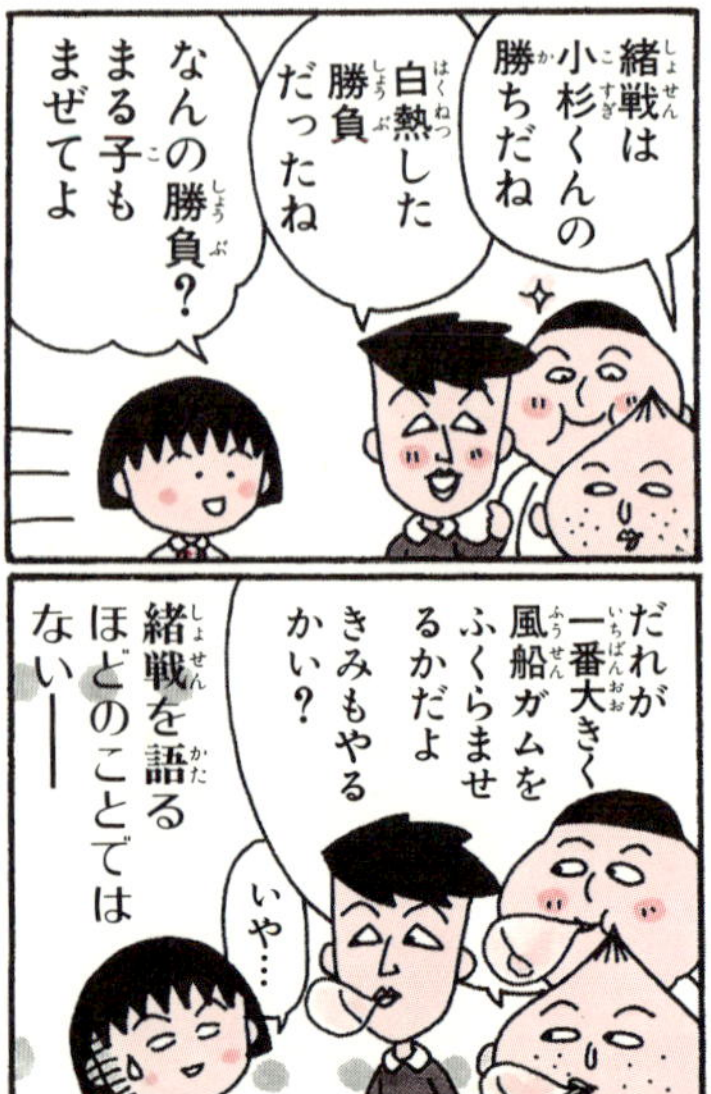
緒戦《しょせん》は小杉《こすぎ》くんの勝《か》ちだね
白熱《はくねつ》した勝負《しょうぶ》だったね
なんの勝負《しょうぶ》？まる子《こ》もまぜてよ
だれが一番大《いちばんおお》きく風船《ふうせん》ガムをふくらませるかだよ きみもやるかい？
いや…
緒戦《しょせん》を語《かた》るほどのことではない――

白髪

白《しら》髪《が》

意味 白《しろ》くなった髪《かみ》の毛《け》。

解説 もとは「しらか」と呼《よ》んでいたようです。「か」は「毛《け》」のことです。さて、「白髪《はくはつ》の紳士《しんし》」というのと「白髪《しらが》のおじさん」というのと、同《おな》じ人物《じんぶつ》でも受《う》ける感《かん》じがまるでちがいます。これがことばのおもしろいところです。

使い方 お父《とう》さん、白髪《しらが》が増《ふ》えてきたよ。でも、ぬいちゃだめだよ。髪《かみ》の毛《け》が少《すく》なくなっちゃうから。

お父《とう》さん白髪《しらが》ぬいていい？
おう痛《いた》くすんなよ
ダメじゃ!! 白髪《しらが》でも髪《かみ》は大切《たいせつ》じゃよ……
…はい…
説得力《せっとくりょく》のあるおじいちゃんであった――

不知火

不知火《しらぬい》

意味《いみ》 海《うみ》の沖《おき》に、きらめく火《ひ》の光《ひかり》。

解説《かいせつ》 九州《きゅうしゅう》の八代海《やつしろかい》や有明海《ありあけかい》で見《み》られる無数《むすう》の火《ひ》の光《ひかり》で、「だれも知《し》らない不思議《ふしぎ》な火《ひ》」ということで「知《し》らぬ火《ひ》→不知火《しらぬい》」と名《な》づけられました。実《じっ》は、火《ひ》の正体《しょうたい》は沖《おき》の漁船《ぎょせん》がともす灯火《ともしび》によるものだったのです。

使《つか》い方《かた》 今《いま》は科学的《かがくてき》に説明《せつめい》できるけれど、神秘的《しんぴてき》な不知火《しらぬい》を見《み》て、昔《むかし》の人《ひと》はどう思《おも》ったのだろう。

不知火《しらぬい》は八代海《やつしろかい》や有明海《ありあけかい》で真夏《まなつ》に見《み》られる光《ひかり》の怪現象《かいげんしょう》なんだ今《いま》は科学的《かがくてき》に解明《かいめい》されてるけどね
光《ひかり》の怪現象《かいげんしょう》……
人魂《ひとだま》かな?
いやきっともっとすごいもんだぜ
いや…だから今《いま》は…
不知火《しらぬい》にもりあがる三人《にん》であった——

素面

素面《しらふ》

意味《いみ》 お酒《さけ》を飲《の》んでいない顔《かお》。

解説《かいせつ》 「素面《すめん》・素面《そめん》」……いろいろな読《よ》み方《かた》がありますが、もっとも広《ひろ》く使《つか》われている読《よ》みは「素面《しらふ》」です。「素《す》」は何《なに》もぬっていないことを表《あらわ》します。そこで、何《なに》もない「白《しろ》」を使《つか》って、赤《あか》くなっていない顔《かお》を白面《しらふ》＝「素面《しらふ》」と呼《よ》んでいるのです。

使《つか》い方《かた》 お父《とう》さんは素面《しらふ》のときもおもしろいけれど、酔《よ》うともっとおもしろい。

素面《しらふ》のヒロシ
ビール持《も》ってこい
酔《よ》っぱらいのヒロシ
ビールもってほい

熾烈

ガー

熾《し》烈《れつ》

意味《いみ》 勢《いきお》いが盛《さか》んではげしい様子《ようす》。

解説《かいせつ》 「熾《し》」は火《ひ》が盛《さか》んに燃《も》えている様子《ようす》を表《あらわ》し、「烈《れつ》」はそのはげしさを表《あらわ》しています。「火」と「灬」…両方《りょうほう》火《ひ》が燃《も》え上《あ》がっています。主《おも》に、戦《たたか》いや競争《きょうそう》のはげしさを表《あらわ》すことばとして使《つか》われ、もっともはげしい状態《じょうたい》を「熾烈《しれつ》を極《きわ》める」といいます。

使《つか》い方《かた》 数々《かずかず》の熾烈《しれつ》な戦《たたか》いを勝《か》ちぬき、ついに決《けっ》勝戦《しょうせん》へ進出《しんしゅつ》した。

さくら家《け》の朝《あさ》
おじいちゃん早《はや》くしてよ
まる子《こ》わたしが先《さき》よ
オレが先《さき》だ
おじいちゃんまだ〜
トイレ
じいさん早《はや》くしろよ
熾烈《しれつ》なトイレ争《あらそ》いがくり広《ひろ》げられるのである

素人

わしは素人《しろうと》なんで

素人《しろうと》

意味《いみ》 そのことに慣《な》れていない人《ひと》。

解説《かいせつ》 ここの「素」は、前《まえ》のページの「素」と同《おな》じで、何《なん》の色《いろ》もついていないことを表《あらわ》します。そのことについて何《なん》の知識《ちしき》もない人《ひと》という意味《いみ》で、「白人《しろひと》→素人《しろうと》」となったのです。では、専門家《せんもんか》といえば……？「玄人《くろうと》」です。こちらは「黒《くろ》」です。

使《つか》い方《かた》 剣道《けんどう》についてはずぶの素人《しろうと》なので、竹刀《しない》の持《も》ち方《かた》も面《めん》のつけ方《かた》も、まったくわからない。

酒《さけ》を飲《の》む〜〜〜 オレは今日《きょう》も酒《さけ》を飲《の》む〜〜〜
オレの今日《きょう》の俳句《はいく》
なんちゃって
我《わ》が息子《むすこ》下手《へた》な俳句《はいく》で上機嫌《じょうきげん》
友蔵《ともぞう》玄人《くろうと》の俳句《はいく》
まだまだ素人《しろうと》じゃな
おかわり持《も》ってこーい

コラム④

ほたるの「火《ひ》」が消《き》えた？

―新字体《しんじたい》と旧字体《きゅうじたい》―

「漢字《かんじ》は画数《かくすう》が多《おお》いので、書《か》くのがめんどうだ」といっている人《ひと》はいませんか。とんでもない、今《いま》から七十年《ねん》ほど前《まえ》の人《ひと》たちは、もっともっと込《こ》み入《い》った字《じ》を使《つか》っていたのです。

次《つぎ》の字《じ》を見《み》て、今《いま》はどのように書《か》くのか当《あ》ててみましょう。どれも小学校《しょうがっこう》で習《なら》う字《じ》です。

①國 ②體 ③佛 ④萬

①は「国《くに》」です。②は、なんと「体《からだ》」です。③と④は見《み》たことがあるでしょう。「仏《ほとけ》」と「万《まん》」です。

比《くら》べると、どれも今《いま》の字《じ》は画数《かくすう》が少《すく》なく、簡単《かんたん》に書《か》けますね。

今《いま》の字《じ》を**新字体《しんじたい》**というのに対《たい》して、昔《むかし》の字《じ》を**旧字体《きゅうじたい》**といいます。

次《つぎ》に、旧字体《きゅうじたい》の熟語《じゅくご》を読《よ》んでみましょう。

⑤辨當 ⑥圖畫 ⑦樂團

答《こた》えは、⑤弁当《べんとう》 ⑥図画《ずが》 ⑦楽団《がくだん》です。こうして見《み》ていくと、形《かたち》をくずしたり略《りゃく》したり、いろいろ工夫《くふう》されて新字体《しんじたい》ができあがっていることがわかります。

では、何《なに》もかも新字体《しんじたい》がいいかといえば、そうではありません。略《りゃく》すことによって、漢字《かんじ》のでき方《かた》がわからなくなってしまうものもあります。「蛍《ほたる》」の旧字体《きゅうじたい》は「螢《ほたる》」で、ちゃんと「火《ひ》」がぴかぴかと光《ひか》っていたのです。新字体《しんじたい》では火《ひ》が消《き》えて、ほたるに気《き》の毒《どく》な感《かん》じがします。

辨當
これは昔《むかし》の漢字《かんじ》です
読《よ》める人《ひと》いますか？
わー むずかしい わかんない
ハイ べんとう
正解《せいかい》です
流石《さすが》 小杉《こすぎ》である

この漢字《かんじ》、なんて読《よ》む？

身近《みぢか》にある物《もの》

① 束子

食器《しょっき》などを洗《あら》う道具《どうぐ》だよ。

② 定規

線《せん》を引《ひ》くときに使《つか》うよ。三角形《さんかくけい》や雲形《くもがた》もあるね。

③ 椅子

腰《こし》をかける家具《かぐ》だよ。

④ 刷毛

ペンキなどを塗《ぬ》るときに使《つか》う道具《どうぐ》だよ。

⑤ 梯子

高《たか》い所《ところ》に立《た》てかけて登《のぼ》り降《お》りする道具《どうぐ》。

⑥ 雑巾

よごれをふくための布切《ぬのき》れ。掃除道具《そうじどうぐ》だよ。

⑦ 剃刀

髪《かみ》の毛《け》やひげをそるための刃物《はもの》だよ。

⑧ 布団

寝《ね》るときに敷《し》いたり掛《か》けたりして使《つか》う。「蒲団」とも書《か》くよ。

⑨ 箪笥

衣類《いるい》や生活《せいかつ》小道具《こどうぐ》を整理《せいり》・保管《ほかん》するための家具《かぐ》。

⑩ 団扇

手《て》であおいで風《かぜ》を起《お》こす道具《どうぐ》だよ。

⑪ 塵紙

鼻紙《はながみ》や落《お》とし紙《がみ》（トイレで使《つか》う紙《かみ》）のことだよ。

⑫ 小芥子

東北《とうほく》地方《ちほう》の郷土《きょうど》人形《にんぎょう》。筒状《つつじょう》の胴体《どうたい》に丸《まる》い頭《あたま》がついているよ。

⑬ 風鈴

風《かぜ》が吹《ふ》くと、ゆれていい音《おと》を鳴《な》らすよ。

⑭ 薬缶

湯《ゆ》をわかす金属製《きんぞくせい》の入《い》れ物《もの》。もとは薬《くすり》を煎《せん》じるのに使《つか》ったよ。

答《こた》え

①たわし ②じょうぎ ③いす ④はけ ⑤はしご
⑥ぞうきん ⑦かみそり ⑧ふとん ⑨たんす ⑩うちわ
⑪ちりがみ ⑫こけし ⑬ふうりん ⑭やかん

難読漢字新聞《なんどくかんじしんぶん》

2学期《がっき》

動物園《どうぶつえん》レポート

＊天《てん》高《たか》く馬《うま》肥《こ》ゆる秋《あき》に まる子《こ》、動物園《どうぶつえん》に行《い》く

＊天高《てんたか》く馬肥《うまこ》ゆる秋《あき》＝気分《きぶん》も気候《きこう》もよい、秋《あき》を表《あらわ》す諺《ことわざ》。

秋晴《あきば》れの日曜日《にちようび》、まる子《こ》はおじいちゃんと動物園《どうぶつえん》にやってきた。図鑑《ずかん》で見覚《みおぼ》えのある動物《どうぶつ》たちを観察《かんさつ》して回《まわ》る。

首《くび》が長《なが》く背《せ》が高《たか》い**麒麟《きりん》**、背《せ》中《なか》に大《おお》きなこぶがある**駱駝《らくだ》**、白《しろ》と黒《くろ》の縞模様《しまもよう》がおしゃれな**縞馬《しまうま》**、体《からだ》も口《くち》も大《おお》きい**河馬《かば》**、そして、一日《いちにち》じゅう見《み》ていても飽《あ》きない**日本猿《にほんざる》**の群《む》れ。

「お母《かあ》さん猿《ざる》はえらいねえ。乳飲《ちの》み子《ご》を抱《だ》いたまま、えさを取《と》りに行《い》ったよ」

「お父《とう》さん猿《ざる》が家族《かぞく》の分《ぶん》まで確保《かくほ》すればいいのに、まるで、気《き》が利《き》かないヒロシのようじゃ」

「**日向《ひなた》**ぼっこをしている年《とし》寄《よ》り猿《ざる》とちび猿《ざる》は、おじいちゃんとまる子《こ》みたいだね」

さくら家《け》のような猿《さる》もいる。天高《てんたか》く、馬肥《うまこ》ゆる秋《あき》である。

3年《ねん》4組《くみ》通信《つうしん》

お月見《つきみ》は花輪邸《はなわてい》で。

中秋《ちゅうしゅう》の名月《めいげつ》とは、旧暦《きゅうれき》8月《がつ》15日《にち》の月《つき》、『十五夜《じゅうごや》お月《つき》さん』のことだ。1年《ねん》を通《とお》して一番《いちばん》澄《す》んできれいな満月《まんげつ》である。

「今夜《こんや》は中秋《ちゅうしゅう》の名月《めいげつ》だね。昔《むかし》は**薄《すすき》**、**団子《だんご》**、**里芋《さといも》**や季《き》節《せつ》の野菜《やさい》を供《そな》えて月見《つきみ》をしたんだ。特《とく》に里芋《さといも》を供《そな》えたことから、『芋名月《いもめいげつ》』とも呼《よ》ばれるよ」

「うちでは、**栗《くり》**や**松茸《まつたけ》**も供《そな》えているよ、ベイビー」

「花輪《はなわ》クンちの月見《つきみ》は『松《まつ》茸名月《たけめいげつ》』か。豪勢《ごうせい》だねえ」

「じゃあ、うちで月見《つきみ》の宴《うたげ》をやるから、都合《つごう》のいい人《ひと》はおいでよ、ベイビーたち」

こうして花輪邸《はなわてい》で、『3年《ねん》4組月見《くみつきみ》の宴《うたげ》』は開催《かいさい》された。

◆太字《ふとじ》は、特別《とくべつ》な読《よ》み方《かた》や、難《むずか》しいと思《おも》われる読《よ》みです。読《よ》み方《かた》をおぼえましょう。

長山《ながやま》くんのメモ

長山《ながやま》くん何《なに》してるの？
昨日《きのう》の出来事《できごと》や食《た》べたものを書《か》き出《だ》しているんだ
へぇ
日曜日
家族で遊山に出かける。途中深山も遠目に山の麓で寛ぐ。
老舗の饂飩屋に烏賊の天麩羅を食べる。帰り道 空地 蟷螂を見つ
……
読《よ》めない漢字《かんじ》が多《おお》くさっぱり意味《いみ》がわからないまる子《こ》であった

難《なん》読《どく》漢《かん》字《じ》クイズ

難《むずか》しい漢字《かんじ》の植物《しょくぶつ》や生《い》き物《もの》、食《た》べ物《もの》だよ。なんと読《よ》むかな？　下《した》の絵《え》をヒントに答《こた》えてね。

①檸檬
②薔薇
③飛蝗
④蒟蒻
⑤蒲鉾
⑥蝸牛
⑦蟷螂

⑧蚯蚓
⑨玉蜀黍
⑩饂飩
⑪胡桃
⑫蒲公英
⑬烏賊
⑭珈琲

クイズの答《こた》えはこのページの下《した》にあります。

月見団子《つきみだんご》のほかに、中国《ちゅうごく》のお菓子《かし》『**月餅**《げっぺい》』も供《そな》えてある。

「お供物《そなえもの》は食《た》べても構《かま》わないよ。今夜《こんや》は、お月様《つきさま》が食《た》べたことになるんだから」

おいしい月餅《げっぺい》は、瞬《また》く間《ま》に姿《すがた》を消《け》した。松茸《まったけ》は、松茸《まったけ》ご飯《はん》に姿《すがた》を変《か》えて、みんな満腹《まんぷく》になり、＊**暇乞**《いとまご》**い**の時間《じかん》が来《き》た。

「そういえば、かぐや姫《ひめ》が月《つき》に帰《かえ》った夜《よる》も、中秋《ちゅうしゅう》の名月《めいげつ》だったと聞《き》いたわ…」

かぐや姫《ひめ》も帰《かえ》りたくなかったにちがいない。みぎわさんが**名残**《なごり》惜《お》しそうに呟《つぶや》いていた。

うふ

＊暇乞《いとまご》い＝別《わか》れを告《つ》げること。

★答《こた》え…①レモン　②ばら　③ばった　④こんにゃく　⑤かまぼこ　⑥かたつむり　⑦かまきり　⑧みみず　⑨とうもろこし　⑩うどん　⑪くるみ　⑫たんぽぽ　⑬いか　⑭コーヒー

遂行

がんばるぞ!!
宿題

遂《すい》行《こう》

意味《いみ》 終《お》わりまでやりとげること。

解説《かいせつ》 「遂《すい》」はなしとげる、「行《こう》」は行《おこな》うで、仕《し》事《ごと》や務《つと》めを最後《さいご》までやり通《とお》すのが「遂行《すいこう》」です。「遂《すい》」の字《じ》を「遂《つい》に」と使《つか》うことがあるので、「遂《すい》行《こう》」を「ついこう」といってしまう人《ひと》がいますが、これは誤《あやま》りです。気《き》をつけましょう。

使《つか》い方《かた》 掃除当番《そうじとうばん》の責任者《せきにんしゃ》として、前田《まえだ》さんは適《てき》任《にん》だ。いつも、きちんと任務《にんむ》を遂行《すいこう》する。

まる子《こ》!! この仕事《しごと》を完璧《かんぺき》に遂行《すいこう》しなければ明《あか》るいあしたは来《こ》ないわよ
うん!! がんばる!!
お年玉《としだま》のために!!
ササササ
ササササ
大《おお》みそかの大掃除《おおそうじ》である――

出納

10000
1000

出《すい》納《とう》

意味《いみ》 お金《かね》や品物《しなもの》の出《だ》し入《い》れ。

解説《かいせつ》 「出《すい》」は出《で》る、「納《とう》」は納《おさ》めることです。お金《かね》の場合《ばあい》は、「支出《ししゅつ》」と「収入《しゅうにゅう》」です。会社《かいしゃ》などの団体《だんたい》には、必《かなら》ずお金《かね》の出《だ》し入《い》れをきちんと計算《けいさん》して管理《かんり》している係《かかり》があります。そのような係《かかり》を「出《すい》納係《とうがかり》」といいます。

使《つか》い方《かた》 お母《かあ》さんは、毎日《まいにち》、わが家《や》のお金《かね》の出《だ》し入《い》れをきちんと出納簿《すいとうぼ》につけている。

おっ出納帳《すいとうちょう》か
きちんとつけないとね今月《こんげつ》きびしいのよ
出納帳
むだづかいしてんじゃねえか
えーっとまず……お父《とう》さんのビールとお父《とう》さんの日本酒《にほんしゅ》とお父《とう》さんのつまみ代《だい》と…
……
ヒロシのための出納帳《すいとうちょう》である――

清清しい

清清《すがすが》しい

意味《いみ》 さわやかで、気持《きも》ちがよい。

解説《かいせつ》 「清《せい》」はすみきっている水《みず》を表《あらわ》している字《じ》です。二《ふた》つ重《かさ》ねて、ほんとうに気持《きも》ちのよいようすをはっきりと出《だ》していることばです。

使い方《つかいかた》 清清《すがすが》しい朝《あさ》をむかえた。さあ、今日《きょう》も一日《いちにち》がんばるぞ。

はぁ〜 清清《すがすが》しい朝だね
おう

ああん 風船《ふうせん》が
わしとしたことが… なす術《すべ》もないわい…

術

術《すべ》

意味《いみ》 物事《ものごと》をする手段《しゅだん》。

解説《かいせつ》 「す」はすること、「へ」は方向《ほうこう》で、何《なに》かをする方法《ほうほう》が「すべ」です。これを同《おな》じ意味《いみ》の漢字《かんじ》「術《じゅつ》」にあてて、「術《すべ》」と読《よ》むようにしたのです。

使い方《つかいかた》 抜《ぬ》き打《う》ちテストがあった。わたしは、なす術《すべ》もなく、ただ目《め》を白黒《しろくろ》するだけだった。

相撲

相撲《すもう》

意味《いみ》 すもう。

解説《かいせつ》 漢字《かんじ》を見《み》ると「たがいに（相《そう》）——撲《なぐ》りあう」で、昔《むかし》はかなり荒《あら》っぽい競技《きょうぎ》だったようです。争《あらそ》う、手向《てむ》かう意味《いみ》の「すまひ」からできたことばといわれ、「角力《すもう》」と書《か》くこともあります。

使い方《つかいかた》 さすがにお相撲《すもう》さんは大《おお》きい。ぼくの数倍《すうばい》もあるな。

のこった
のこった

制御

キー
ガシャン

制御《せいぎょ》

意味《いみ》 自分《じぶん》の思《おも》いどおりに動《うご》かすこと。

解説《かいせつ》 もとは、「制禦《せいぎょ》」と書《か》きました。相手《あいて》や機械《きかい》などを、こちらのねらいどおりに動《うご》くようにすることです。機械《きかい》の場合《ばあい》、「自動制御《じどうせいぎょ》（セルフコントロール）」のことばでよく使《つか》われます。「制《せい》」はおさえる、「御《ぎょ》（禦《ぎょ》）」はあやつるの意味《いみ》です。

使《つか》い方《かた》 うちのエアコンは自動制御《じどうせいぎょ》つきなので、節電《せつでん》になる。

まる子《こ》―― これ やって
ハイ
まる子《こ》―― あれ やって
ハイ
まる子《こ》――――
おっ うまく まる子《こ》を 制御《せいぎょ》してるじゃねえか
制御《せいぎょ》しているのは わたしじゃなくて この100円《えん》よ
お母《かあ》さん ほかに 手伝《てつだ》う ことは？
なるほどな

赤貧

赤貧《せきひん》

意味《いみ》 たいへんに貧《まず》しいこと。

解説《かいせつ》 まったく何《なに》も身《み》につけてない丸《まる》はだかを「赤《あか》はだか」といいます。まったくのでたらめを「真《ま》っ赤《か》なうそ」といいます。また、このように、「赤《あか》」は、「まったくの」「すっかり」などの意味《いみ》を表《あらわ》します。まったく何《なに》もないほど貧《まず》しいのが「赤貧《せきひん》」です。

使《つか》い方《かた》 「赤貧洗《せきひんあら》うがごとし（＝たいへん貧《まず》しく、洗《あら》い流《なが》したように何《なに》もない）」は、中国《ちゅうごく》の慣用句《かんようく》です。

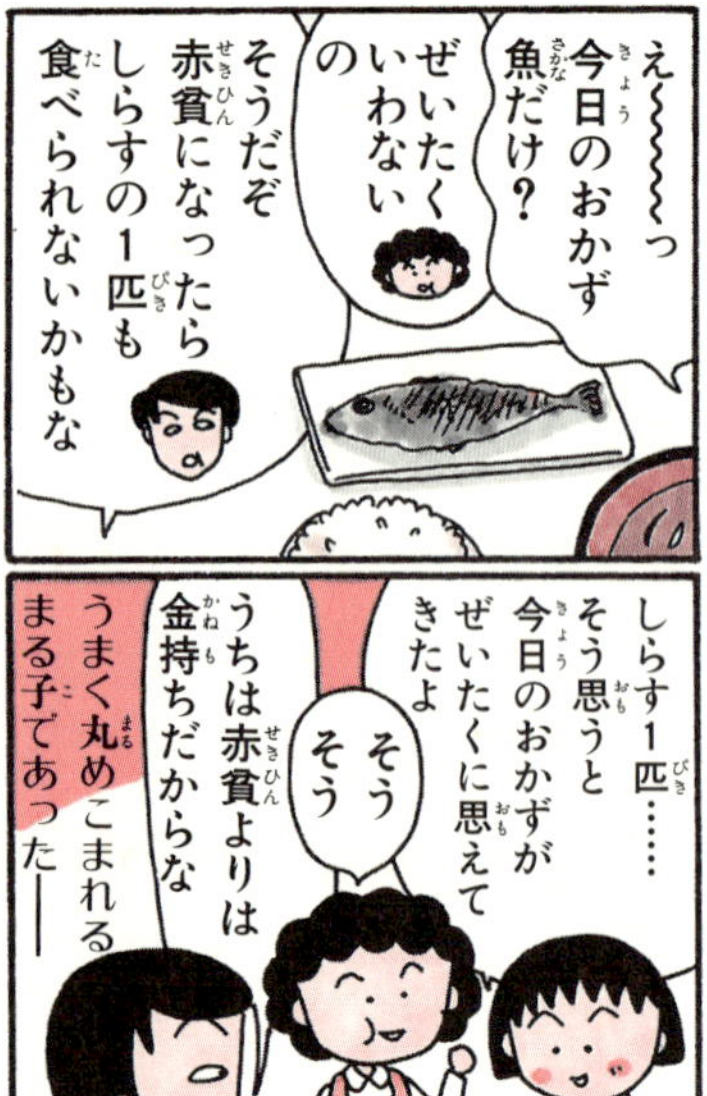

え〜〜〜っ 今日《きょう》のおかず 魚《さかな》だけ？
ぜいたく いわない の
そうだぞ 赤貧《せきひん》になったら しらすの1匹《びき》も 食《た》べられないかもな
しらす1匹《びき》…… そう思《おも》うと 今日《きょう》のおかずが ぜいたくに思《おも》えて きたよ
そう そう
うちは赤貧《せきひん》よりは 金持《かねも》ちだからな
うまく丸《まる》めこまれる まる子《こ》であった――

席巻

席《せっ》巻《けん》

意味《いみ》 かたっぱしから土地《とち》を攻《せ》め取《と》る。

解説《かいせつ》 「席《せき》」は、「むしろ（わらなどで編《あ》まれた敷物《しきもの》）」のこと。むしろを端《はし》から巻《ま》いていくように、かたっぱしから他国《たこく》の領土《りょうど》を攻《せ》め取《と》っていくのが「席《せっ》巻《けん》」です。領土拡張《りょうどかくちょう》だけではなく、政治《せいじ》や経済《けいざい》などで、自分《じぶん》の勢力《せいりょく》を広《ひろ》げていく場合《ばあい》にも使《つか》われます。

使い方《つかいかた》 古代中国《こだいちゅうごく》の秦《しん》は、近隣《きんりん》の国々《くにぐに》の領地《りょうち》を瞬《また》く間《ま》に席巻《せっけん》し、一大王国《いちだいおうこく》を築《きず》き上《あ》げた。

殿《との》…われらも隣《となり》の領地《りょうち》を席巻《せっけん》していかないと手狭《てぜま》になってきました
いやいやそれにはおよぶまい
領地《りょうち》なんて畳《たたみ》1畳《じょう》あればじゅうぶんじゃガハハハハ
いや…ちょっとせまい…
せめてもう1畳《じょう》である

殺生

ム…ムゴイ

殺《せっ》生《しょう》

意味《いみ》 生《い》き物《もの》を殺《ころ》すような、むごいこと。

解説《かいせつ》 もともとは、仏教《ぶっきょう》のことばです。生《い》き物《もの》を殺《ころ》すことで、悪《あく》の行《おこな》いの一《ひと》つとされています。このことばが日本《にほん》に入《はい》って、思《おも》いやりがない、むごい様子《ようす》としても使《つか》われるようになりました。なお、殺《せっ》生《しょう》を禁《きん》じることを「殺生禁断《せっしょうきんだん》」といいます。

使い方《つかいかた》 魚釣《さかなつ》りは好《す》きだけど、釣《つ》った魚《さかな》は逃《に》がすことにしている。むだな殺生《せっしょう》はいやだから。

あっ 蚊《か》だ!!
やっつけないとさされちゃう
きみたちむだな殺生《せっしょう》はいけないよ
へえ 永沢《ながさわ》って意外《いがい》と優《やさ》しいんだね
うんうん
ボクがさされるわけじゃないからね…

折衷

折《せっ》衷《ちゅう》

意味《いみ》 ちがう二《ふた》つ以上《いじょう》の物事《ものごと》のよいところをとって、ちょうどよい状態《じょうたい》にすること。

解説《かいせつ》 「折《せつ》」は折《お》り合《あ》い、「衷《ちゅう》」は偏《かたよ》らない中間《ちゅうかん》を表《あらわ》し、それぞれのよいところをとって、ほどよく調和《ちょうわ》させるのが「折衷《せっちゅう》」です。

使い方《つかいかた》 和洋折衷《わようせっちゅう》（＝日本式《にほんしき》と西洋式《せいようしき》を調和《ちょうわ》させること）の家《いえ》に住《す》んで、ソファーに座《すわ》ったり、たたみに寝《ね》っころがったりしてみたい。

遠足《えんそく》――
まるちゃんサンドイッチあげる
わーいじゃあおにぎりあげるねほかにも交換《こうかん》しようよ
わあ豪華《ごうか》！
にもの
からあげ
いちご
サンドイッチ
のりまき
おにぎり
すごいすごい
和洋折衷《わようせっちゅう》である

憎悪

憎《にく》いわ

憎《ぞう》悪《お》

意味《いみ》 憎《にく》らしく思《おも》う。

解説《かいせつ》 「憎《ぞう》」の訓読《くんよ》みは「憎《にく》む」です。「悪《お》」はきらうことです。二《ふた》つ重《かさ》ねて、大《だい》きらい、憎《にく》らしくてたまらない様子《ようす》を表《あらわ》しています。「憎悪《ぞうお》がつのる」……いやなことばですね。できたら、このようなことばは使《つか》いたくありません。

使い方《つかいかた》 他人《たにん》に対《たい》しては憎悪《ぞうお》より好意《こうい》……これが人生《じんせい》を明《あか》るく生《い》きる秘《ひ》けつだ。

ああ憎《にく》たらしい
まる子《こ》やどうしたんじゃそんなに憎悪《ぞうお》をあらわにして!?
まる子《こ》のおやつの饅頭《まんじゅう》にハエがとまっているんだよ
なんと!!それは憎《にく》たらしいハエじゃ

雑木林

雑《ぞう》木《き》林《ばやし》

意味《いみ》 ①雑木《ぞうき》ばかりの林《はやし》。
②いろいろな種類《しゅるい》の木《き》が交《ま》じって生《は》えている林《はやし》。

解説《かいせつ》 ①の「雑木《ぞうき》」は、あまりよい材木《ざいもく》にならない木《き》です。あまり役《やく》に立《た》たないという意味《いみ》で「雑《ざつ》（＝取《と》るに足《た》らない）」の字《じ》が使《つか》われています。もともとは「雑《ざつ》木《ぼく》・雑木《ぞうぼく》」で、これが日本《にほん》に入《はい》って「ざっき→ぞうき」となりました。②のほうの「雑《ざつ》」は「雑誌《ざっし》・混雑《こんざつ》」の「雑《ざつ》」と同《おな》じで、入《い》り交《ま》じっている意味《いみ》です。

使い方《つかいかた》 カサカサと落《お》ち葉《ば》をふみしめながら、秋《あき》の雑木林《ぞうきばやし》を歩《ある》く。

「雑《ぞう》」のつくことば

次《つぎ》の二《ふた》つは、日本《にほん》で作《つく》られた「雑《ぞう》」のつくことばです。
○雑炊《ぞうすい》　○雑煮《ぞうに》
役《やく》に立《た》たないどころか、とてもおいしいですね。これは入《い》り交《ま》じっている意味《いみ》の「雑《ぞう》」です。

まる子《こ》 また こんなに ゴミを散《ち》らかしてこれじゃまるで雑木林《ぞうきばやし》じゃないの!!
雑木林《ぞうきばやし》？
雑木林《ぞうきばやし》はあまりよい木材《もくざい》にはならない木《き》が集《あつ》まった林《はやし》のことよ
へえ
雑木《ぞうき》だってそれぞれの使《つか》いみちを考《かんが》えればきっと役《やく》に立《た》つよ
このゴミと雑木《ぞうき》は関係《かんけい》ないでしょ
まる子《こ》の部屋《へや》のゴミは雑木林《ぞうきばやし》より使《つか》いみちがあるってことだよ
いやいや雑木林《ぞうきばやし》以下《いか》である――

象牙

象《ぞう》牙《げ》

意味《いみ》 象《ぞう》の牙《きば》。

解説《かいせつ》 「牙《きば》」は、するどくとがった大《おお》きな歯《は》です。象《ぞう》の牙《きば》は白《しろ》く美《うつく》しいので、細工物《さいくもの》の材料《ざいりょう》としてたいへんめずらしがられ、大事《だいじ》にされてきました。しかし、最近《さいきん》は動物《どうぶつ》を守《まも》る運動《うんどう》が高《たか》まり、象牙《ぞうげ》はあまり使《つか》われなくなっています。

使《つか》い方《かた》 うちには象牙《ぞうげ》の作品《さくひん》があり、自慢《じまん》してかざっていたけれど、今《いま》は引《ひ》っこめてしまった。

象牙《ぞうげ》でできている印鑑《いんかん》があるんだって
へえ象牙《ぞうげ》って象《ぞう》の牙《きば》でしょ
うちには木《き》の印鑑《いんかん》しかないぜ
ボクの家《いえ》の印鑑《いんかん》はダイヤだったような…
流石《さすが》っ

相好

相《そう》好《ごう》

意味《いみ》 顔《かお》つき。

解説《かいせつ》 「相好《そうこう》」と読《よ》めば「相好《あいこの》む」で、愛《あい》し合《あ》う、仲《なか》がよいの意味《いみ》になり、「相好《そうごう》」と読《よ》めば顔《かお》かたち、表情《ひょうじょう》の意味《いみ》になります。日本《にほん》ではもっぱら「相好《そうごう》」で、「相好《そうごう》をくずす（＝喜《よろこ》びや笑《わら》いが表情《ひょうじょう》に出《で》る）」として使《つか》われます。

使《つか》い方《かた》 久《ひさ》しぶりに孫《まご》に会《あ》ったおじいちゃんは、相好《そうごう》をくずしていっしょに遊《あそ》んでいる。

わあかわいい♡
さくらくん相好《そうごう》をくずしてどうしたんだい？
小鳥《ことり》がお花《はな》をくわえてるんだよ
わあステキだね
相好《そうごう》をくずす二人《ふたり》であった――

相殺

ゼロ
0

相《そう》殺《さい》

意味《いみ》 貸《か》し借《か》りなしにすること。

解説《かいせつ》 「殺《さつ》」は殺《ころ》す意味《いみ》ですが、「殺《さい》」と読《よ》めば減《へ》らす、けずる意味《いみ》になります。「相殺《そうさい》」は貸《か》しと借《か》りなど、おたがいに相反《あいはん》するものを差《さ》し引《ひ》いて、損得《そんとく》なし、貸《か》し借《か》りゼロにすることです。

使《つか》い方《かた》 大事《だいじ》な場面《ばめん》でエラーをして点《てん》を取《と》られたけれど、同点《どうてん》ホームランを打《う》って点《てん》を返《かえ》したから、これで相殺《そうさい》だね。

お姉《ねえ》ちゃん こないだの ノートと鉛筆《えんぴつ》 50円《えん》で いいかな
いいわ じゃあ これで 相殺《そうさい》ね
ところで お姉《ねえ》ちゃん 100円《えん》貸《か》して もらえない かな?
え
相殺《そうさい》の 意味《いみ》なしで ある——

漫ろ歩き

漫《そぞ》ろ歩《ある》き

意味《いみ》 あてもなく、のんびりと歩《ある》くこと。

解説《かいせつ》 「そぞろ」は、なんとなくそのような気《き》持《も》ちになることです。ぶらぶらと散歩《さんぽ》する意味《いみ》の熟《じゅく》語《ご》「漫歩《まんぽ》」の漢字《かんじ》を使《つか》って、「漫《そぞ》ろ歩《ある》き」と表《あらわ》しました。「すずろ歩《ある》き」ともいいます。

使《つか》い方《かた》 友蔵《ともぞう》「ばあさんとの漫《そぞ》ろ歩《ある》きもいいんだけど、今度《こんど》は、まる子《こ》もいっしょに三人《にん》で行《い》こう」まる子《こ》「いいけど、何《なに》買《か》ってくれるの?」

漫《そぞ》ろ歩《ある》きを しているうちに ずいぶん遠《とお》く まで来《き》てしまっ たのう
おじい ちゃん 帰《かえ》り道《みち》 大丈夫《だいじょうぶ》?
もちろんじゃ 帰《かえ》り道《みち》は たしか… こっちじゃ
じいさん こっちですよ
漫《そぞ》ろ歩《ある》きは 近場《ちかば》がいいと思《おも》う まる子《こ》であった——

外方

……

外方《そっぽ》

意味《いみ》 よその方《ほう》。

解説《かいせつ》 相手《あいて》の方《ほう》ではなく、別《べつ》の方《ほう》を指《さ》すことばが「外方《そっぽ》」です。外《そと》の方《ほう》の「外方《そとほう》」が「そっぽう」→「そっぽ」となりました。ここの「外《そと》」は「ほか」の意味《いみ》です。

使い方 人《ひと》の話《はなし》を聞《き》くとき、外方《そっぽ》を向《む》いているのは失礼《しつれい》です。きちんと、話《はな》す人《ひと》の目《め》を見《み》ているようにしましょう。

フン
なんだ おまえたち ケンカか？
フン
ちがうわよ どっちが より 外方《そっぽ》を向《む》けるか ためしてるのよ
へぇ
じゃま しないでよ
くだらねえと 外方《そっぽ》を向《む》く ヒロシである——

手弱女

手弱女《たおやめ》

意味《いみ》 しなやかで美《うつく》しい女性《じょせい》。

解説《かいせつ》 「たわやめ」が「たおやめ」となりました。「たわや（か）」は、優《やさ》しく、かよわい様子《ようす》を表《あらわ》します。同《おな》じ意味《いみ》の漢字《かんじ》「嫋《じょう》」を参考《さんこう》にして、そのような女《おんな》の人《ひと》を「手弱女《たおやめ》」と記《しる》すようになりました。反対《はんたい》のことばは「益荒男《ますらお》」です。

使い方《つかいかた》 「手弱女《たおやめ》はいいことばだけれど、わたしには当《あ》てはまらないな…」と思《おも》う前田《まえだ》さんであった。

へぇ ずいぶんな 手弱女《たおやめ》ぶり…
わぁ きれい
女装《じょそう》した 感想《かんそう》は？
オレ 意外《いがい》とイケるなって
男《おとこ》???
手弱女《たおやめ》に見《み》える 男子《だんし》であった——

高砂

高砂《たかさご》

意味《いみ》 能楽《のうがく》のめでたい曲《きょく》の名《な》。

解説《かいせつ》 「高砂《たかさご》や～♪」の声《こえ》が聞《き》こえてきたら、近《ちか》くで結婚式《けっこんしき》が行《おこな》われているはずです。「高砂《たかさご》」は室町《むろまち》時代《じだい》に世阿弥《ぜあみ》が作《つく》った能楽《のうがく》で、仲《なか》のよい男女《だんじょ》を表《あらわ》す「相生《あいおい》の松《まつ》（高砂《たかさご》の松《まつ》）」を主題《しゅだい》にしています。この松《まつ》は何代《なんだい》もうけつがれ、今《いま》も兵庫県高砂市《ひょうごけんたかさごし》にあります。

使い方《つかいかた》 おじいちゃんとおばあちゃんは、高砂《たかさご》の松《まつ》のように仲《なか》がいい。うらやましいなあ。

高砂《たかさご》や～～～ この浦《うら》ふねに 帆《ほ》をあげて～ この浦《うら》ふねに 帆《ほ》をあげて～～～ 月《つき》もろともに いでしおの～～～ 波《なみ》のあわじの 島影《しまかげ》や～～～～
ばあさんや わしらも この高砂《たかさご》の 歌詞《かし》のように いつまでも なかよく…
あれっ
スヤ
スヤ
おじいちゃんの 高砂《たかさご》は子守歌《こもりうた》 である――

山車

山車《だし》

意味《いみ》 祭《まつ》りのとき、大勢《おおぜい》で引《ひ》いて歩《ある》くかざり車《ぐるま》。

解説《かいせつ》 もとの呼《よ》び名《な》は「山車《さんしゃ》」です。車《くるま》の上《うえ》のやぐらが山林《さんりん》の形《かたち》をしていることから、この名《な》があります。日本《にほん》では「だし」です。かざりが垂《た》れ出《だ》しているからなど、名《な》まえの由来《ゆらい》にはいろいろな説《せつ》があります。「山車《さんしゃ》」にあてて「山車《だし》」と読《よ》みます。

使い方《つかいかた》 おみこしに続《つづ》いて、山車《だし》を引《ひ》く行列《ぎょうれつ》だ。お祭《まつ》り気分《きぶん》が一気《いっき》にもり上《あ》がってきた。

そりゃそりゃ
そりゃ
山車《だし》を 引《ひ》くのも つかれるね ここは一《ひと》つ トイレに行《い》くと いって休《やす》もうかね
オレ トイレ
オレも
先《さき》を 越《こ》される まる子であった――

黄昏

黄昏《たそがれ》

意味《いみ》 夕方《ゆうがた》のうす暗《ぐら》いころ。

解説《かいせつ》 もともとは「黄昏《こうこん》」です。日《ひ》が暮《く》れかかった明《あか》るさを「黄《こう》」が、うす暗《ぐら》さを「昏《こん》」が表《あらわ》している熟語《じゅくご》です。

夕方《ゆうがた》になると、人《ひと》の姿《すがた》を見《み》てもはっきりとだれだかわかりません。そこで、「たれそかれ？（＝だれだ彼《かれ》は？）」という疑問《ぎもん》が、「たそがれ」という日本語《にほんご》を生《う》み、夕暮《ゆうぐ》れ時《どき》として使《つか》われるようになりました。そして、「黄昏《こうこん》」にあてて「黄昏《たそがれ》」となったのです。

使《つか》い方《かた》 朝日《あさひ》を浴《あ》びる富士山《ふじさん》もきれいだけれど、黄昏時《たそがれどき》の富士山《ふじさん》もまたきれいだ。

ねえ たまちゃん 後《うし》ろからだれか つけてくるよ
黄昏時《たそがれどき》だから 顔《かお》とか 見《み》えないね
まるちゃん どんどん 近《ちか》づいて くるよ
うわっ ほんとだ 走《はし》って 逃《に》げよう!!
こわい
パシャ
パシャ
パシャ
わあ
まぶしい
黄昏時《たそがれどき》に 戦《おの》く 二人《ふたり》… 新《あら》たな 一面《いちめん》だな
黄昏時《たそがれどき》に 悪趣味《あくしゅみ》な たまえの父《ちち》であった——

「かわたれ」

うす暗《ぐら》いのは、夕方《ゆうがた》だけではありません。夜明《よあ》けのころも同《おな》じです。そこで、夜明《よあ》けのころを「かわたれ」といいます。「たそがれ」がひっくり返《かえ》って、「彼《かれ》はだれだ→かわたれ」となったのです。

彼《かれ》はだれじゃー

コラム5

猫《ねこ》は「ねこ」？

―当用漢字《とうようかんじ》から常用漢字《じょうようかんじ》へ―

「犬《いぬ》」は漢字《かんじ》で書《か》いてもいいけれど、「ねこ」は平仮名《ひらがな》で書《か》くように……といわれたら、みなさんはびっくりするでしょう。実《じつ》は、みなさんのおじいさん・おばあさんは子《こ》どものころ、このように教《おそ》わったのです。

　漢字《かんじ》が多《おお》すぎるので、使《つか》う字《じ》を少《すく》なくしようという国《くに》の方針《ほうしん》で、漢字制限《かんじせいげん》が行《おこな》われました。昭和《しょうわ》二十一年《ねん》（一九四六年《ねん》）のことです。

　そして、これからはこの漢字《かんじ》だけを使《つか》おうと発表《はっぴょう》されたのが「当用漢字《とうようかんじ》」（一八五〇字《じ》）です。ここには、「猫《ねこ》」の字《じ》は入《はい》っていませんでした。

　なぜ「犬《いぬ》」の字《じ》がよくて、「猫《ねこ》」の字《じ》がだめなのかといえば、「犬《いぬ》」は「犬《けん》」としても「番犬《ばんけん》・犬歯《けんし》」などいろいろ使《つか》われますが、「猫《びょう》」となると……？　ちょっと思《おも》いつきません。そこで、猫《ねこ》は平仮名《ひらがな》の「ねこ」を使《つか》うことになったのです。猫好《ねこず》きの人《ひと》は、「不公平《ふこうへい》だ」と、ぷんぷんだったでしょう。

　ところが、いざ漢字《かんじ》が少《すく》なくなると、今度《こんど》は不便《ふべん》でしょうがありません。そこで、国《くに》は「常用漢字《じょうようかんじ》」の名《な》で、日常的《にちじょうてき》に使《つか》っていい漢字《かんじ》を一九四五字《じ》にまで増《ふ》やしました（一九八一年《ねん》）。「猫《ねこ》」の字《じ》も常用漢《じょうようかん》字《じ》にちゃんと入《はい》りました。猫《ねこ》ファンは万々歳《ばんばんざい》です。そして、現在《げんざい》は二一三六字《じ》です（二〇一〇年《ねん》）。

　戦争《せんそう》が終《お》わり、これからは英語《えいご》の時代《じだい》だ、ローマ字《じ》の時代《じだい》だといっていた人《ひと》たちも、漢字《かんじ》の魅力《みりょく》には勝《か》てなかったのです。それほど漢字《かんじ》はやっぱり大事《だいじ》なのですね。

この漢字《かんじ》、なんて読《よ》む？

身《み》につける物《もの》

① 浴衣

盆《ぼん》おどりや花火《はなび》見物《けんぶつ》で着《き》ている人《ひと》をよく見《み》るよ。

② 雨合羽

雨《あめ》の日《ひ》に、ぬれないように着《き》る服《ふく》だよ。

③ 法被

職人《しょくにん》さんや、お祭《まつ》りの参加者《さんかしゃ》が着《き》る印《しるし》の入《はい》った半纏《はんてん》だよ。

④ 草履

鼻緒《はなお》がついた底《そこ》の平《たい》らなはきものだよ。

⑤ 羽織袴

羽織と袴を身《み》につけることから、あらたまった服装《ふくそう》をいうよ。

⑥ 扇子

折《お》りたためて、あおいで風《かぜ》を起《お》こすよ。

⑦ 蝦蟇口

金具《かなぐ》の口《くち》が、大《おお》きく開《ひら》く財布《さいふ》のことだよ。

⑧ 足袋

主《おも》に着物《きもの》のときにはく、足《あし》の形《かたち》をした袋状《ふくろじょう》のもの。

⑨ 眼鏡

視力《しりょく》の調整《ちょうせい》のために目《め》にかけるよ。

ズバリ!! コレでしょう

⑩ 懐炉

ふところに入《い》れて使《つか》う小型《こがた》の暖房器具《だんぼうきぐ》だよ。

あたたかいのう

⑪ 産着

生《う》まれたばかりの赤《あか》ちゃんに着《き》せる着物《きもの》だよ。

⑫ 懐中時計

ポケットなどに入《い》れて携帯《けいたい》する、鎖《くさり》をつけた小型《こがた》の時計《とけい》だよ。

便利《べんり》です

⑬ 簪

女性《じょせい》が髪《かみ》にさすアクセサリー。主《おも》に日本髪《にほんがみ》にさすよ。

⑭ 数珠

仏様《ほとけさま》をおがむときに手《て》にかけて使《つか》うよ。

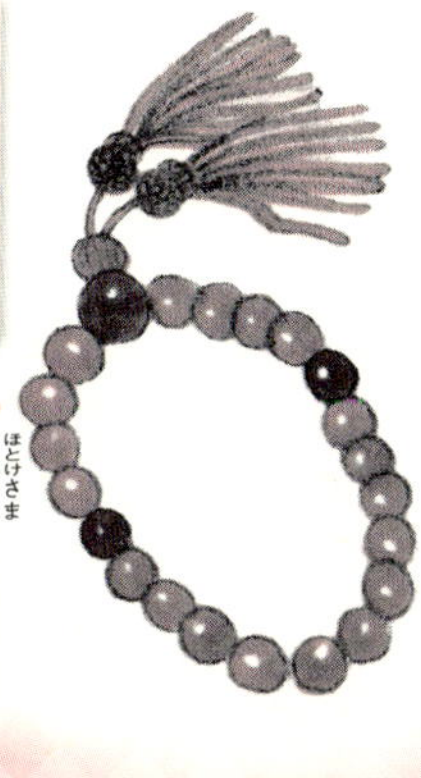

答《こた》え

①ゆかた ②あまがっぱ ③はっぴ ④ぞうり ⑤はおりはかま
⑥せんす ⑦がまぐち ⑧たび ⑨めがね ⑩かいろ
⑪うぶぎ ⑫かいちゅうどけい ⑬かんざし ⑭じゅず

質す

それでは
質問《しつもん》です

質《ただ》す

意味《いみ》 質問《しつもん》して、はっきりさせる。

解説《かいせつ》 わからないところを質問《しつもん》して、わかるようにすることで、「質問《しつもん》」の「質《しつ》」の字《じ》をあてて、「質《ただ》す」として表《あらわ》しています。このような「ただす」の意味《いみ》の漢字《かんじ》には「糾《きゅう》・匡《きょう》」などいろいろありますが、使《つか》い方《かた》は少《すこ》しちがっても、どれにも正《ただ》しくきちんとする「正《ただ》す」の意味《いみ》が共通《きょうつう》に入《はい》っています。

使《つか》い方《かた》 疑問点《ぎもんてん》を質《ただ》して、理解《りかい》を深《ふか》めていく。

わからない問題《もんだい》は
質《ただ》すことが大切《たいせつ》です
質問《しつもん》のある方《かた》は
いませんか
ハイ
はい
小杉《こすぎ》くん
今日《きょう》の給食《きゅうしょく》の
チキンソテーは
何味《なにあじ》です
か?
え…
授業《じゅぎょう》にはまったく
関係《かんけい》ない質問《しつもん》である

殺陣

殺《た》陣《て》

意味《いみ》 立《た》ち回《まわ》りの演技《えんぎ》。

解説《かいせつ》 映画《えいが》・演劇《えんげき》・テレビドラマなどでの立《た》ち回《まわ》り（＝斬《き》り合《あ》いや乱闘《らんとう》）の場面《ばめん》を「たて」といいます。立《た》ち回《まわ》りの「立《た》て」からとったことばといわれ、それらしい漢字《かんじ》をあてて、すごみを出《だ》したのです。「陣《じん》」は戦《いくさ》の意味《いみ》です。

使《つか》い方《かた》 はでな殺陣《たて》だったな。舞台装置《ぶたいそうち》がゆれていたよ。

うりゃ
とりゃ
ああ大野《おおの》くん…
かよわい
わたしを
守《まも》るため
殺陣《たて》の練習《れんしゅう》を
しているのね
え
とりゃ
そりゃ

掌

意味《いみ》 手《て》のひら。

解説《かいせつ》 手《て》をにぎってみましょう。見《み》えているほうが表《おもて》で、中《なか》にかくれているほうが裏《うら》です。人間《にんげん》の場合《ばあい》も、見《み》えている顔《かお》は「面《おもて》」で、見《み》えない「心《こころ》」は「心《うら》」といいます。

手《て》のひらは手《て》の裏《うら》なので、手《て》の心《うら》＝「手《て》の心《こころ》」です。「手《て》」を「た」と読《よ》み、「の」は「な」と読《よ》んで、「手《た》の《な》心《こころ》」＝「掌《たなごころ》」となるわけです。

なお、態度《たいど》が急《きゅう》に変《か》わる様子《ようす》を「掌《たなごころ》を返《かえ》すように」といいます。

また、掌《たなごころ》は「掌《てのひら》」とも読《よ》みます。

使い方《つかいかた》 昨日《きのう》は賛成意見《さんせいいけん》だったのに、今日《きょう》は掌《たなごころ》を返《かえ》すように反対《はんたい》意見《いけん》。どうなっているんだろう?

掌《たなごころ》

心《こころ》＝「うら」

心《こころ》が「うら」として使《つか》われていることばに「うらやむ」もあります。「心病《うらや》む」と昔《むかし》は書《か》いて、人《ひと》のことをねたましく思《おも》うことです。心《こころ》が病《や》んでしまうほどなのですね。

ククク
うら…

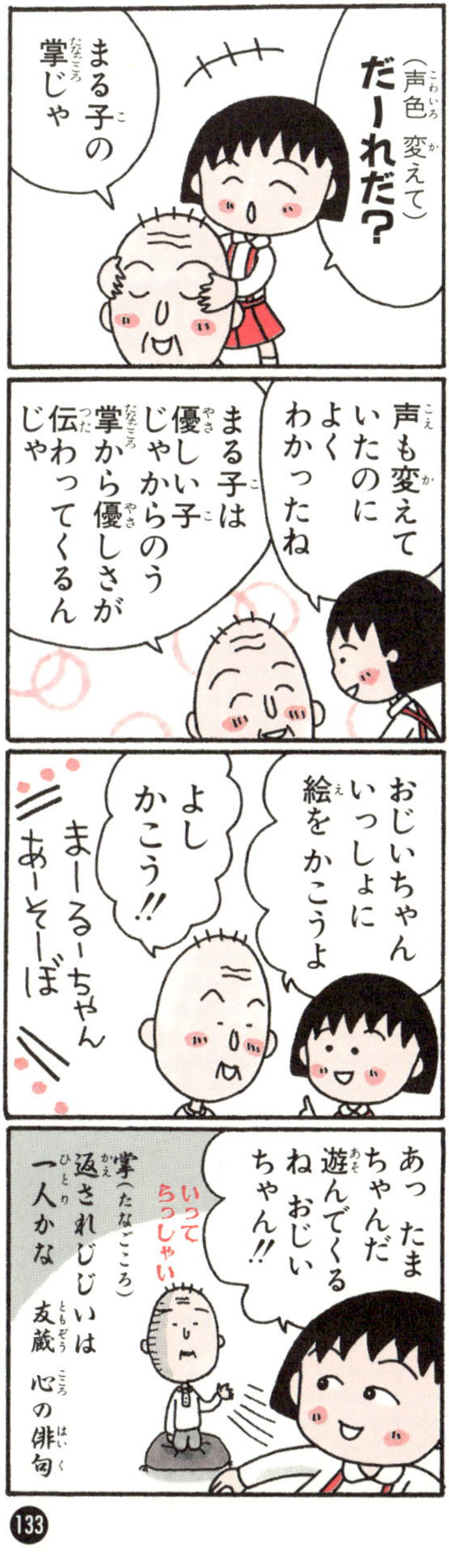
だーれだ?
(声色《こわいろ》 変《か》えて)
まる子《こ》の掌《たなごころ》じゃ
声《こえ》も変《か》えていたのによくわかったね
まる子《こ》は優《やさ》しい子《こ》じゃからのう 掌《たなごころ》から優《やさ》しさが伝《つた》わってくるんじゃ
おじいちゃんいっしょに絵《え》をかこうよ
よし かこう!!
まーるーちゃん あーそーぼ
あっ たまちゃんだ 遊《あそ》んでくるね おじいちゃん!!
いってらっしゃい
掌(たなごころ) 返《かえ》されじじいは 一人《ひとり》かな 友蔵《ともぞう》 心《こころ》の俳句《はいく》

屯する

屯《たむろ》するな

屯《たむろ》する

意味《いみ》 大勢《おおぜい》の人《ひと》が一か所《しょ》に集《あつ》まること。

解説《かいせつ》 「屯《たむろ》」は軍隊《ぐんたい》などの陣営《じんえい》を指《さ》すことばで、これが一般《いっぱん》の人々《ひとびと》の集《あつ》まりや、集《あつ》まる場所《ばしょ》としても使《つか》われるようになりました。「たむろ」は人《ひと》の群《む》れからできたことばといわれ、同《おな》じ意味《いみ》の漢字《かんじ》「屯《とん》」にあてて、「屯《たむろ》・屯《たむろ》する」と読《よ》むようにしました。

使い方《つかかた》 いつまでも夜《よる》おそくまで町《まち》で屯《たむろ》していないで、さっさと家《いえ》へ帰《かえ》りなさい。

ギャハハハ
やだー
まったくけしからん若《わか》いもんは屯《たむろ》してさわいでおって…
ガハハハ
あれは老人会《ろうじんかい》の人《ひと》たちだね…
…まる子《こ》よ人《ひと》は時《とき》を経《へ》ても屯《たむろ》するもんじゃ…

容易い

ズバリ容易《たやす》いでしょう

容易《たやす》い

意味《いみ》 やさしい。

解説《かいせつ》 「た」はことばの上《うえ》について、ことばの調子《ちょうし》を整《ととの》えたり、意味《いみ》を強《つよ》めたりする働《はたら》きをします。確《たし》かに「たやすい」というと、すらっと簡単《かんたん》にできそうな感《かん》じがします。同《おな》じ意味《いみ》の熟語《じゅくご》「容易《ようい》」にあてて「容易《たやす》い」と読《よ》むようにしました。

使い方《つかかた》 お姉《ねえ》ちゃんは「この問題《もんだい》を解《と》くのは容易《たやす》いよ」といっていたけど、まる子《こ》には難問《なんもん》だよ。

おじいちゃんうさぎかいて
どれ容易《たやす》いことじゃ
10分後《ぷんご》——
なかなかのもんじゃろ
ひ
容易《たやす》く「こわい!」といえないまる子《こ》であった

戯言

アハハ
アハハ

戯言《たわごと》

意味《いみ》 ばかげたことば。

解説《かいせつ》 「たわ」は、楽《たの》しく遊《あそ》ぶ「戯《たわむ》れる」ということばに使《つか》われていますが、これが「たわける」となると「ふざける」意味《いみ》になります。そして、まったくでたらめなことばを「戯言《たわごと》」といっています。「戯言《ざれごと》」とも読《よ》みます。

使《つか》い方《かた》 百点《ひゃくてん》なんかすぐ取《と》れるなんて、戯言《たわごと》をいっていた山田《やまだ》だったが、結果《けっか》はほど遠《とお》く十点《てん》だった。

ガバ
わしの好《す》きなのは豆大福《まめだいふく》じゃー
戯言《たわごと》をいうんじゃない!!
どうしたんだい
すごくおそろしい夢《ゆめ》を見《み》たような気《き》がするわい
大丈夫《だいじょうぶ》かい
おそろしい夢《ゆめ》の正体《しょうたい》は豆大福《まめだいふく》である——

断食

断食《だんじき》

意味《いみ》 一定《いってい》の期間《きかん》、食事《しょくじ》をとらないこと。

解説《かいせつ》 食《た》べ物《もの》を食《た》べないのは「断食《だんしょく》」ですが、一定期間《いっていきかん》、神《かみ》や仏《ほとけ》への祈《いの》りや願《ねが》いのしるしとして、食事《しょくじ》をとらない場合《ばあい》は「断食《だんじき》」といいます。また、願《ねが》いがとどくよう、国《くに》や団体《だんたい》に対《たい》して、抗議《こうぎ》の形《かたち》で行《おこな》われる断食《だんじき》（ハンガーストライキ）もあります。

使《つか》い方《かた》 修行《しゅぎょう》の一《ひと》つとして、週《しゅう》に一度《いちど》断食《だんじき》の日《ひ》を設《もう》け、じっと座禅《ざぜん》を組《く》んでいる。

小杉《こすぎ》は食《た》べすぎなんだよ
そうかなぁ
小杉《こすぎ》くんためしに食事《しょくじ》の量《りょう》減《へ》らせば?
体《からだ》に悪《わる》いよ
無《む》理《り》無《む》理《り》
断食《だんじき》にはほど遠《とお》い小杉《こすぎ》である

た

端緒

端《たん》緒《しょ》

意味《いみ》 てがかり。

解説《かいせつ》 「端《たん》」ははし、「緒《しょ》」は糸《いと》のはじめで、両《りょう》方《ほう》で物事《ものごと》の最初《さいしょ》の部分《ぶぶん》「てがかり・糸口《いとぐち》」を表《あらわ》しています。「たんちょ」と読《よ》む人《ひと》もいますが、正《ただ》しく「端緒《たんしょ》」と読《よ》みましょう。

使い方《つかかた》 明治時代以来《めいじじだいいらい》の婦人運動家《ふじんうんどうか》の活動《かつどう》が端緒《たんしょ》となり、日本《にほん》はやがて男女平等《だんじょびょうどう》・男女同権《だんじょどうけん》の近代国《きんだいこっ》家《か》へと成長《せいちょう》していった。

男子《だんし》と女子《じょし》のケンカも…
みんなで鬼《おに》ごっこしたいじょー
プイ
山田《やまだ》が端緒《たんしょ》となり
オイラが鬼《おに》だじょー
ワー
仲直《なかなお》りするのである——

因む

因《ちな》む

意味《いみ》 つながりを持《も》つ。

解説《かいせつ》 「ちなむ」は、「みちをならんでいく」ことからできたことばといわれています。「つながる・関係《かんけい》を持《も》つ」という意味《いみ》です。同《おな》じような意味《いみ》の漢字《かん》「因《いん》」にあてて、「因《ちな》む」として使《つか》われています。

使い方《つかかた》 「体育《たいいく》の日《ひ》」は、東京《とうきょう》オリンピックに因《ちな》んで決《き》められた祝日《しゅくじつ》じゃよ。あのころは、わしもばあさんも若《わか》かったなあ。

7月《がつ》23日《にち》のふみの日《ひ》に因《ちな》んで郵便局《ゆうびんきょく》でふみの日切手《ひきって》が発行《はっこう》されるんだ
へえ 記念日《きねんび》に因《ちな》んで何《なに》かもよおすのも いいね
じゃあまる子《こ》の5月《がつ》8日《か》の誕生日《たんじょうび》に因《ちな》んでプレゼント募集《ぼしゅう》のポスター作《つく》ろうかな
……………

巷

巷《ちまた》

意味《いみ》 町《まち》の中《なか》。世間《せけん》。

解説《かいせつ》 「ち」は道《みち》、「また」は分《わ》かれ目《め》で、「ちまた」は分《わ》かれ道《みち》のある所《ところ》です。分《わ》かれ道《みち》のある所《ところ》には人々《ひとびと》が集《あつ》まって住《す》むようになり、町《まち》ができるので、「ちまた」は「世間《せけん》」の意味《いみ》になりました。似《に》た意味《いみ》の漢字《かんじ》「巷《こう》」にあてて「巷《ちまた》」と読《よ》みます。

使《つか》い方《かた》 巷《ちまた》のうわさは、どうもよくないことが多《おお》い。少《すこ》しはよいうわさが流《なが》れればいいのに。

巷《ちまた》ではきみのこと「卑怯者《ひきょうもの》」ってうわさが流《なが》れているよ
知《し》ってるよ 巷《ちまた》といっても クラスの中《なか》でだろ……
あと「根暗《ねくら》」ともいわれているよ
それはきみもだろ
……
巷《ちまた》でうわさの根暗《ねくら》な二人《ふたり》である――

血眼

血《ち》眼《まなこ》

意味《いみ》 必死《ひっし》になってする様子《ようす》。

解説《かいせつ》 まるで目《め》から血《ち》がにじみ出《で》るように、夢《む》中《ちゅう》になって動《うご》き回《まわ》る様子《ようす》を表《あらわ》します。なお、「眼《まなこ》」は「目の子《まなこ》」という意味《いみ》です。「子《こ》」は小《ちい》さなかわいいものにつけることばです。

使《つか》い方《かた》 ちゃんとランドセルの中《なか》に入《はい》っているのに、せっかくやった宿題《しゅくだい》はどこにいったと、まる子《こ》は血眼《ちまなこ》になって、部屋《へや》じゅうをさがし回《まわ》っている。

ないないないない
ああんどこにやったんだろう
なに 血眼《ちまなこ》になってさがしているのよ もっと落《お》ちつきなさい
お姉《ねえ》ちゃんのヒデキのブロマイドだよ
本《ほん》にはさんでおいたのに…
そのあと血眼《ちまなこ》になってさがすまる子《こ》とお姉《ねえ》ちゃんであった――

手水

手水《ちょうず》

意味《いみ》 手洗《てあら》いの水《みず》。

解説《かいせつ》 手《て》や顔《かお》を洗《あら》ってきれいにすること、またその水《みず》を「手水《ちょうず》」といいます。「手水《てみず》」が「ちょうず」になったのです。このように、ことばは何度《なんど》も使《つか》っているうちに変《か》わってしまうことがあります。88ページの「強面《こわもて》」も、126ページの「外方《そっぽ》」もそうです。

使い方《つかいかた》 古《ふる》い祖父《そふ》の家《いえ》の廊下《ろうか》の端《はし》には、手水《ちょうず》の鉢《はち》が置《お》いてある。昔《むかし》の日本《にほん》のよさを、ふと感《かん》じさせる。

これが手水舎《ちょうずや》だよ ここで手《て》や口《くち》を清《きよ》めるんだ
へえ
神社《じんじゃ》にて――
ヒャ――ッ 冷《つめ》たくて気持《きも》ちいいな
いや…手水《ちょうず》は涼《すず》むものじゃなくて……
清《きよ》めの水《みず》である――

一寸

一寸《ちょっと》

意味《いみ》 ほんの少《すこ》し。

解説《かいせつ》 「ちと」が「ちょっと」になりました。長《なが》さの一寸《すん》は約《やく》三センチメートルで、たいへんに短《みじか》いので、この単位《たんい》に「ちょっと」をあてて「一寸《ちょっと》」としたのです。短《みじか》い時間《じかん》、短《みじか》い長《なが》さ、少《すく》ない量《りょう》などに使《つか》われます。また、「鳥渡《ちょっと》」とも書《か》きます。

使い方《つかいかた》 一寸待《ちょっとま》ってください。話《はな》したいことがあります。

ああん まる子《こ》一寸《ちょっと》おなかがすいちゃったよ
もうすぐ夕飯《ゆうはん》だからがまんしなさい!!
一寸《ちょっと》だけでいいんだよぉ
一寸《ちょっと》 一寸《ちょっと》
ああもううるさい子《こ》ね!!
じゃあ一寸《ちょっと》ね
煮干《にぼし》
↓
ほんの一寸《ちょっと》である――
……………

束の間

束《つか》の間《ま》

意味《いみ》 ごくわずかな時間《じかん》。

解説《かいせつ》 手《て》をにぎったときの、指《ゆび》四本《ほん》の幅《はば》の長《なが》さを「束《つか》」といいます。一《ひと》にぎりです。そこで、一《ひと》にぎりほどの短《みじか》い時間《じかん》を「束《つか》の間《ま》」といいます。前《まえ》のページの「一寸《ちょっと》」がいろいろな長《なが》さや量《りょう》に使《つか》えるのに対《たい》し、「束《つか》の間《ま》」は時間《じかん》だけに使《つか》うことばです。

使《つか》い方《かた》 束《つか》の間《ま》のできごとで、何《なに》が起《お》こったのかまったくわからなかった。

それでね 今日《きょう》ね あーで こーで あーで こーで
おい まる子《こ》 少《すこ》しは だまって 食《た》べたらどうだ
しーーん……
……
それでさー あーで こーで あーで こーで
束《つか》の間《ま》だけ黙《だま》る まる子《こ》であった

築山

築《つき》山《やま》

意味《いみ》 日本式《にほんしき》の庭《にわ》に、土《つち》や石《いし》を盛《も》って築《きず》いた山《やま》。

解説《かいせつ》 土《つち》や石《いし》を、つき固《かた》めて積《つ》み上《あ》げることを「築《きず》く」といい、そのようにしてできあがった人工《じんこう》の山《やま》が「築山《つきやま》」です。そして、そのようにしてできた土地《とち》を「築地《つきじ》」といいます。

使《つか》い方《かた》 日本庭園《にほんていえん》には築山《つきやま》があり、池《いけ》があり、水《みず》が流《なが》れている。日本人《にほんじん》は、ほんとうに自然《しぜん》が好《す》きなのだ。

築山《つきやま》は 日本庭園《にほんていえん》で よく見《み》られる 人工的《じんこうてき》に 作《つく》られた山《やま》の ことだよ
へえ
校庭《こうてい》が 築山《つきやま》だらけ だったら おもしろ そうだな
体育《たいいく》の時間《じかん》が たいへんだね…
ブー

九十九折

九十九折《つづらおり》

意味《いみ》 くねくねと曲《ま》がりくねっている道《みち》。

解説《かいせつ》 字《じ》を見《み》ると、九十九回《かい》折《お》れ曲《ま》がっていることになりますが、この「九十九」はたくさんの数《かず》を表《あらわ》しています。ツヅラフジという植物《しょくぶつ》のつるがいくつも折《お》れ曲《ま》がっていることから、いくつも折《お》れ曲《ま》がっている道《みち》のたとえとして「九十九折《つづらおり》」と使《つか》われているのです。「百《ひゃく》」としないで「九十九」としたことが、くねくねした感《かん》じをよりよく出《だ》しています。

使い方《つかいかた》 山頂《さんちょう》を目指《めざ》して、九十九折《つづらおり》の山《やま》道《みち》を汗《あせ》をふきふき登《のぼ》っていく。

九十九髪《つくもがみ》

「百《ひゃく》」引《ひ》く「一」は「九十九」です。「百《ひゃく》」の字《じ》から「一」を取《と》ると「白《しろ》」の字《じ》になります。そこで、年《とし》をとった女性《じょせい》の白《しろ》い髪《かみ》を「九十九髪《つくもがみ》」といいます。水草《みずくさ》の「ツクモ」に似《に》ているので、そのように呼《よ》んでいるのです。

野外授業《やがいじゅぎょう》――
みなさん 遠《とお》くの山《やま》に 九十九折《つづらおり》の 道《みち》が 見《み》えますよ
九十九折《つづらおり》とは 山道《やまみち》や 坂道《さかみち》などで くねくねと 曲《ま》がり くねって いる道《みち》の ことを いいます
つづらおり 九十九折
でも あの道《みち》 九十九も 曲《ま》がり道《みち》が ないよね
九十九なくても 曲《ま》がりくねっ ている道《みち》だから いいいんだよ
九十九 曲《ま》がり くねっていたら あの雲《くも》まで いけちゃうね
うんうん
登《のぼ》るのもたいへんである

伝手

伝《つ》手《て》

意味《いみ》 人《ひと》とのつながり。手《て》がかり。

解説《かいせつ》 「つ」は「伝《つた》え」が短《みじか》くなったことばで、「手《て》」は物事《ものごと》をする手段《しゅだん》や方法《ほうほう》です。先方《せんぽう》に伝《つた》える手段《しゅだん》、届《とど》ける方法《ほうほう》などを「伝手《つて》」といいます。別《べつ》のことばでいえば、「コネ」です。

使《つか》い方《かた》 お笑《わら》いタレントになりたいんだけれど、何《なに》かいい伝手《つて》はないかな。だれか、いい人《ひと》を紹介《しょうかい》してくれないかな。

迷子《まいご》の犬《いぬ》だよ 花輪《はなわ》クンの伝手《つて》で飼《か》い主《ぬし》さがせないかな
うーん ヒデじいに相談《そうだん》してみるよ
くーん
そして――
飼い主をさがしております
花輪《はなわ》家《け》で働《はたら》く人《ひと》
わら
わら
流石《さすが》 花輪《はなわ》クンである

礫

礫《つぶて》

意味《いみ》 投《な》げつけるための小石《こいし》。

解説《かいせつ》 「つぶ」は「粒《つぶ》」のことで、丸《まる》くて小《ちい》さなかたまりです。「て」は打《う》つ、投《な》げることに使《つか》われることばで、投《な》げるための小石《こいし》が「つぶて」です。似《に》た意味《いみ》の漢字《かんじ》「礫《れき》」にあてて、「礫《つぶて》」と読《よ》みます。

使《つか》い方《かた》 便《たよ》りを出《だ》しても、さっぱり返事《へんじ》が来《こ》ない。まったく梨《なし》の礫《つぶて》だなあ。（梨《なし》の礫《つぶて》＝投《な》げた礫《つぶて》が返《かえ》ってこないこと。「梨《なし》」は「無《な》し」にかけたことば）

この礫《つぶて》なかなか的《まと》に当《あ》たらないな
50
100
ブー
じー
あ
シュ
礫《つぶて》を見事《みごと》命中《めいちゅう》させる野口《のぐち》さんであった
50

この漢字《かんじ》、なんて読《よ》む？

古《ふる》くからある物《もの》

① 行灯

木《き》や竹《たけ》の枠《わく》に和紙《わし》を張《は》った照明具《しょうめいぐ》。

② 白粉

顔《かお》や肌《はだ》の化粧《けしょう》に用《もち》いる白《しろ》い粉《こな》のことだよ。

③ 蚊帳

寝床《ねどこ》に吊《つ》るした蚊《か》を防《ふせ》ぐもの。「蚊屋」とも書《か》くよ。

④ 独楽

昔《むかし》、男《おとこ》の子《こ》のお正月遊《しょうがつあそ》びは「○○まわし」だったよ。

⑤ 蠟燭

ロウを円柱状《えんちゅうじょう》に固《かた》めたもの。火《ひ》をともして使《つか》うよ。

⑥ 算盤

昔《むかし》から使《つか》われてきた計算器《けいさんき》。「十露盤」とも書《か》くよ。

⑦ 湯湯婆

お湯《ゆ》を入《い》れて寝床《ねどこ》を暖《あたた》めるよ。

⑧ 炭団

木炭《もくたん》や石炭《せきたん》の粉末《ふんまつ》をふのりなどで丸《まる》く固《かた》めた燃料《ねんりょう》だよ。

⑨ 雪洞

あんどんの小《ちい》さいもの。ひな壇《だん》にもかざるよ。

⑩ 木綿

木綿綿《わた》、木綿糸《いと》、木綿織《おり》、どれも略《りゃく》して「○○○」というよ。

お気《き》にいりの木綿のハンカチだよ

⑪ 煙草

百害《ひゃくがい》あって一利《いちり》なし。子《こ》どもは絶対《ぜったい》に吸《す》わないで！

⑫ 提灯

持《も》って歩《ある》ける照明具《しょうめいぐ》。○○○○アンコウには頭《あたま》に発光器《はっこうき》があるよ。

⑬ 屏風

風《かぜ》よけ、仕切《しき》り、装飾《そうしょく》として室内《しつない》に立《た》てて使《つか》うよ。

うふ

⑭ 烏帽子

烏《からす》の羽《はね》のように黒《くろ》い帽子《ぼうし》。今《いま》は主《おも》に神主《かんぬし》さんがかぶるよ。

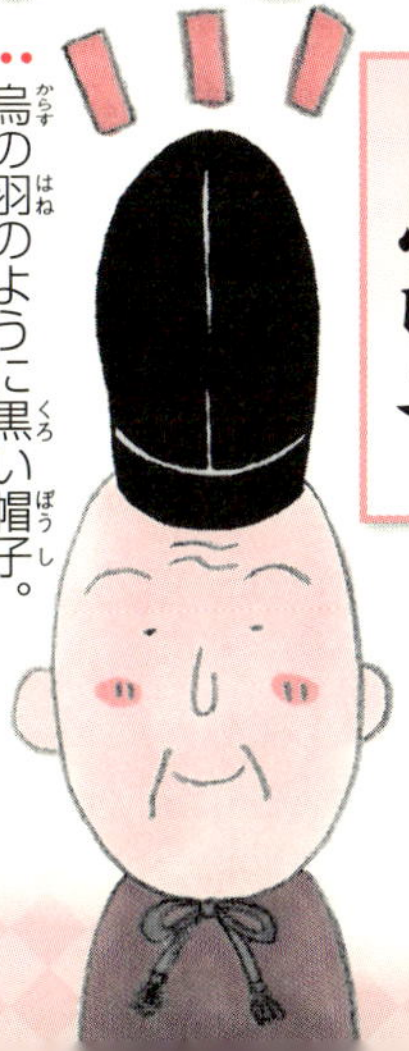

答《こた》え

①あんどん ②おしろい ③かや ④こま ⑤ろうそく ⑥そろばん ⑦ゆたんぽ ⑧たどん ⑨ぼんぼり ⑩もめん ⑪たばこ ⑫ちょうちん ⑬びょうぶ ⑭えぼし

紡ぐ

紡《つむ》ぐ

意味《いみ》 せんいをより合《あ》わせて糸《いと》にする。

解説《かいせつ》 せんいを糸《いと》にしていく器具《きぐ》を「つみ（錘）」といい、これが「つむ」と変《か》わりました。そして、この「つむ」にかけることを「つむぐ」といいます。さらに、同《おな》じ意味《いみ》の漢字《かんじ》「紡《ぼう》」にあてて「紡《つむ》ぐ」と読《よ》むようにしました。

使い方《つかいかた》 これは、美《うつく》しいじょうぶなせんいを紡《つむ》いで作《つく》った布《ぬの》です。

洋服《ようふく》って紡《つむ》いだ糸《いと》をさらに紡《つむ》いで作《つく》った糸《いと》の集合体《しゅうごうたい》なんだね
そういえばそうだよね 機械《きかい》で作《つく》るんだろうけど…
これが手作《てづく》りだったらたいへんだね
一気《いっき》に気《き》が遠《とお》くなってきたよ……
そりゃそうであろう

旋毛

旋《つ》毛《むじ》

意味《いみ》 髪《かみ》の毛《け》がうずを巻《ま》いて生《は》えているところ。

解説《かいせつ》 うずを巻《ま》いて吹《ふ》く風《かぜ》を「つむじ風《かぜ》」といいます。そのことから、まるでつむじ風《かぜ》が吹《ふ》いているような髪《かみ》の毛《け》やその場所《ばしょ》も「つむじ」というようになりました。そして、同《おな》じような意味《いみ》の熟語《じゅくご》「旋《せん》毛《もう》」にあてた読《よ》み方《かた》が「旋毛《つむじ》」です。

使い方《つかいかた》 わからずやのすなおじゃない人《ひと》を、旋毛《つむじ》曲《ま》がりっていうんだって。気《き》をつけよう。

こちら静岡《しずおか》に接近《せっきん》している台風《たいふう》の渦《うず》です
うわっ大《おお》きい渦《うず》
あら まる子《こ》の旋毛《つむじ》も台風《たいふう》の渦《うず》みたいに大《おお》きな寝《ね》ぐせがついてるわよ
まる子《こ》の旋毛《つむじ》予報《よほう》である――

氷柱

氷柱《つらら》

意味《いみ》 水《みず》のつぶがこおって垂《た》れ下《さ》がったもの。

解説《かいせつ》 つらつら連《つら》なるから「つらら」です。呼《よ》び名《な》は、地方《ちほう》によって「つられ」「きらら」など、いろいろあります。もともとの熟語《じゅくご》は「氷柱《ひょうちゅう》」で、これにあてて「氷柱《つらら》」と読《よ》むようにしています。

使い方《つかいかた》 あちらにもこちらにも、氷柱《つらら》が垂《た》れ下《さ》がっている。ゆうべはだいぶ冷《ひ》えたんだな。

うわあ この家《いえ》 氷柱《つらら》ができてる
わあ ほんとだ
この氷柱《つらら》が オレンジ味《あじ》 だったら いいのに
わたし チョコが いいな
そんなわけ ない――

徒然

ボー

徒然《つれづれ》

意味《いみ》 何《なに》もすることがなく、退屈《たいくつ》なこと。

解説《かいせつ》 あてもなく、次々《つぎつぎ》といろいろなことを思《おも》いうかべる「連《つ》れ連《づ》れ」からできたことばです。似《に》た意味《いみ》の熟語《じゅくご》「徒然《とぜん》」にあてて、「徒然《つれづれ》」と読《よ》みます。「徒《と》」はむなしいこと、「然《ぜん》」は様子《ようす》・状態《じょうたい》を表《あらわ》し、あてもなく過《す》ごす意味《いみ》です。

使い方《つかいかた》 「つれづれなるままに…」から始《はじ》まる吉《よし》田兼好《だけんこう》の『徒然草《つれづれぐさ》』は、日本《にほん》を代表《だいひょう》する随筆《ずいひつ》です。

徒然《つれづれ》なるままに 散歩《さんぽ》に出《で》てみたが やっぱり 退屈《たいくつ》 じゃのう
さくらさん
これから みんなで 『徒然草《つれづれぐさ》』の 朗読会《ろうどくかい》を やるんですが さくらさんも いかがです
徒然草
『徒然草《つれづれぐさ》』で 退屈《たいくつ》も吹《ふ》きとぶ 友蔵《ともぞう》であった――

庭訓

庭《てい》訓《きん》

意味《いみ》 家庭《かてい》での教《おし》え。

解説《かいせつ》 中国《ちゅうごく》の昔《むかし》の思想家《しそうか》である孔子《こうし》が、庭《にわ》を通《とお》り過《す》ぎたわが子の鯉《こい》を呼《よ》び止《と》め、学問《がくもん》の大切《たいせつ》さを教《おし》えたという言《い》い伝《つた》えがあります。そこから「家庭教育《かていきょういく》」の意味《いみ》で、この「庭訓《ていきん》」ということばが使《つか》われるようになりました。「訓《きん》」は教《おし》えの意味《いみ》です。

使《つか》い方《かた》 うちには庭《にわ》はないけれど、庭訓《ていきん》はある。「正直第一《しょうじきだいいち》」だ。

我《わ》が家《や》の庭訓《ていきん》──「早寝《はやね》早起《はやお》きご飯《はん》を残《のこ》さず」……
……
ごちそうさま
ぐーー
早寝《はやね》にもほどがあるだろ
……

体裁

体《てい》裁《さい》

意味《いみ》 外《そと》から見《み》たときの感《かん》じ。また、よそから見《み》られたときの自分《じぶん》のかっこう。

解説《かいせつ》 「体《てい》」は姿《すがた》・形《かたち》、「裁《さい》」は見分《みわ》けることで、「体裁《ていさい》」は見《み》かけを表《あらわ》すことです。もともとは「体裁《たいさい》」とも読《よ》みましたが、今《いま》は「体裁《ていさい》」だけです。

使《つか》い方《かた》 そんな身《み》なりで町《まち》を歩《ある》いたら、体裁《ていさい》が悪《わる》いでしょ。きちんとした服装《ふくそう》で出《で》かけなさい。

花輪《はなわ》クンちに行《い》くのに穴《あな》のあいた靴下《くつした》はいてきちゃったよ
それは体裁《ていさい》が悪《わる》いブー
そういうブー太郎《たろう》だって服《ふく》が裏返《うらがえ》しだぞ
ほんとかブーー
体裁《ていさい》の悪《わる》い二人《ふたり》である

凸凹

凸《でこ》凹《ぼこ》

意味《いみ》 でっぱったり、ひっこんだりしていること。

解説《かいせつ》 この「凸凹《でこぼこ》」は日本式《にほんしき》の読《よ》み方《かた》で、もともとの熟語《じゅくご》は「凹凸《おうとつ》」です。あれ？　反対《はんたい》になっています。特《とく》に理屈《りくつ》はありません。「凸《とつ》凹《おう》」ともいいますが、発音《はつおん》しにくいのでふつうは「凹凸《おうとつ》」といっています。「凸凹《でこぼこ》」もそうです。「凹《ぼこ》凸《でこ》」では発音《はつおん》しにくいので、みんな「凸凹《でこぼこ》」と使《つか》っています。無責《むせき》任《にん》のようですが、これがまた、ことばのおもしろいところです。

使い方《つかいかた》 凸凹道《でこぼこみち》を、ガタガタいわせながら自転車《じてんしゃ》で走《はし》る。

白《しろ》？　黒《くろ》？

正《ただ》しいかどうかを決《き》めるのは「**黒白《こくびゃく》をつける**」です。これを訓《くん》読《よ》みにすると、「**白黒《しろくろ》をつける**」……あれ？　順番《じゅんばん》が入《い》れかわっています。これも「凸凹《でこぼこ》」と同《おな》じ例《れい》です。ほかにもいろいろあります。さがしてみましょう。

白《しろ》
黒《くろ》

うおっ すごい 凸凹道《でこぼこみち》だ!!
ホントだ ブ――!!
下《した》まで 競走《きょうそう》だ ブ――
負《ま》けない ぞ!!
こっちのほうが 凸凹《でこぼこ》だブ――
オレの道《みち》の ほうが 凸凹《でこぼこ》だぜ
楽《たの》しい ブ――
ヒャッ ホ――
凸凹道《でこぼこみち》を走《はし》る 凸凹《でこぼこ》コンビである――

出端

出端《ではな》

意味《いみ》 やり始《はじ》めてすぐ。

解説《かいせつ》 「端《はな》」は「最初《さいしょ》」の意《い》味《み》で、出《で》たとたんが「出端《ではな》」です。「でばな」とも読みます。同《おな》じような読《よ》みの「出鼻《ではな》・出花《でばな》」も「出《で》端《はな》」と意味《いみ》が共通《きょうつう》しています。

使《つか》い方《かた》 相手《あいて》の先頭打者《せんとうだしゃ》にいきなりホームランを打《う》たれて、出端《ではな》をくじかれてしまった。

ああん せっかく 工作《こうさく》やろうと 思《おも》ったのに ハサミが 見《み》つからないよ
出端《ではな》を くじかれた わね

兎角

兎角《とかく》

意味《いみ》 あれこれ。ともすると。

解説《かいせつ》 「とかく」は、ああでもないこうでもないという様子《ようす》を表《あらわ》すことばです。これに、なんと意味《いみ》に関係《かんけい》なくあてはめたのが仏《ぶっ》教《きょう》の熟語《じゅくご》「兎角《とかく》（＝兎《うさぎ》の角《つの》）」です。音《おん》だけの当《あ》て字《じ》です。

使《つか》い方《かた》 いいこと、悪《わる》いこと、兎角《とかく》あの人《ひと》はうわさが絶《た》えない。

兎角《とかく》 まる子《こ》は お調子者《ちょうしもの》 なんだから
えへ♡

外様

外様《とざま》

意味《いみ》 「外様大名《とざまだいみょう》」の略《りゃく》。

解説《かいせつ》 「外様《とざま》」は「外《そと》の方《かた》」という意味《いみ》で、元《もと》からの家臣《かしん》ではない大名《だいみょう》を「外様大名《とざまだいみょう》」と呼《よ》びました。将軍家《しょうぐんけ》に近《ちか》い大名《だいみょう》は「親藩《しんぱん》」、そして「譜代《ふだい》」です。

使《つか》い方《かた》 外様《とざま》の藩《はん》の人《ひと》たちが中《ちゅう》心《しん》となって将軍家《しょうぐんけ》をたおし、新《あたら》しい明治政府《めいじせいふ》を作《つく》り上《あ》げた。

オレは外様大名《とざまだいみょう》だブ——

土砂降り

土砂降《どしゃぶ》り

意味《いみ》 大《おお》つぶの雨《あめ》が激《はげ》しく降《ふ》ること。

解説《かいせつ》 ドシャッと降《ふ》るのが「どしゃぶり」です。その「どしゃ」に、意味《いみ》に関係《かんけい》なく「土砂《どしゃ》」をあてたのです。同《おな》じ音《おん》の「土砂《どしゃ》」をあてることによって、激《はげ》しい感《かん》じを出《だ》したのです。ぴったりですね。「砂利《じゃり》」と同《おな》じ当《あ》て字《じ》（101ページ参照《さんしょう》）です。

使《つか》い方《かた》 かさを忘《わす》れたお父《とう》さんは、土砂降《どしゃぶ》りの中《なか》をずぶぬれで帰《かえ》ってきた。

早《はや》く寝《ね》ないとあしたの遠足《えんそく》寝坊《ねぼう》するわよ
ああん楽《たの》しみすぎて眠《ねむ》れないよ
ぐー
ザー
あら 急《きゅう》に土砂降《どしゃぶ》りだわ あしたの遠足《えんそく》中止《ちゅうし》かしら
がっかりすぎて急《きゅう》に眠《ねむ》たくなってきたよ……

咄嗟

咄嗟《とっさ》

意味《いみ》 きわめて短《みじか》い時間《じかん》。すぐ。

解説《かいせつ》 「咄《とっ》」も「嗟《さ》」も、短《みじか》く「ああ」と声《こえ》を出《だ》すことです。この二《ふた》つが組《く》み合《あ》わさって、短《みじか》い時《じ》間《かん》を表《あらわ》す熟語《じゅくご》として使《つか》われるようになりました。頭《あたま》で考《かんが》えるのではなく、物事《ものごと》に対《たい》して瞬間的《しゅんかんてき》に反《はん》応《のう》する様子《ようす》に使《つか》われることばです。

使《つか》い方《かた》 ケン太《た》は、咄嗟《とっさ》の判断《はんだん》で相手《あいて》のボールをうばい、一気《いっき》に攻《せ》めこんでいくのがうまい。

転《ころ》びそうになったとき杉山《すぎやま》くんが咄嗟《とっさ》に助《たす》けてくれたの
キャ
危《あぶ》ない!!
良かったねかよちゃん
その手《て》があったわね 花輪《はなわ》クンだったら絶対《ぜったい》助《たす》けてくれるわ
大野《おおの》くんだって…
咄嗟《とっさ》に計画《けいかく》を立《た》てる二人《ふたり》であった——

帳

帳《とばり》

意味《いみ》 仕切《しき》りをする垂《た》れ幕《まく》。

解説《かいせつ》 部屋《へや》を暗《くら》くしたり、区切《くぎ》ったりするために垂《た》れ下《さ》げる布《ぬの》です。「戸《と》を張《は》る」からできたことばといわれています。周《まわ》りを暗《くら》くするものの意味《いみ》で、「夜《よる》の帳《とばり》」ということばでもよく使《つか》われます。

使《つか》い方《かた》 秋《あき》は、暮《く》れるのが早《はや》い。もう、夜《よる》の帳《とばり》が下《お》りて、外灯《がいとう》がつき始《はじ》めた。さあ、そろそろ帰《かえ》るとしよう。

まる子が部屋《へや》を汚《よご》すから帳《とばり》でもつけて部屋《へや》を区切《くぎ》ってほしいくらいよ
まったくねえ
じゃあオレは夜《よる》の帳《とばり》も下《お》りたことだし飲《の》みにでも行《い》ってくるか
ヒロシと酒《さけ》に帳《とばり》は関係《かんけい》ないーー

点す

点《とも》す

意味《いみ》 明《あ》かりをつける。

解説《かいせつ》 手《て》で燃《も》すことの「手燃《とも》す」からできたことばといわれています。そして、ともされた火《ひ》は「灯火《ともしび》」です。また、つめに火《ひ》をつけて明《あ》かりにするほどの貧《まず》しい暮《く》らしをすることを「つめに火《ひ》を点《とも》す」といいます。「とぼす」ともいいます。

使《つか》い方《かた》 停電《ていでん》だ。困《こま》ったけれど、ろうそくに火《ひ》を点《とも》して、何《なん》とか夕飯《ゆうはん》をすませた。

うわっ停電《ていでん》だ!!
ろうそくに火《ひ》を点《とも》すんじゃ
しかしすごい雨《あめ》と風《かぜ》ねこわいわ
真《ま》っ暗《くら》でこわいよ〜〜っ
せっかくろうそくも点《とも》したし怪談話《かいだんばなし》でもするか
ギャ〜〜
ヒロシよ悪《わる》い男《おとこ》であるーー

名残

名残《なごり》

意味《いみ》 過《す》ぎ去《さ》ったあとに、まだその気分《きぶん》や様子《ようす》が残《のこ》っていること。

解説《かいせつ》 なぜ「なごり」というのかは、いろいろな説《せつ》がありますが、もっとも有力《ゆうりょく》なのは「波残《なみのこ》り」説《せつ》です。波《なみ》が引《ひ》いたあと、磯《いそ》に残《のこ》った海水《かいすい》のことで、「余波《なごり》」と書《か》き、さらに気分《きぶん》や様子《ようす》もふくめて、広《ひろ》い意味《いみ》で「名残《なごり》」と使《つか》われるようになりました。

使い方《つかいかた》 昔《むかし》の名残《なごり》をとどめる城下町《じょうかまち》を歩《ある》く。

青《あお》い海《うみ》 青《あお》い空《そら》 南《みなみ》の島《しま》
そしてプサディー
ハア
南《みなみ》の島《しま》での楽《たの》しい名残《なごり》が思《おも》い返《かえ》されるよ…
いつまでも名残《なごり》をおしんでいないで夏休《なつやす》みの宿題《しゅくだい》やりなさい!!
後3日で学校よ!!
ハ~イ
宿題
まる子《こ》よ名残《なごり》を楽《たの》しむヒマはない――

納得

うん うん

納得《なっとく》

意味《いみ》 十分《じゅうぶん》に理解《りかい》すること。

解説《かいせつ》 「納《なっ》」は納《おさ》める、「得《とく》」は自分《じぶん》のものにすることで、よくわかること、承知《しょうち》することが「納得《なっとく》」です。漢字《かんじ》の「納《のう》」は音読《おんよ》みの王様《おうさま》といわれ、なんと「ノウ・ナッ・ナ・ナン・トウ」の五つの音《おん》を持《も》っています。例《れい》/納品《のうひん》・納豆《なっとう》・納屋《なや》・納戸《なんど》・出納《すいとう》

使い方《つかいかた》 わからないところがあったら、納得《なっとく》がいくまで質問《しつもん》して、理解《りかい》を深《ふか》めるようにしましょう。

ずるいよ まる子《こ》は 納得《なっとく》が いかないよ
どう したんじゃ まる子《こ》や
お姉《ねえ》ちゃんの イチゴのほうが 大《おお》きいよ!!
たまたまよ……
おねえちゃん
まる子
どうにも納得《なっとく》できないまる子《こ》であった――

な

鈍

鈍《なまくら》

意味《いみ》 にぶい。いくじなし。なまけ者《もの》。

解説《かいせつ》 刀《かたな》などの切《き》れ味《あじ》が悪《わる》いことを「なまくら」といい、そのような刀《かたな》を「なまくら刀《がたな》」といいます。そして、このにぶさを熟語《じゅくご》で表《あらわ》すと「鈍刀《どんとう》」です。このにぶさを人《ひと》にあてはめて、いくじなしやなまけ者《もの》を「鈍《なまくら》」と呼《よ》ぶようになりました。

使《つか》い方《かた》 いつまでも鈍《なまくら》な生活《せいかつ》をしていないで、きちんと働《はたら》いて、きちんとした生活《せいかつ》をしなさい。

ぐだ
このにぶい
なまけものの
猫《ねこ》を
ひそかに
「鈍《なまくら》」と呼《よ》んでいる
なんて……
いえやしないよ
ククク
くあ〜

生兵法

生兵法《なまびょうほう》

意味《いみ》 ちゅうとはんぱな知識《ちしき》や技術《ぎじゅつ》。

解説《かいせつ》 「兵法《ひょうほう》」は、武術《ぶじゅつ》の技《わざ》や勝《か》つための戦術《せんじゅつ》です（兵法《へいほう》ともいいます）。「生《なま》」は十分《じゅうぶん》ににえていないことから、「生兵法《なまびょうほう》」は未熟《みじゅく》な技《わざ》や戦術《せんじゅつ》という意味《いみ》になります。さらに、戦《いくさ》だけではなく、学問《がくもん》や知識《ちしき》でも、不十分《ふじゅうぶん》な場合《ばあい》、このことばが使《つか》われます。

使《つか》い方《かた》 「生兵法《なまびょうほう》は大《おお》けがのもと（＝いいかげんな知識《ちしき》や技術《ぎじゅつ》は大《おお》きな失敗《しっぱい》を招《まね》く）」諺《ことわざ》です。

おまえの
生兵法《なまびょうほう》の腕《うで》で
師匠《ししょう》のマネを
するなんて
10年早《ねんはや》いブー
あ
バリ
あれ…
師匠《ししょう》が
作《つく》った
皿《さら》……
生兵法《なまびょうほう》の
目利《めき》きは
大《おお》けがの
もとである

コラム6

りっぱに年《とし》を重《かさ》ねる

―年齢《ねんれい》を表《あらわ》すことば―

「弱冠《じゃっかん》」といえば、二十歳《さい》を表《あらわ》すことばです。「弱《じゃく》」は二十歳《さい》のことで、昔《むかし》は冠《かんむり》をつけて成人式《せいじんしき》を行《おこな》ったことから、この呼《よ》び名《な》ができました。

次《つぎ》に、孔子《こうし》が語《かた》った年齢《ねんれい》を表《あらわ》すことばが有名《ゆうめい》なので、紹介《しょうかい》しましょう。

三十歳《さい》【而立《じりつ》】…自立《じりつ》する
四十歳《さい》【不惑《ふわく》】…惑《まど》いがない
五十歳《さい》【知命《ちめい》】…天命《てんめい》を知《し》る
六十歳《さい》【耳順《じじゅん》】…すなおに聞《き》く
七十歳《さい》【従心《じゅうしん》】…心《こころ》の望《のぞ》むまま

さて、長生《ながい》きはたいへんめでたいことです。昔《むかし》は人生《じんせい》五十年《ねん》といわれていたので、六十歳以上《さいいじょう》の人《ひと》には、次《つぎ》のようなお祝《いわ》いの呼《よ》び名《な》がつけられました。

六十歳《さい》【還暦《かんれき》】……暦《こよみ》が一《ひと》めぐりすることから
七十歳《さい》【古稀《こき》】……古《ふる》くから稀《まれ》であることから
七十七歳《さい》【喜寿《きじゅ》】……「喜《き》」の略字《りゃくじ》が「㐂」(㐂)になることから
八十歳《さい》【傘寿《さんじゅ》】……「傘《かさ》」の略字《りゃくじ》が「八十」になることから
八十八歳《さい》【米寿《べいじゅ》】……「米《こめ》」の字《じ》が「八十八」になることから
九十歳《さい》【卒寿《そつじゅ》】……「卒《そつ》」の略字《りゃくじ》が「卆」になることから
九十九歳《さい》【白寿《はくじゅ》】……「百《ひゃく》」から「一」を引《ひ》くと「白《はく》」の字《じ》になることから

ぜひみなさんも、いろいろと大《だい》事《じ》な経験《けいけん》を積《つ》み重《かさ》ね、周《まわ》りの人々《ひとびと》から「おめでとう」といわれるほどの長生《ながい》きをしましょう。

この漢字《かんじ》、なんて読《よ》む？

行事《ぎょうじ》と習慣《しゅうかん》

① 門松

お正月《しょうがつ》に家《いえ》の門口《かどぐち》に立《た》てるよ。「松飾《まつかざ》り」ともいうよ。

② 初午

2月《がつ》になって最初《さいしょ》の「午《うま》の日《ひ》」をいうよ。

③ 稲荷

狐《きつね》が神《かみ》の使《つか》いとされているのは、○○○信仰《しんこう》だよ。

④ 御神酒

神前《しんぜん》に供《そな》えるお酒《さけ》。また、酒《さけ》を洒落《しゃれ》て、単《たん》にこういうよ。

⑤ 松明

松《まつ》や竹《たけ》や枯草《かれくさ》を束《たば》ねて、照明具《しょうめいぐ》としたものだよ。

⑥ 薬玉

ひもを引《ひ》いて、大《おお》きな玉《たま》を割《わ》るよ。めでたいときに行《おこな》われる。

⑦ 鯉幟

5月《がつ》5日《か》に立《た》てる鯉《こい》の形《かたち》をした○○○だよ。

⑧ **賽銭**

神社《じんじゃ》やお寺《てら》にお参《まい》りするとき供《そな》えるお金《かね》のことだよ。

⑨ **神楽**

神前《しんぜん》や、祭礼《さいれい》のときに行《おこな》われる舞《まい》や囃子《はやし》のこと。

⑩ **祝儀**

お祝《いわ》いの儀式《ぎしき》。また、お祝《いわ》いに贈《おく》る金品《きんぴん》のこと。

⑪ **土産**

旅行先《りょこうさき》から持《も》ち帰《かえ》るその土地《とち》の品物《しなもの》をいうよ。

⑫ **煤払い**

古来《こらい》の風習《ふうしゅう》では12月《がつ》13日《にち》にする大掃除《おおそうじ》のこと。

⑬ **歳暮**

年《とし》の暮《く》れのこと。また、年末《ねんまつ》に贈《おく》る品物《しなもの》のこと。

⑭ **大晦日**

1年《ねん》の最後《さいご》の日《ひ》。12月《がつ》31日《にち》をいうよ。

答《こた》え

①かどまつ ②はつうま ③いなり ④おみき ⑤たいまつ
⑥くすだま ⑦こいのぼり ⑧さいせん ⑨かぐら
⑩しゅうぎ ⑪みやげ ⑫すすはらい ⑬せいぼ ⑭おおみそか

生業

せっ
せっ

生業《なりわい》

意味《いみ》　生活《せいかつ》をしていくための仕事《しごと》。

解説《かいせつ》　「なり」は物《もの》を作《つく》り出《だ》すことで、「わう」はその状態《じょうたい》が進《すす》む様子《ようす》を表《あらわ》します。そこで、穀《こく》物《もつ》が実《みの》るように努《つと》めることを「なりわう」といい、これが名詞《めいし》の形《かたち》で「なりわい」となりました。

「なりわい」は初《はじ》めは農業《のうぎょう》を指《さ》していましたが、今《いま》では暮《く》らしを立《た》てるための仕事《しごと》――「職業《しょくぎょう》」として、広《ひろ》く使《つか》われるようになりました。同《おな》じ意味《いみ》の熟語《じゅくご》「生業《せいぎょう》」にあてて、「生業《なりわい》」と読《よ》みます。

使《つか》い方《かた》　父《ちち》は、小説《しょうせつ》を書《か》くことを生業《なりわい》としている。

生業《なりわい》は草《くさ》の種《たね》

暮《く》らしを立《た》てるための仕事《しごと》は、いろいろたくさんあります。そこで、「**生業《なりわい》は草《くさ》の種《たね》**」といいます。「仕事《しごと》は草《くさ》の種《たね》のように種類《しゅるい》が多《おお》く、どんな土地《とち》へ行《い》ってもあるものだ」という諺《ことわざ》です。

仕事
仕事
仕事
仕事
仕事

わたしの生業《なりわい》は
へぇ
呉服屋《ごふくや》の店主《てんしゅ》です
わたしの生業《なりわい》は
ほお
雑貨屋《ざっかや》の店主《てんしゅ》
わたしの生業《なりわい》はぼっちゃまの世話係《せわがかり》です
お〜
すごい
45年間《ねんかん》 花輪家《はなわけ》につかえております
わしの生業《なりわい》はもっぱら隠居《いんきょ》ですかな…
しーん
友蔵《ともぞう》よ…隠居《いんきょ》は生業《なりわい》ではない

労う

労《ねぎら》う

意味《いみ》 いたわる。なぐさめる。

解説《かいせつ》 神《かみ》への祈《いの》りを「ねぎ（祈《ね》ぎ）」といい、祈《いの》ることを「ねぎらう」といいました。それが、今《いま》では友《とも》だちや目下《めした》の人《ひと》の苦労《くろう》をなぐさめる意味《いみ》にも使《つか》われるようになりました。そして、ねぎらう意味《いみ》の漢字《かんじ》「労《ろう》」にあてて、「労《ねぎら》う」としました。

使《つか》い方《かた》 選手団《せんしゅだん》が帰《かえ》ってきた。わたしたちはその奮戦《ふんせん》ぶりを労《ねぎら》うため、駅《えき》まで出《で》むかえに行《い》った。

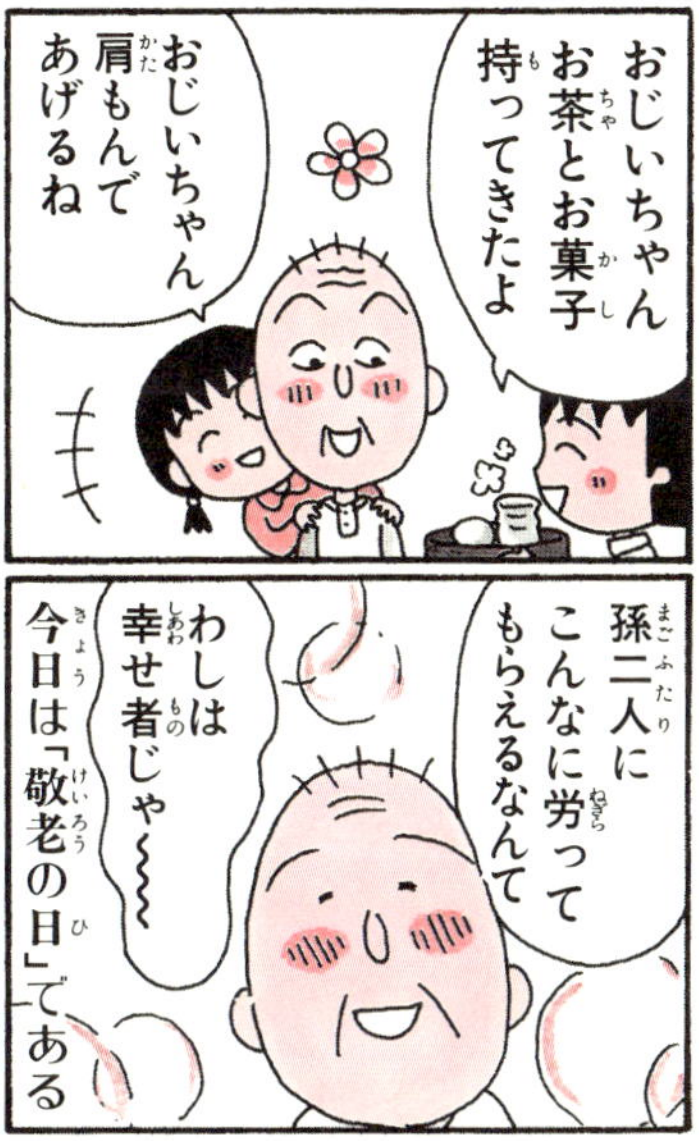
おじいちゃんお茶《ちゃ》とお菓子《かし》持《も》ってきたよ
おじいちゃん肩《かた》もんであげるね
孫二人《まごふたり》にこんなに労《ねぎら》ってもらえるなんて
わしは幸《しあわ》せ者《もの》じゃ〜〜
今日《きょう》は「敬老《けいろう》の日《ひ》」である

懇ろ

まるちゃん

懇《ねんご》ろ

意味《いみ》 心《こころ》がこもっている様子《ようす》。親《した》しい様子《ようす》。

解説《かいせつ》 「ね」は根《ね》のことで、「根《ね》の心《こころ》」が「ねんごろ」になった……など、なりたちについては、いろいろな説《せつ》があります。心《こころ》をこめてていねいにする様子《ようす》、また親《した》しい間《あいだ》がらを表《あらわ》すことばで、似《に》た意味《いみ》の漢字《かんじ》「懇《こん》」にあてて、「懇《ねんご》ろ」と読《よ》みます。

使《つか》い方《かた》 おじいちゃんのお友《とも》だちが来《き》たので、懇《ねんご》ろにもてなした。おじいちゃんも、にこにこ。

料理《りょうり》お持《も》ちしました
寒《さむ》くないですか
こんなに懇《ねんご》ろにおもてなしできるなんてまるちゃんりっぱになったわね
なかなかの好印象《こういんしょう》だね
正月《しょうがつ》はまる子《こ》のかせぎどきである——
お年玉《としだま》はずんでくれないかね
フフフ

野点

野点《のだて》

意味《いみ》 野外《やがい》で行《おこな》う茶《ちゃ》の湯《ゆ》の会《かい》。

解説《かいせつ》 お茶《ちゃ》をいれて客《きゃく》をもてなしたり、茶《ちゃ》の湯《ゆ》の会《かい》をもよおしたりすることを「点《た》てる」といいます。そして、自然《しぜん》を背景《はいけい》にして行《おこな》う茶《ちゃ》の湯《ゆ》の会《かい》を「野点《のだて》」と呼《よ》びます。味《あじ》わいのあることばですね。

使い方《つかいかた》 ここは、秀吉《ひでよし》が野点《のだて》の席《せき》を設《もう》けた所《ところ》として有名《ゆうめい》です。

野点《のだて》

長閑

長閑《のどか》

長閑《のどか》だねぇ
長閑《のどか》だねぇ

意味《いみ》 のんびりとおだやかな様子《ようす》。

解説《かいせつ》 「のど」は静《しず》か、おだやかという意味《いみ》で、その様子《ようす》が「のどか」です。同《おな》じ意味《いみ》の熟語《じゅくご》「長閑《ちょうかん》」にあてて、「長閑《のどか》」と読《よ》んでいます。

使い方《つかいかた》 長閑《のどか》な春《はる》の一日《いちにち》が暮《く》れていく。あしたも晴《は》れればいいな。

祝詞

祝詞《のりと》

意味《いみ》 神《かみ》に祈《いの》ることば。

解説《かいせつ》 「祝詞《しゅくし》」と読《よ》めばお祝《いわ》いのことばですが、「祝詞《のりと》」と読《よ》めば神《かみ》にささげる神主《かんぬし》さんのことばになります。「祝詞《のりと》をあげる」として使《つか》います。

使い方《つかいかた》 正月《しょうがつ》に、今年《ことし》の幸《しあわ》せを願《ねが》って、神主《かんぬし》さんに祝詞《のりと》をあげてもらった。

かけまくもー
かしこきいざなぎのー
おほかみ
つくしの
ひむかの たちばなのー
祝詞《のりと》

野分

野《の》分《わき》

意味《いみ》 秋《あき》に、強《つよ》く吹《ふ》きあれる風《かぜ》。

解説《かいせつ》 字《じ》を見《み》たり、耳《みみ》で聞《き》いたりすると、何《なに》か長閑《のどか》な感《かん》じのすることばですが、どうしてどうしてこれは「台風《たいふう》」です。野《の》の草《くさ》を分《わ》けて激《はげ》しく吹《ふ》く風《かぜ》という意味《いみ》です。意味《いみ》がわかると、確《たし》かに激《はげ》しさがわかりますね。「のわけ」ともいいます。

使い方《つかいかた》 野分《のわき》を前《まえ》に、二百十日《にひゃくとおか》（＝九月《がつ》一日《ついたち》ごろ）が近《ちか》づき、作物《さくもつ》の取《と》り入《い》れを急《いそ》ぐ。

わあ すごい風《かぜ》
野分《のわき》だね 秋《あき》に吹《ふ》く 強《つよ》い風《かぜ》だよ なかなか 前《まえ》に 進《すす》めないね
風《かぜ》に逆《さか》らうなーー
すごい 速《はや》いブー
アハハ アハハ
野《の》分《わき》を 楽《たの》しむ三人《にん》である——

暢気

のほほん

暢《のん》気《き》

意味《いみ》 気楽《きらく》でのんびりしている様子《ようす》。

解説《かいせつ》 物事《ものごと》にあまりこだわらない、また心配《しんぱい》や苦労《くろう》がない様子《ようす》が「のんき」です。のびのびする意味《いみ》の漢字《かんじ》「暢《ちょう》」をあてて、「暢気《のんき》」ということばを日本《にほん》で作《つく》りました。反対《はんたい》のことばは「せっかち」です。

使い方《つかいかた》 試験《しけん》が近《ちか》づいているのに、まる子《こ》は暢気《のんき》にかまえている。よく平気《へいき》でいられるなあ。

まる子《こ》 夏休《なつやす》みの 宿題《しゅくだい》 やったの？
今年《ことし》は 絶対《ぜったい》 手伝《てつだ》わない わよ
平気 平気
まったく 暢気《のんき》な子《こ》ね
8
28 29 30 31
暢気《のんき》でいられるのも あと3日《か》である——

狭間

狭《はざ》間《ま》

意味《いみ》 物《もの》と物《もの》との間《あいだ》の狭《せま》くなった所《ところ》。

解説《かいせつ》 「狭《せま》くなっている間《あいだ》」が「狭間《はざま》」です。ここから、「はさまる」ということばが生《う》まれたといわれています。「せまい・はさまる」を表《あらわ》す漢字《かんじ》は、いろいろあります。

「海峡《かいきょう》」の「峡《きょう》」、「挟《はさ》む」の「挟《きょう》」、「鋏《はさみ》」の「鋏《きょう》」など、どれも「夾《きょう》（夹）」がついて、意味《いみ》が共通《きょうつう》しています。

なお、「はざま」は「迫間《はざま》・間《はざま》」という表《あらわ》し方《かた》もあります。

使《つか》い方《かた》 重《おも》い病気《びょうき》にかかり、生《せい》死《し》の狭間《はざま》をさまよったが、ついに病気《びょうき》に打《う》ちかって退院《たいいん》。万歳《ばんざい》だ。

桶《おけ》狭《はざ》間《ま》の戦《たたか》い

一五六〇年《ねん》、織《お》田《だ》信長《のぶなが》は、愛《あい》知《ち》県《けん》の桶狭間《おけはざま》で、わずか三千《ぜん》あまりの軍勢《ぐんぜい》を率《ひき》いて奇襲攻撃《きしゅうこうげき》をかけ、今川義元《いまがわよしもと》の三万《まん》の大軍《たいぐん》を破《やぶ》りました。ここから、信長《のぶなが》は天下統一《てんかとういつ》への道《みち》を歩《あゆ》み始《はじ》めることになります。

おお このビルの狭間《はざま》すごい狭《せま》いな
ほんとうだ ブー——
おっ オレには余裕《よゆう》の狭間《はざま》だぞ
すごいブー
オレもギリギリ通《とお》れる狭間《はざま》だブー——
よし このまま向《む》こうに ぬけるぞ
じゃあオレは遠回《とおまわ》りして行《い》くから
…………
気《き》まずい空気《くうき》である——

傍目

じーー

傍《はた》目《め》

意味 ほかの人《ひと》が見《み》た感《かん》じ。

解説 「傍《はた》」は「そば・かたわら」の意味《いみ》で、本人《ほんにん》ではなく、そばにいるほかの人《ひと》の目《め》から見《み》るのが「傍目《はため》」です。別《べつ》の言《い》い方《かた》をすれば、第三者《だいさんしゃ》の目《め》です。そして、その見《み》た感《かん》じを「傍目《はため》には……」という形《かたち》で表《あらわ》します。

使い方 自分《じぶん》ではきれいにお化粧《けしょう》をしたつもりだけれど、傍目《はため》にはどう映《うつ》るんだろう。

傍目《はため》から見《み》ても野口《のぐち》って変《か》わってるよな
うーんそうだな
一体《いったい》何《なに》考《かんが》えてるブー
傍目《はため》から見《み》ても変《か》わってるわたし…
ククク おもしろいね
笑ってるな
おぅ
なんでだブー
傍目《はため》からは理解《りかい》できない野口《のぐち》さんである――

法度

ご法度《はっと》じゃ

法《はっ》度《と》

意味 おきて。きまり。

解説 法律《ほうりつ》と制度《せいど》のことで、「法度《ほうと》」ともいいますが、日本《にほん》では「法度《はっと》」といっています。有名《ゆうめい》なのは、江戸時代《えどじだい》、将軍家《しょうぐんけ》が出《だ》した大名《だいみょう》の心得《こころえ》「武家《ぶけ》諸法度《しょはっと》」です。また、上《うえ》に「ご」をつけて、禁止《きんし》を表《あらわ》すことば「ご法度《はっと》」としてもよく使《つか》われます。

使い方 この店《みせ》では、犬《いぬ》を連《つ》れて入《はい》るのは、ご法度《はっと》だよ。

ねえねえおばさんはいくつなの?
こら まる子《こ》女《おんな》の人《ひと》に年《とし》を聞《き》くのはご法度《はっと》よ
あらあらうふふ
次《つぎ》の日《ひ》
まるちゃんもうすぐ9歳《さい》だね
し――っ
たまちゃんそれはご法度《はっと》だよ
わけがわからないたまえであった――

盤石

ズン

盤石《ばんじゃく》

意味《いみ》 どっしりとして動《うご》かない様子《ようす》。

解説《かいせつ》 もともとは、大《おお》きい石《いし》です。「盤《ばん》」は大《おお》きな器《うつわ》のことで、これが「大《おお》きい」様子《ようす》を表《あらわ》すことばとして使《つか》われています。「石《いし》」を「石《しゃく》」と読《よ》むのはめずらしく、あと一《ひと》つ「磁石《じしゃく》」ぐらいです。なお「ばんじゃく」は「磐石《ばんじゃく》」とも書《か》きます。

使《つか》い方《かた》 盤石《ばんじゃく》の備《そな》えをほこるこの城《しろ》は、敵《てき》がどこから攻《せ》めてこようと、決《けっ》して落《お》ちることはない。

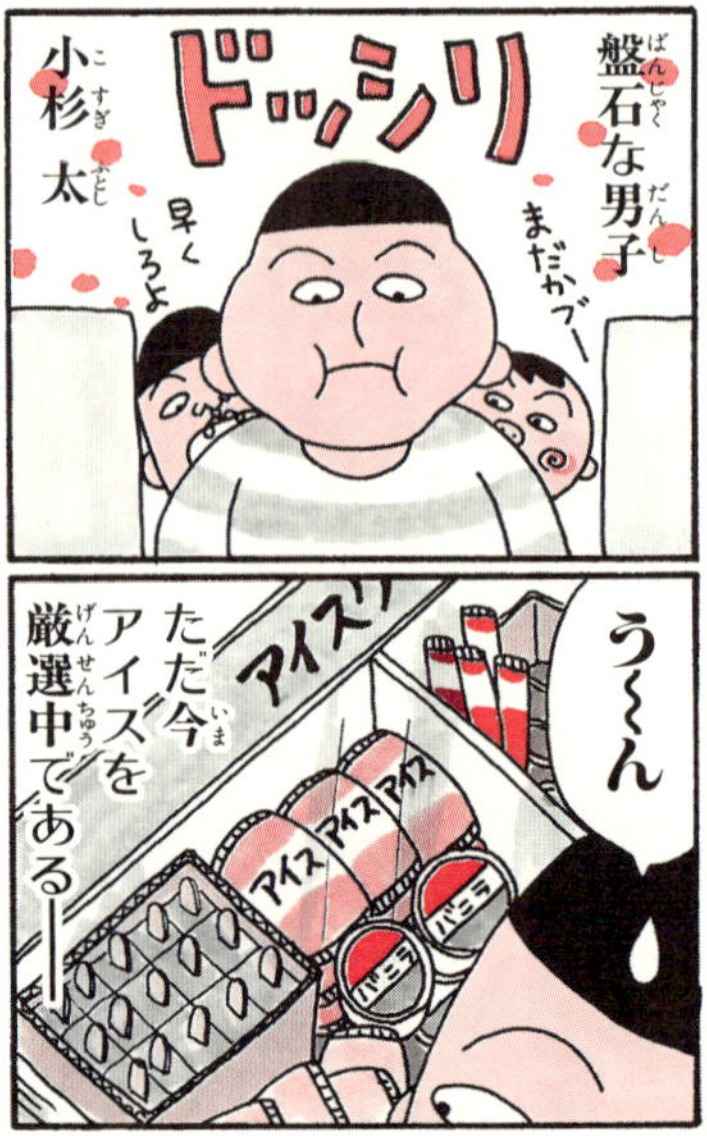
盤石《ばんじゃく》な男子《だんし》
ドッシリ
まだかブー
早くしろよ
小杉《こすぎ》太《ふとし》
う〜ん
アイス!
アイス
アイス
アイス
バニラ
バニラ
ただ今《いま》アイスを厳選中《げんせんちゅう》である——

抽斗

抽《ひき》斗《だし》

意味《いみ》 机《つくえ》・たんすなどにある、引《ひ》いて物《もの》を出《だ》し入《い》れする箱《はこ》。

解説《かいせつ》 引《ひ》き出《だ》して使《つか》うから「ひきだし」ですね。これにあたる熟語《じゅくご》「抽斗《ちゅうと》」を使《つか》って、「抽斗《ひきだし》」と読《よ》むようにしています。「抽《ちゅう》」は引《ひ》きぬくこと、「斗《と》」は器《うつわ》のことです。

使《つか》い方《かた》 男《おとこ》の子《こ》から来《き》た手紙《てがみ》、見《み》られると恥《は》ずかしいから、机《つくえ》の抽斗《ひきだし》の奥《おく》にしまっておこう。

まる子《こ》ー 2段目《だんめ》の抽斗《ひきだし》からタオルを取《と》って
はーい
あっ……
………見《み》なかったことにするのよ
はいっ
ヒッ
抽斗《ひきだし》の2段目《だんめ》にへそくりがあったことは忘《わす》れようと思《おも》うまる子《こ》であった——

庇

庇《ひさし》

意味《いみ》 家《いえ》の出入《でい》り口《ぐち》や窓《まど》などの上《うえ》に差《さ》し出《だ》した小《ちい》さな屋根《やね》。また、ぼうしのつば。

解説《かいせつ》 日《ひ》の差《さ》しぐあいを加減《かげん》するものとして、このことばが生《う》まれました。雨《あめ》をさけるのにも役立《やくだ》ちます。「おおう・かばう」の意味《いみ》の漢字《かんじ》「庇《ひ》」にあてて、「庇《ひさし》」と読《よ》みます。

使い方《つかいかた》 庇《ひさし》から、雨《あま》つぶがぽつんぽつんと落《お》ちている。梅雨《つゆ》は、まだ明《あ》けないな。

ザー
うわ
すごい雨
ズバリ!! 庇《ひさし》があってたすかったでしょう!!
花輪《はなわ》クンの髪型《かみがた》も〝庇《ひさし》〟みたいだね
………
ズバリ!! その通《とお》りでしょう

逼迫

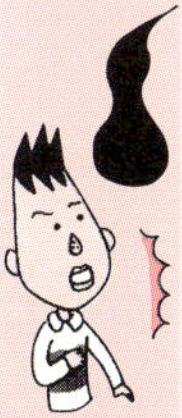

逼迫《ひっぱく》

意味《いみ》 さしせまること。

解説《かいせつ》 「逼《ひつ》」も「迫《はく》」も、「せまる・近《ちか》づく」という同《おな》じような意味《いみ》を持《も》ち、何《なに》かよくないものがせまってくる感《かん》じをあたえる熟語《じゅくご》です。日本《にほん》では、特《とく》にお金《かね》が足《た》りなくて動《うご》きがとれなくなるような、困《こま》った様子《ようす》を表《あらわ》すことばとして使《つか》われています。

使い方《つかいかた》 国《くに》の財政《ざいせい》が逼迫《ひっぱく》している。また税金《ぜいきん》が上《あ》がらなければいいが……。

お母《かあ》さーん 庭《にわ》の草《くさ》むしり終《お》わったよ
しょう油 買ってきたよ 洗いもの したよ
まる子《こ》のやつ最近《さいきん》よく手伝《てつだ》いするじゃねえか
まる子《こ》の財政《ざいせい》が逼迫《ひっぱく》しているからよ
ハイ10円
わーい
まる子《こ》のこづかい残《のこ》り10円《えん》である――

偏に

偏《ひとえ》にボクは根暗《ねくら》さ

偏《ひとえ》に

意味《いみ》 ただそれだけ。もっぱら。

解説《かいせつ》 「ひとえに」は「一重《ひとえ》に」ということで、そのものだけでほかの重《かさ》なりがないことを表《あらわ》しています。そして、「まったく・ほんとうに」と、意味《いみ》を強《つよ》めることばとして使《つか》われています。似《に》た意味《いみ》の漢字《かんじ》「偏《へん》」にあてて、「偏《ひとえ》に」と読《よ》みます。

使《つか》い方《かた》 優勝《ゆうしょう》できたのは、偏《ひとえ》にみなさまの熱《あつ》い応《おう》援《えん》によるものです。ありがとうございました。

花輪《はなわ》クン
わたしは
ただ偏《ひとえ》に
あなたを
思《おも》っています
こんな感《かん》じで
いいかしら
キャ♡
花輪《はなわ》クン
今《いま》の聞《き》こえ
ちゃった
かしら?
ベイビー
聞《き》こえて
ないさ…

一入

一入《ひとしお》

意味《いみ》 さらにいちだんと。いっそう。

解説《かいせつ》 染《そ》め物屋《ものや》さんが専門《せんもん》に使《つか》うことばです。布《ぬの》を染《そ》め汁《じる》の中《なか》に一回《かい》入《い》れることを「一《ひと》しお」と数《かぞ》えます。入《い》れるごとに、いっそう色《いろ》がよくなることから、「いっそう」の意味《いみ》にも使《つか》われるようになりました。熟語《じゅくご》の「一入《いちにゅう》」にあてて「一入《ひとしお》」です。

使《つか》い方《かた》 冬至《とうじ》のころになると、寒《さむ》さが一入《ひとしお》身《み》にしみてくる。

丹念《たんねん》に育《そだ》てた
花《はな》が見事《みごと》に
咲《さ》いたりすると
一入《ひとしお》 手入《てい》れに
念《ねん》が入《はい》るもの
ですよ
そうでしょうな
わしも 孫《まご》の
笑顔《えがお》を見《み》ると
一入《ひとしお》 元気《げんき》に
なりますな
ははは
ごもっとも
花《はな》と孫《まご》で
一入《ひとしお》もりあがる
じいさんの会話《かいわ》である

日向

日向《ひなた》

意味《いみ》 日《ひ》のあたる所《ところ》。

解説《かいせつ》 「た」は方向《ほうこう》のことで、日《ひ》の方向《ほうこう》「日《ひ》のた」が「日《ひ》なた」となりました。そして、漢字《かんじ》で表《あらわ》したのが「日向《ひなた》」です。なお、地《ち》名《めい》の「日向《ひゅうが》」は、日《ひ》に向《む》かう「日《ひ》向《むか》」からできたことばです。

使い方《つかいかた》 日向《ひなた》ぼっこをしていたら、だんだん眠《ねむ》くなってきた。

終日

終日《ひねもす》

意味《いみ》 朝《あさ》から晩《ばん》まで。

解説《かいせつ》 与謝蕪村《よさぶそん》の俳句《はいく》——
「春《はる》の海《うみ》　ひねもすのたり
　　　　　　　　　のたりかな」
にうたわれている「ひねもす」は一日《いちにち》じゅうのことです。同《おな》じ意味《いみ》の熟語《じゅくご》「終日《しゅうじつ》」にあてて、「終日《ひねもす》」と読《よ》みます。

使い方《つかいかた》 終日《ひねもす》、読書《どくしょ》にふける。

日和

日和《ひより》

意味《いみ》 空《そら》もよう。また、よい天気《てんき》。

解説《かいせつ》 よい天気の「ひより」は「日寄《ひよ》り」からできたことばです。そして、「雲寄《くもよ》り」は「曇《くも》り」です。晴天《せいてん》の意味《いみ》の熟語《じゅくご》「日和《にちわ》」にあてて、「日和《ひより》」と読《よ》みます。

使い方《つかいかた》 いいお日和《ひより》ですね。どこかへお出《で》かけですか。

この漢字《かんじ》、なんて読《よ》む？

天気《てんき》あれこれ

① 陽炎

春《はる》や夏《なつ》の地面《じめん》にゆらゆらと立《た》ちのぼるよ。

② 曇天

曇《くも》り空《ぞら》のことだよ。

すげえ雲《くも》…

③ 微風

そよそよと静《しず》かに吹《ふ》く風《かぜ》。戦《そよ》ぐ（43ページ）風《かぜ》だよ。

そよ
そよ

④ 東風

春《はる》に、東《ひがし》のほうから吹《ふ》いてくる風《かぜ》。春風《はるかぜ》だよ。

梅《うめ》のかおりがするね

⑤ 南風

中国《ちゅうごく》、四国《しこく》、九州地方《きゅうしゅうちほう》で南《みなみ》から吹《ふ》く、おだやかな風《かぜ》。

あたたかい風《かぜ》だね

⑥ 疾風

急《きゅう》にはげしく吹《ふ》き起《お》こる風《かぜ》をいうよ。

急《きゅう》になんだブー

⑦ 五月雨

昔《むかし》の5月《がつ》、現在《げんざい》の暦《こよみ》で6月《がつ》に降《ふ》る長雨《ながあめ》。「梅雨」のことだよ。

しと
しと

⑧ 梅雨

「ばいう」とも読《よ》むよ。昔《むかし》は「五月雨」といったよ。

⑨ 時化

暴風雨《ぼうふうう》で海《うみ》が大荒《おおあ》れになること。

⑩ 時雨

秋《あき》から初冬《しょとう》にかけて降《ふ》ってはすぐにやむ通《とお》り雨《あめ》のこと。

⑪ 氷雨

雹《ひょう》、霰《あられ》、霙《みぞれ》のように氷《こおり》まじりの冷《つめ》たい雨《あめ》のことをいうよ。

⑫ 吹雪

強《つよ》い風《かぜ》をともなってはげしく降《ふ》る雪《ゆき》のこと。「風雪《ふうせつ》」ともいうよ。

⑬ 雪崩

大量《たいりょう》の雪《ゆき》が崩《くず》れ落《お》ちること。人《ひと》の場合《ばあい》も「群衆《ぐんしゅう》が雪崩れこむ」などと使《つか》うよ。

⑭ 蜃気楼

砂漠《さばく》にオアシスが見《み》えたり、船《ふね》が浮《う》き上《あ》がって見《み》えたりするよ。

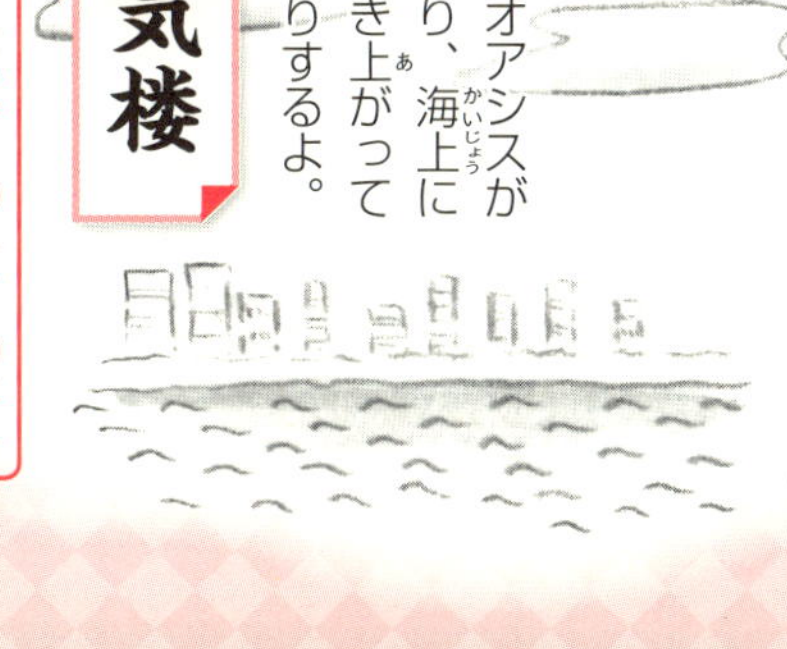

答《こた》え

①かげろう ②どんてん ③そよかぜ ④こち ⑤はえ ⑥はやて ⑦さみだれ ⑧つゆ ⑨しけ ⑩しぐれ ⑪ひさめ ⑫ふぶき ⑬なだれ ⑭しんきろう

さすが花輪《はなわ》クン
立《た》ち姿《すがた》も様《さま》になってるね
花輪家《はなわけ》パーティー
大人《おとな》の人《ひと》ともきちんと話《はなし》をしていて
堂々《どうどう》とした風采《ふうさい》だね
うんうん
そんな堂々《どうどう》とした風采《ふうさい》の花輪《はなわ》クンも
おやすみなさいぼっちゃま
おやすみヒデじい
夜《よる》になると……
…ママ
遠《とお》くにいる母《はは》を思《おも》い涙《なみだ》を浮《う》かべるのであった

風采

風《ふう》采《さい》

意味《いみ》 身《み》なり。姿《すがた》。

解説《かいせつ》 「風《ふう》」も「采《さい》」も姿《すがた》・形《かたち》の意味《いみ》で、「風采《ふうさい》」は見《み》た感《かん》じや人《ひと》がらを表《あらわ》す熟語《じゅくご》です。「風采《ふうさい》」でもっともよく使《つか》われることばは、「風采《ふうさい》が上《あ》がらない」です。見《み》た目《め》がぱっとしないという意味《いみ》です。地味《じみ》すぎるということですね。

なお「采《さい》」のつく漢字《かんじ》には、「彩・採・菜」があります。どれも「さい」と読《よ》みます。「采《さい》」のつく字《じ》は「さい」とおぼえておきましょう。

使《つか》い方《かた》 今度《こんど》の指揮者《しきしゃ》は堂々《どうどう》とした風采《ふうさい》で、見《み》るからに信頼《しんらい》が置《お》けそうだ。

風《ふう》体《てい》

「風采《ふうさい》」と似《に》ていることばに「風《ふう》体《てい》」があります。こちらは特《とく》に「あやしい風体《ふうてい》」などと、よくないほうに使《つか》われがちです。もとは、芸術的《げいじゅってき》な姿《すがた》や形《かたち》を表《あらわ》していたことばだけに残念《ざんねん》です。

あやしい
あやしい

相応しい

相応《ふさわ》しい

意味《いみ》 よくあっている。つりあっている。

解説《かいせつ》 「つりあう」の意味《いみ》の「ふさふ」からできたことばです。もともと、「たがいに応《こた》える」の意味《いみ》を表《あらわ》す熟語《じゅくご》「相応《そうおう》」が、日本《にほん》では「つりあう」として使《つか》われているので、これにあわせて「相応《ふさわ》しい」と読《よ》むようにしています。

使《つか》い方《かた》 丸尾《まるお》くんは学級委員《がっきゅういいん》に相応《ふさわ》しい態度《たいど》で、みんなの中心《ちゅうしん》に立《た》っている。

わたくし 丸尾末男《まるおすえお》に 清《きよ》き一票《いっぴょう》を
世《よ》のため クラスのため 期待《きたい》に応《こた》える 働《はたら》きをするでしょう
ズバリ!! わたくしこそ 学級委員《がっきゅういいん》に 相応《ふさわ》しい人材《じんざい》 でしょう!!
自分《じぶん》でいってて 恥《は》ずかしいブー
……

風情

風情《ふぜい》

意味《いみ》 おもむき。

解説《かいせつ》 おもむき（＝その場《ば》で受《う》ける味《あじ》わいのある感《かん》じ）のあることで、主《おも》に上品《じょうひん》な様子《ようす》として使《つか》われていることばです。もともとの熟語《じゅくご》は「風情《ふうじょう》」で、「風《ふう》」は様子《ようす》、「情《じょう》」はおもむきの意味《いみ》です。日本《にほん》では、これを「風情《ふぜい》」と読《よ》んで、使《つか》っています。

使《つか》い方《かた》 虫《むし》の声《こえ》も聞《き》こえ、秋《あき》の庭《にわ》はまたいちだんと風情《ふぜい》がある。

おお なんとも すばらしい 風情《ふぜい》のある 庭《にわ》ですな
わたしの お気《き》に入《い》りです
風情《ふぜい》のある 庭《にわ》も台無《だいな》しである――

払拭

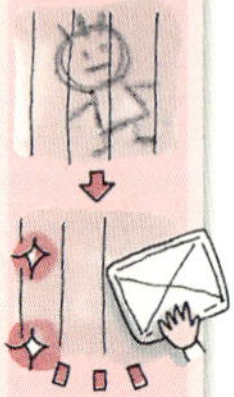

払拭《ふっしょく》

意味《いみ》 すっかり取《と》り除《のぞ》く。

解説《かいせつ》 漢字《かんじ》を一《ひと》つ一《ひと》つ訓読《くんよ》みすると、「払《はら》う」と「拭《ぬぐ》う」です。それぞれに、その動作《どうさ》を表《あらわ》す「扌(てへん)」がついています。はらいのけたり、ぬぐったりして、汚《よご》れをすっかり消《け》し去《さ》るのが「払拭《ふっしょく》」です。

使《つか》い方《かた》 何《なに》かとうわさがあったが、彼《かれ》は潔白《けっぱく》を証《しょう》明《めい》する証拠《しょうこ》を示《しめ》して、それらの疑《うたが》いを払拭《ふっしょく》した。

大掃除《おおそうじ》――
はあ～～～終《お》わったー
1年《ねん》の汚《よご》れも払拭《ふっしょく》したしこれで新年《しんねん》が迎《むか》えられるわね
そうだな
ドン
あ～～～～～～っ
カベ
さらに払拭《ふっしょく》にはげむさくら家《け》であった――

不束

不束者《ふつつかもの》ですが……

不《ふ》束《つつか》

意味《いみ》 気《き》が利《き》かず、行《ゆ》き届《とど》かない様子《ようす》。

解説《かいせつ》 太《ふと》すぎて、うまく束《たば》ねられないという意《い》味《み》の「ふとつか」からできたことばです。そして、上手《じょうず》に整《ととの》えられない、行《ゆ》き届《とど》かない様子《ようす》を「不束《ふつつか》」として表《あらわ》すようにしました。多《おお》くは、自分《じぶん》や身内《みうち》のものを謙遜《けんそん》して使《つか》うことばです。

使《つか》い方《かた》 不束《ふつつか》な娘《むすめ》ですが、どうぞよろしくお願《ねが》いいたします。

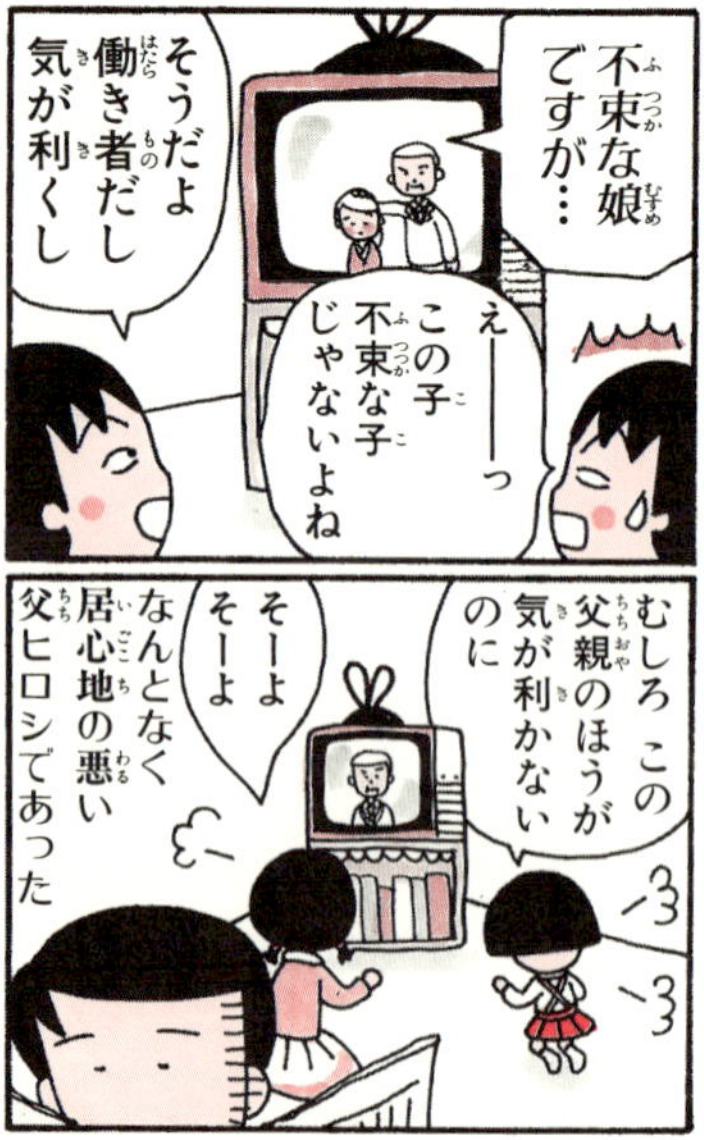
不束《ふつつか》な娘《むすめ》ですが…
え――っこの子《こ》不束《ふつつか》な子《こ》じゃないよね
そうだよ働《はたら》き者《もの》だし気《き》が利《き》くし
むしろこの父親《ちちおや》のほうが気《き》が利《き》かないのに
そーよそーよ
なんとなく居心地《いごこち》の悪《わる》い父《ちち》ヒロシであった

麓

ふもと

麓《ふもと》

意味《いみ》 山《やま》のすそ。山《やま》の下《した》のほう。

解説《かいせつ》 「踏《ふ》み本《もと》」からできたことばといわれています。「山道《やまみち》の踏《ふ》みはじめの所《ところ》」という意味《いみ》です。「ふもと」の意味《いみ》を表《あらわ》す漢字《かんじ》「麓《ろく》」にあてて、「麓《ふもと》」と読《よ》みます。おもしろいことに、「梺《ふもと》」という日本《にほん》で作《つく》った漢字《かんじ》もあります。

使い方《つかいかた》 麓《ふもと》を出《で》てから三時間《じかん》。山頂《さんちょう》はまだまだだけど、そろそろ、お弁当《べんとう》にしようか。

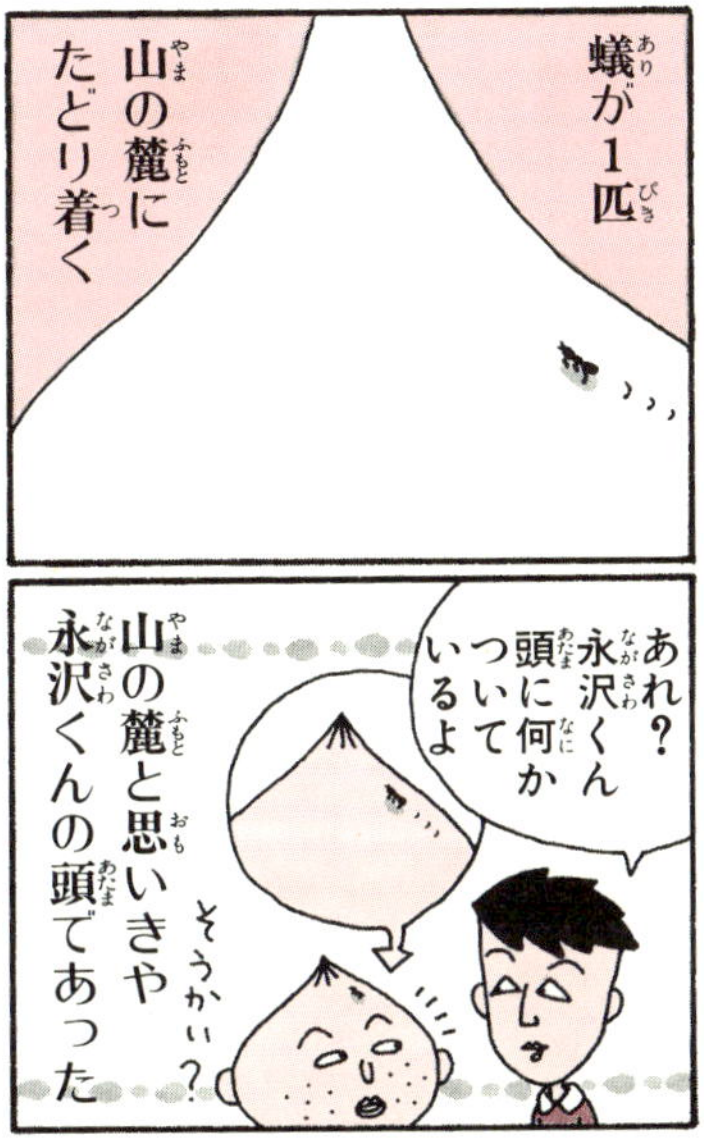
蟻《あり》が1匹《ぴき》
山《やま》の麓《ふもと》にたどり着《つ》く
あれ？永沢《ながさわ》くん頭《あたま》に何《なに》かついているよ
そうかい？
山《やま》の麓《ふもと》と思《おも》いきや永沢《ながさわ》くんの頭《あたま》であった

雰囲気

ふんいき

雰《ふん》囲《い》気《き》

意味《いみ》 その場《ば》の感《かん》じや気分《きぶん》。

解説《かいせつ》 場面《ばめん》や人《ひと》がらが作《つく》り出《だ》している感《かん》じや気《き》分《ぶん》を表《あらわ》すことばです。もともとは、地球《ちきゅう》を取《と》り巻《ま》く大気《たいき》の意味《いみ》です。「雰《ふん》」は霧《きり》や雨《あめ》をふくめた大気《たいき》で、「囲《い》」は囲《かこ》むことです。そして、「気《き》」は、「気体《きたい》」から「気分《きぶん》」として使《つか》われるようになりました。

使い方《つかいかた》 新年会《しんねんかい》は、和《なご》やかな雰囲気《ふんいき》で始《はじ》まった。今年《ことし》も、みんな元気《げんき》だといいな。

杉山《すぎやま》くんとかよちゃんが楽《たの》しそうにしゃべってていい雰囲気《ふんいき》だね
ほんとだね
うらやましい雰囲気《ふんいき》だわ
ゾク
場《ば》の雰囲気《ふんいき》がこおる一言《ひとこと》であった——

ふ

平生

平《へい》生《ぜい》

意味《いみ》 ふだん。常日《つねひ》ごろ。

解説《かいせつ》 「平《へい》」は凸凹《でこぼこ》がないことで、特別《とくべつ》のことがないふだんの様子《ようす》を表《あらわ》します。そこで、いつものような生活《せいかつ》が「平生《へいぜい》」です。「生《ぜい》」とにごるので、気《き》をつけて読《よ》みましょう。なお、「平生《へいぜい》」と意味《いみ》の似《に》ていることばには、「平常《へいじょう》・平素《へいそ》」があります。

使い方《つかいかた》 丸尾《まるお》くんは平生《へいぜい》からクラスのためにつくしているから、学級委員《がっきゅういいん》の選挙《せんきょ》では必《かなら》ず当選《とうせん》する。

お母《かあ》さんの平生《へいぜい》
バタ
バタ
バタ
バタ
おじいちゃんの平生《へいぜい》
ボー
正反対《せいはんたい》な二人《ふたり》の平生《へいぜい》である――

凹む

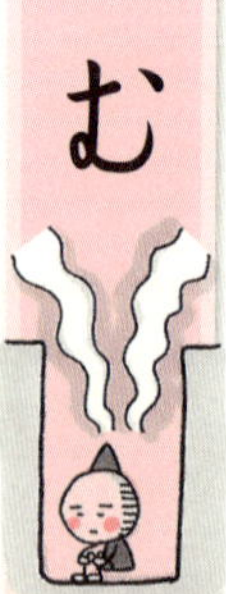

凹《へこ》む

意味《いみ》 くぼむ。落《お》ちこむ。くじける。

解説《かいせつ》 「凹《おう》」は「ぼこ」としても使《つか》われますが、さらに「凹《へこ》む」としても使《つか》われます。「凹《へこ》む」は「ひっこむ」からできたことばで、「ひっこむ→へっこむ→へこむ」となったと考《かんが》えられます。また、「凹《くぼ》む」と使《つか》われることもあります。

使い方《かいかた》 ちょっとの失敗《しっぱい》で、凹《へこ》むな。努力《どりょく》して取《と》り返《かえ》せばいいじゃないか。

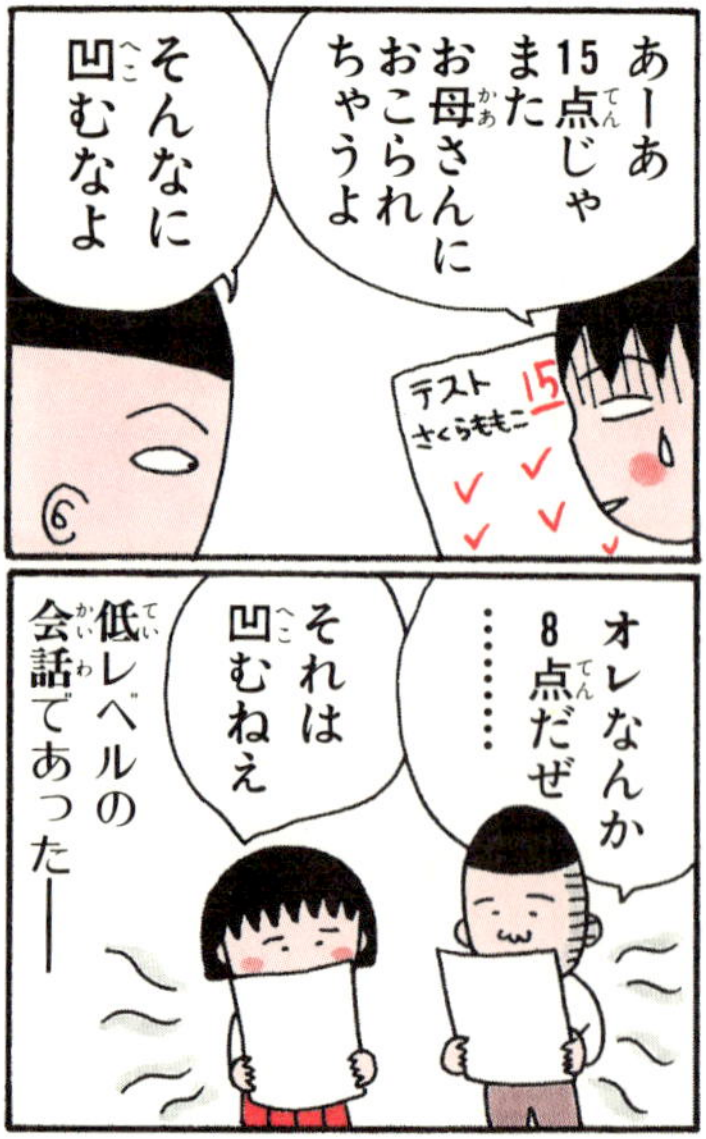
あーあ 15点《てん》じゃ また お母《かあ》さんに おこられ ちゃうよ
そんなに 凹《へこ》むなよ
テスト さくらももこ 15
オレなんか 8点《てん》だぜ ……
それは 凹《へこ》むねえ
低《てい》レベルの会話《かいわ》であった――

遜る

遜《へりくだ》る

意味《いみ》 相手《あいて》を敬《うやま》い、自分《じぶん》を低《ひく》くあつかう。

解説《かいせつ》 なぜ「へりくだる」というのかについては、「中央《ちゅうおう》から縁《へり》（=はじっこ）へ下《くだ》るから」などいろいろな説《せつ》があります。熟語《じゅくご》で表《あらわ》すと「謙遜《けんそん》」です。「謙《けん》」も「遜《そん》」も、へりくだるの意味《いみ》です。そこで、「遜《へりくだ》る」と表《あらわ》すようになりました。

使《つか》い方《かた》 目上《めうえ》の人《ひと》に対《たい》しては、生意気《なまいき》なことをいわずに、きちんと遜《へりくだ》った態度《たいど》をとるようにしなさい。

拝啓《はいけい》ヒデじい殿《どの》
新緑《しんりょく》の候《こう》 いかがお過《す》ごしでしょうか
いつも孫《まご》のまる子《こ》ともどもたいへんお世話《せわ》になっております
次第《しだい》であります
う〜ん 遜《へりくだ》りすぎかのう……
いや…いいんじゃ 尊敬《そんけい》するヒデじいじゃから…
さくらさん

反故

反《ほ》故《ご》

意味《いみ》 いらなくなった紙《かみ》。役《やく》に立《た》たないもの。

解説《かいせつ》 もともとは「反故《はんこ》」と読《よ》んで、使《つか》った紙《かみ》をもう一度《いちど》使《つか》うことを表《あらわ》していました。日本《にほん》では、これを「反故《ほご》（反古《ほご》）」と読《よ》んで、使《つか》い古《ふる》したりしていらなくなった紙《かみ》を指《さ》すようになり、さらに「捨《す》てる・なしにする」の意味《いみ》に使《つか》われるようになりました。

使《つか》い方《かた》 あれほど固《かた》く約束《やくそく》したのに、反故《ほご》にするとはあまりにもひどい。

新《あたら》しいノートを買《か》ってきたからしっかり勉強《べんきょう》するのよ
わーい 約束《やくそく》するよ
3日後《かご》
約束《やくそく》は反故《ほご》にされ ノートも反故《ほご》にされつつあるのであった——

発足《ほっそく》

よし やるゾ

意味《いみ》 活動《かつどう》を始《はじ》めること。

解説《かいせつ》 もともと「発足《はっそく》・発足《ほっそく》」の両方《りょうほう》の読《よ》みがあり、旅《たび》に出《で》る意味《いみ》の熟語《じゅくご》でした。これを、日本《にほん》では「発足《ほっそく》」だけの読《よ》みにして、会《かい》や団体《だんたい》などが活動《かつどう》を開始《かいし》する意味《いみ》に使《つか》うようにしました。個人《こじん》では、このことばは使《つか》いません。あくまでも、集団《しゅうだん》です。

使《つか》**い方**《かた》 四月《がつ》から、学校《がっこう》でオーケストラ部《ぶ》が発足《ほっそく》することになった。ぼくも入《はい》ろうかな。

依頼ぼしゅう 探偵倶楽部
がんばるブー
よし!!
依頼をどんどん解決するぞ
探偵倶楽部《たんていくらぶ》を発足《ほっそく》
2日後《ふつかご》――
依頼ぼしゅう 探偵倶楽部
外で遊ぶブー
そーだな
依頼《いらい》来《こ》ず 発足《はっそく》3日《か》で解散《かいさん》するのである――

発端《ほったん》

発端《ほったん》
うーん

意味《いみ》 物事《ものごと》の起《お》こり。始《はじ》まり。

解説《かいせつ》 動《うご》き始《はじ》める「発《ほっ》」と、そのきっかけの「端《たん》」とでできた熟語《じゅくご》です。反対語《はんたいご》は「結末《けつまつ》」です。なお、「発《ほっ》」という読《よ》みが使《つか》われている熟語《じゅくご》には、この「発端《ほったん》」のほかに、上《うえ》の「発足《ほっそく》」、そして「発作《ほっさ》・発起人《ほっきにん》」などがあります。

使《つか》**い方**《かた》 この争《あらそ》いの発端《ほったん》は、何《なん》だったのだろう。平和的《へいわてき》な話《はな》し合《あ》いはできなかったのだろうか。

毛糸《けいと》のパンツ落《お》ちてたんだけどまるちゃんのじゃない?
ゲッ まる子《こ》のだ
し…知《し》らない
毛糸《けいと》のパンツをはき忘《わす》れたことが発端《ほったん》となり…
毛糸《けいと》のパンツの落《お》とし物《もの》がありました
心あたりのある生徒は
全校集会《ぜんこうしゅうかい》で発表《はっぴょう》されるのであった

熱

ぐあ〜
ふー

熱《ほとぼり》

意味《いみ》 火《ひ》が消《き》えたあとに、まだ残《のこ》っている熱《ねつ》。

解説《かいせつ》 火《ひ》の熱《ねつ》だけではなく、さわぎが終《お》わったあと、まだ残《のこ》っている高《たか》ぶった感情《かんじょう》や気分《きぶん》としても、広《ひろ》く使《つか》われることばです。ほとんどが、「熱《ほとぼり》がさめる・熱《ほとぼり》がさめない」の形《かたち》で表《あらわ》されます。

「ほとぼり」は「火通《ほとお》る」からできたことばといわれ、「熱《ねつ》」または「余熱《よねつ》」を表《あらわ》します。そこで、「熱《ほとぼり》」に加《くわ》え、「余熱《ほとぼり》」と書《か》くこともあります。

使い方《つかいかた》 大事件《だいじけん》の熱《ほとぼり》がさめないうちに、また別《べつ》の事件《じけん》が起《お》きた。まったく困《こま》ったものだ。

「火《ほ》」のつくことば

「熱《ほとぼり》」のように、「火《ほ》」が使《つか》われていることばに「炎《ほのお》」があります。穂《ほ》の形《かたち》に燃《も》え上《あ》がっている火《ひ》「火《ほ》の穂《ほ》」からできました。顔《かお》が熱《あつ》くなるのは「火照《ほて》る」です。だから、真《ま》っ赤《か》です。確《たし》かに熱《あつ》いですね。

ポッポッ

ガミガミガミガミガミ
しゅん
お母《かあ》さんにしかられた
部屋《へや》にこもり
しばし待《ま》つ…
熱《ほとぼり》がさめたころ声《こえ》をかける
お母《かあ》さんおやつ……
なに
ヒッ
熱《ほとぼり》がさめるまでもう少《すこ》し時間《じかん》がかかりそうである——

ほ

微笑む

ニッコリ

微笑《ほほ》笑《え》む

意味《いみ》 にっこりとする。

解説《かいせつ》 声《こえ》を立《た》てないで、かすかに笑《わら》いをうかべるのが「ほほえむ」です。頬《ほほ》（ほお）を少《すこ》しふるわせることから「頬笑《ほほえ》む」ということばができ、熟語《じゅくご》の「微笑《びしょう》」にあてて「微笑《ほほえ》む」となりました。「微《び》」は「少《すこ》し・わずか」という意味《いみ》です。

使《つか》い方《かた》 おじいちゃんは、孫《まご》の微笑《ほほえ》む姿《すがた》を見《み》るのが大好《だいす》きで、今度《こんど》はいつ来《く》るのかと待《ま》ちわびている。

*番《つがい》の雀《すずめ》をながめて
微笑《ほほえ》むまる子《こ》
まる子《こ》を見《み》て
微笑《ほほえ》む友蔵《ともぞう》
ニッコリ
微笑《ほほえ》ましい光景《こうけい》である

*番《つがい》＝動物《どうぶつ》のオスとメスの一対《つい》。

委せる

ドン
委《まか》せた

委《まか》せる

意味《いみ》 自分《じぶん》でしないで、ほかの人《ひと》にしてもらう。

解説《かいせつ》 自分《じぶん》のしたいようにすることを「まく」といい、ほかの人《ひと》にしてもらったり、また、したいようにさせたりするのが「委《まか》せる」です。ふつう「任《まか》せる」と書《か》きますが、「委《まか》せる」という表《あらわ》し方《かた》もあることをおぼえておきましょう。

使《つか》い方《かた》 学級委員《がっきゅういいん》の丸尾《まるお》くんは胸《むね》を張《は》って「クラスのことは、ぼくに委《まか》せてくれ」といている。

ズバリ!!
学級委員《がっきゅういいん》の
わたくしに
委《まか》せるでしょう
口《くち》ぐせ
じゃあ
わたしと
花輪《はなわ》クンを
両思《りょうおも》いに
してくれる
かしら
……それは
別《べつ》の方《かた》に
お委《まか》せしたい
でしょう!!

コラム7

神様《かみさま》がいなくなる?

—十二の月《つき》の呼《よ》び名《な》—

年《とし》の暮《く》れになると、「師走《しわす》」ということばが新聞《しんぶん》やテレビによく出《で》てきます。これは、昔《むかし》の暦《こよみ》の十二月《がつ》の呼《よ》び名《な》です。では、それぞれの月《つき》は何《なん》と呼《よ》ばれていたのでしょうか。

一月《がつ》から十二月《がつ》の昔《むかし》の呼《よ》び名《な》を紹介《しょうかい》しましょう。

一月《がつ》……睦月《むつき》
二月《がつ》……如月《きさらぎ》
三月《がつ》……弥生《やよい》
四月《がつ》……卯月《うづき》
五月《がつ》……皐月《さつき》
六月《がつ》……水無月《みなづき》
七月《がつ》……文月《ふみづき》（ふづき）
八月《がつ》……葉月《はづき》
九月《がつ》……長月《ながつき》
十月《がつ》……神無月《かんなづき》（かみなづき）
十一月《がつ》…霜月《しもつき》
十二月《がつ》…師走《しわす》（しはす）

おぼえられるかな

これらは、昔《むかし》の暦《こよみ》なので、今《いま》の月《つき》とは少《すこ》しずれます。

さて、この中《なか》で、「神無月《かんなづき》」についてお話《はな》ししましょう。

「かんな月《づき》」は、自然《しぜん》の恵《めぐ》みに対《たい》し、神様《かみさま》に感謝《かんしゃ》をする「神《かみ》の月《つき》」が語源《ごげん》です。

これが「神無月《かんなづき》」と表《あらわ》されると、興味深《きょうみぶか》い説《せつ》が語《かた》り継《つ》がれるようになりました。

毎年《まいとし》十月《がつ》に全国《ぜんこく》の神様《かみさま》が島根県《しまねけん》の出雲大社《いずもたいしゃ》に集《あつ》まって、向《む》こう一年間《ねんかん》のことについて相談《そうだん》するので、各地《かくち》の神様《かみさま》がいなくなってしまう——という説《せつ》です。

そんなわけで、十月《がつ》は「神無月《かんなづき》」と呼《よ》ばれるようになりました。けれど、全国《ぜんこく》の神様《かみさま》が集《あつ》まる出雲地《いずもち》方《ほう》だけは、十月《がつ》を「神在月《かみありづき》」というそうです。

なかなか意味《いみ》の深《ふか》い話《はなし》ですね。

神様
そろそろ10月《がつ》か
出雲大社《いずもたいしゃ》に出《で》かけるとするかな
出雲大社《いずもたいしゃ》に
ぞくぞくと集《あつ》まる神様《かみさま》たち
おじいちゃん神社《じんじゃ》で何《なに》をお願《ねが》いするの?
一方《いっぽう》——
そうじゃのう……
しまった10月《がつ》は神無月《かんなづき》じゃった—
神様《かみさま》不在《ふざい》である——
おじいちゃん早く—

この漢字《かんじ》、なんて読《よ》む？

職業《しょくぎょう》あれこれ

① 神主

神社《じんじゃ》につかえて神《かみ》をまつる人《ひと》。

② 巫女

神《かみ》につかえる未婚《みこん》の女性《じょせい》。「神子」とも書《か》くよ。

③ 大工

家《いえ》を建《た》てたりする木工《もっこう》の職人《しょくにん》だよ。

④ 商人

「しょうにん」とも読《よ》むが、昔風《むかしふう》に読《よ》めば？

みまつや 雑貨店
今日《きょう》はいかがいたしましょう

⑤ 女将

旅館《りょかん》や料理《りょうり》屋《や》さんなどを取《と》り仕切《しき》る女主人《おんなしゅじん》だよ。

ようこそおいでくださいました
○○旅館

⑥ 和尚

お寺《てら》のお坊《ぼう》さんのこと。宗派《しゅうは》によっては「わじょう」「かしょう」ともいうよ。

ポクポク
ポクポク

⑦ 杜氏

日本酒《にほんしゅ》を作《つく》る職人《しょくにん》さんのことだよ。

⑧ 海女

海《うみ》にもぐって貝《かい》や海藻《かいそう》などをとる人《ひと》。男性《だんせい》は同《おな》じ読《よ》みで「海士」と書《か》くよ。

⑨ 女形

歌舞伎《かぶき》や大衆演劇《たいしゅうえんげき》などで女性《じょせい》を演《えん》じる男性役者《だんせいやくしゃ》のことだよ。

⑩ 船頭

渡《わた》し船《ぶね》や川下《かわくだ》りで船《ふね》を操《あやつ》る人《ひと》をいうよ。

⑪ 寄席芸人

落語《らくご》、講談《こうだん》、浪曲《ろうきょく》、漫才《まんざい》、手品《てじな》などの興行《こうぎょう》をする人《ひと》たちのこと。

答《こた》え

①かんぬし ②みこ ③だいく ④あきんど ⑤おかみ ⑥おしょう ⑦とうじ ⑧あま ⑨おやま ⑩せんどう ⑪よせげいにん

難読漢字新聞《なんどくかんじしんぶん》

3学期《がっき》

銀世界《ぎんせかい》レポート

清水港《しみずみなと》に大雪《おおゆき》が降《ふ》って、まる子《こ》、校庭《こうてい》で雪《ゆき》と戯《たわむ》れる。

清水《しみず》は温暖《おんだん》な土地《とち》なので、冬《ふゆ》でも滅多《めった》に降雪《こうせつ》がない。しかし、今日《きょう》は大雪《おおゆき》。数年《すうねん》ぶりに**雪達磨《ゆきだるま》**が作《つく》れそうである。

「見《み》て、まるちゃん。**雪兎《ゆきうさぎ》**だよ、かわいいでしょ」

お盆《ぼん》の上《うえ》に、兎《うさぎ》の形《かたち》をした雪《ゆき》の塊《かたまり》がある。目《め》は南天《なんてん》の赤《あか》い実《み》、耳《みみ》は緑《みどり》の笹《ささ》の葉《は》である。

「いいね、たまちゃん。まる子《こ》は普通《ふつう》の雪達磨《ゆきだるま》じゃおもしろくないから、**雪大熊猫《ゆきバンダ》**を作《つく》ることにするよ」

「それなら、ボクは**雪鯨《ゆきくじら》**を作《つく》りましょう。ズバリ一番《いちばん》大《おお》きな雪像《せつぞう》になるでしょう」

「オレはこれさ。大《おお》きな雪《ゆき》玉《だま》を三《みっ》つ重《かさ》ねて、おいしそうな**雪団子《ゆきだんご》**の出来上《できあ》がり」

次々《つぎつぎ》と、校庭《こうてい》に雪《ゆき》のオブジェ＊が立《た》ち並《なら》ぶ。**明日《あす》**は小学校《しょうがっこう》の雪祭《ゆきまつ》りになりそうである。

＊オブジェ＝美術作品《びじゅつさくひん》のこと。本来《ほんらい》の意味《いみ》は物体《ぶったい》。

さくら家通信

海胆《うに》と烏賊《いか》のお話《はなし》。

「おじいちゃん、まる子《こ》、お寿司《すし》が食《た》べたい。石松《いしまつ》寿司《ずし》のウニ、あれは絶品《ぜっぴん》だったねえ」

「ウ…ウニ〜〜？　う…海《うみ》の胆《きも》と書《か》いて**海胆《うに》**と読《よ》むあれか。また海《うみ》の栗《くり》と書《か》いても**海栗《うに》**と読《よ》むな。形《かたち》はまさに海《うみ》の栗《くり》じゃ。加工《かこう》した身《み》は**雲丹《うに》**と書《か》くそうじゃが、わしは**烏賊《いか》**のほうが好《す》きじゃ。烏《からす》の賊《ぞく》と書《か》いて、イカと読《よ》むぞ」

「どうしてイカが、烏《からす》の賊《ぞく》なの、おじいちゃん？」

話題《わだい》は海胆《うに》から烏賊《いか》に移《うつ》り、友蔵《ともぞう》が由来《ゆらい》を語《かた》り出《だ》した。

「イカは海面《かいめん》に浮《う》かんで、寄《よ》ってくる烏《からす》を捕《と》らえる

◆太字《ふとじ》は、特別《とくべつ》な読《よ》み方《かた》や、難《むずか》しいと思《おも》われる読《よ》みです。読《よ》み方《かた》をおぼえましょう。

寒《さむ》い朝《あさ》は…

毎朝《まいあさ》寒《さむ》くて起《お》きるのがいやだよ
うんうん
たまちゃんはどうやって寒《さむ》い中《なか》起《お》きるの？
お母《かあ》さんがつけてくれたストーブで部屋《へや》が暖《あたた》まったら起《お》きるよ
まるちゃんは？
え？
……
部屋《へや》のドアまで布団《ふとん》を巻《ま》いて転《ころ》がって行《い》く―なんて……
コラーまる子
とてもいえない…
まる子《こ》である――

難《なん》読《どく》漢《かん》字《じ》クイズ

「漢字《かんじ》しりとり」だよ。最後《さいご》の音《おん》で、しりとりをしてね。

スタート → ①何処 → ②木霊 → ③飯事 → ④兎角 → ⑤曲者 → ⑥長閑 → ⑦案山子 → ⑧東雲 → ⑨名刹 → ⑩伝手 → ⑪体裁 → ⑫田舎 → ⑬界隈 → ⑭悪戯 → ゴール

クイズの答《こた》えはこのページの下《した》にあります。

という中国《ちゅうごく》の言《い》い伝《つた》えがあるのじゃ。烏《からす》にとって、イカは悪《わる》い賊《ぞく》になるから『烏賊《いか》』と書《か》き表《あらわ》したそうじゃよ。今夜《こんや》は烏賊《いか》焼《や》きが食《た》べたいな」

「烏賊《いか》に雲丹《うに》を乗《の》せて焼《や》くと、もっとおいしいよね。夕食《ゆうしょく》はそれにしよう！」

烏賊《いか》の雲丹《うに》焼《や》きは高級料理《こうきゅうりょうり》。話《はなし》をそらしたつもりが、**藪蛇《やぶへび》***になった友蔵《ともぞう》であった。

*藪蛇《やぶへび》＝諺《ことわざ》「藪《やぶ》をつついて蛇《へび》を出《だ》す」の略《りゃく》。余計《よけい》なことをして、災難《さいなん》を招《まね》くこと。

★答え…①いずこ　②こだま　③ままごと　④とかく　⑤くせもの　⑥のどか　⑦かかし　⑧しののめ　⑨めいさつ　⑩つて　⑪ていさい　⑫いなか　⑬かいわい　⑭いたずら

幕間

幕《まく》間《あい》

意味《いみ》 幕《まく》が下《お》りている間《あいだ》。

解説《かいせつ》 芝居《しばい》の一《ひと》つの場面《ばめん》が終《お》わり、次《つぎ》の場面《ばめん》に移《うつ》る間《あいだ》、舞台《ぶたい》の幕《まく》が下《お》りていることから、その時《じ》間《かん》を「幕間《まくあい》」といいます。その間《あいだ》にお客《きゃく》さんは話《はなし》を交《か》わしたり、お茶《ちゃ》を飲《の》みに行《い》ったり、またお弁当《べんとう》を広《ひろ》げたりします。

よく、「幕間《まくま》」と読《よ》む人《ひと》がいますが、これはまちがいです。「間《あい》」と読《よ》む例《れい》には、ほかに「山間《やまあい》」などがあります。

使い方《つかいかた》 劇《げき》を見《み》るのも楽《たの》しいけれど、幕間《まくあい》にお母《かあ》さんにお土産《みやげ》を買《か》ってもらうのも楽《たの》しい。また今《こん》度《ど》、いっしょに行《い》こう。

お笑いライブ
ドッ
なんでやねん
ビシッ
幕間《まくあい》——
あのつっこみの人《ひと》すごいキレがあっておもしろいね
うん そうだね
トイレトイレ
幕間《まくあい》のうちにすませなきゃ
ああ もうだめだ〜〜
オレなんておもしろくない人間《にんげん》だよ……
見《み》てはいけないものを見《み》てしまった幕間《まくあい》であった——

幕《まく》の内《うち》

「幕間《まくあい》」に食《た》べる弁当《べんとう》を「幕《まく》の内《うち》(弁当《べんとう》)」といいます。この「内《うち》」は「間《あいだ》」ということで、「幕間《まくあい》」と同《おな》じ意味《いみ》です。ふつう、小《ちい》さな俵《たわら》の形《かたち》をしたおにぎりが入《はい》っていて、食《た》べやすいように工夫《くふう》されています。

瞬く

パチ
パチ

瞬《またた》く

意味《いみ》 目《め》をぱちぱちさせる。光《ひかり》がちらちらする。

解説《かいせつ》 目《め》を閉《と》じたり開《ひら》いたり、ぱちぱちさせることですが、「星《ほし》が瞬《またた》く」などと、光《ひかり》がちらちらする様子《ようす》にも使《つか》われます。目《め》をぱちぱちさせる「目《め》たたき」が「目《ま》たたき」になり、できたことばで、似《に》た意味《いみ》の漢字《かんじ》「瞬《しゅん》」にあてて、「瞬《またた》く」と表《あらわ》します。

使い方《つかいかた》 人気《にんき》グループのコンサートチケットは、瞬《またた》く間《ま》に売《う》り切《き》れてしまった。

夜空《よぞら》に瞬《またた》く無数《むすう》の星《ほし》
わあ きれいだね
そして瞬《また》く間《ま》になくなる団子《だんご》
あれ？
もぐもぐ
まる子《こ》の仕業《しわざ》である

末期

末《まつ》期《ご》

意味《いみ》 人《ひと》の死《し》にぎわ。

解説《かいせつ》 「末期《まっき》」と読《よ》めば終《お》わりの時期《じき》ですが、「末期《まつご》」と読《よ》めば生《い》きている最後《さいご》のときで、死《し》にぎわを表《あらわ》します。この「期《ご》」は、93ページの「最期《さいご》」と同《おな》じで、「一生《いっしょう》」の意味《いみ》です。

使い方《つかいかた》 「末期《まつご》の水《みず》をとる（＝死《し》んでいく人《ひと》のくちびるに水《みず》をふくませる）」……最後《さいご》までそばについて世話《せわ》をする意味《いみ》の慣用句《かんようく》です。

人《ひと》の死《し》にぎわを末期《まつご》というんだよ
ふーん 末期《まっき》じゃなくて末期《まつご》なんだ ブ――
じゃあこのボロボロになったオレのノートは人《ひと》じゃないから末期《まつご》じゃないんだブー？
ボロ
うーん…
難《むずか》しい質問《しつもん》である…

微睡む

うつら うつら

微睡《まどろ》む

意味《いみ》 ほんの少《すこ》し、うとうとと眠《ねむ》る。

解説《かいせつ》 目《め》がとろんとすることで、「目《ま》とろむ」からできたことばです。ごくわずかの意味《いみ》の漢字《かんじ》「微《び》」と、眠《ねむ》る意味《いみ》の漢字《かんじ》「睡《すい》」とを合《あ》わせて、「微睡《まどろ》む」と表《あらわ》しました。

使《つか》い方《かた》 縁側《えんがわ》で、おじいちゃんが本《ほん》を開《ひら》いている。なんだか微睡《まどろ》んでいるみたいで、さっぱりページが進《すす》まない。

なんだか眠《ねむ》たくなってきたね
夕《ゆう》ご飯《はん》まで少《すこ》し寝《ね》ようかな
しゃきっ
まる子《こ》ーーー プリンよー
微睡《まどろ》む まる子《こ》も大好物《だいこうぶつ》のプリンで目《め》がさめるのである

愛弟子

愛弟子《まなでし》

意味《いみ》 かわいがって、大切《たいせつ》に育《そだ》てている弟子《でし》。

解説《かいせつ》 「まな」はほめたたえる、またかわいがる意味《いみ》で、人《ひと》をかわいがる場合《ばあい》は「愛《あい》」の字《じ》を使《つか》います。かわいい子《こ》は「愛子《まなご》」、かわいがっている娘《むすめ》は「愛娘《まなむすめ》」、そして、かわいがっている弟子《でし》は「愛弟子《まなでし》」です。

使《つか》い方《かた》 愛弟子《まなでし》として育《そだ》てられた彼《かれ》は、ついに師匠《ししょう》をしのぐほどの技《わざ》を身《み》につけた。

うーむ 実《じつ》によい出来《でき》じゃ 流石《さすが》 わが愛弟子《まなでし》!
ありがとうございます師匠《ししょう》
わしをモデルに作品《さくひん》を作《つく》るなんてなかなかじゃ
ありがとうございます
卑怯《ひきょう》な愛弟子《まなでし》だね……
そうだな…

学舎

学舎《まなびや》

意味《いみ》 勉強《べんきょう》する所《ところ》。学校《がっこう》。

解説《かいせつ》 「舎《や》」は、特別《とくべつ》な目的《もくてき》のために使《つか》う建物《たてもの》です。建物《たてもの》の意味《いみ》では、「家《や》・屋《や》」といっしょです。「学《まな》ぶ」は「まねぶ（＝まねをする）」からできたことばです。まずは先生《せんせい》のいうことをよく聞《き》いて、しっかりまねることが勉強《べんきょう》の第一歩《だいいっぽ》になります。

使《つか》い方《かた》 ふるさとの昔《むかし》の学舎《まなびや》を訪《おとず》れ、なつかしさで胸《むね》がいっぱいになった。

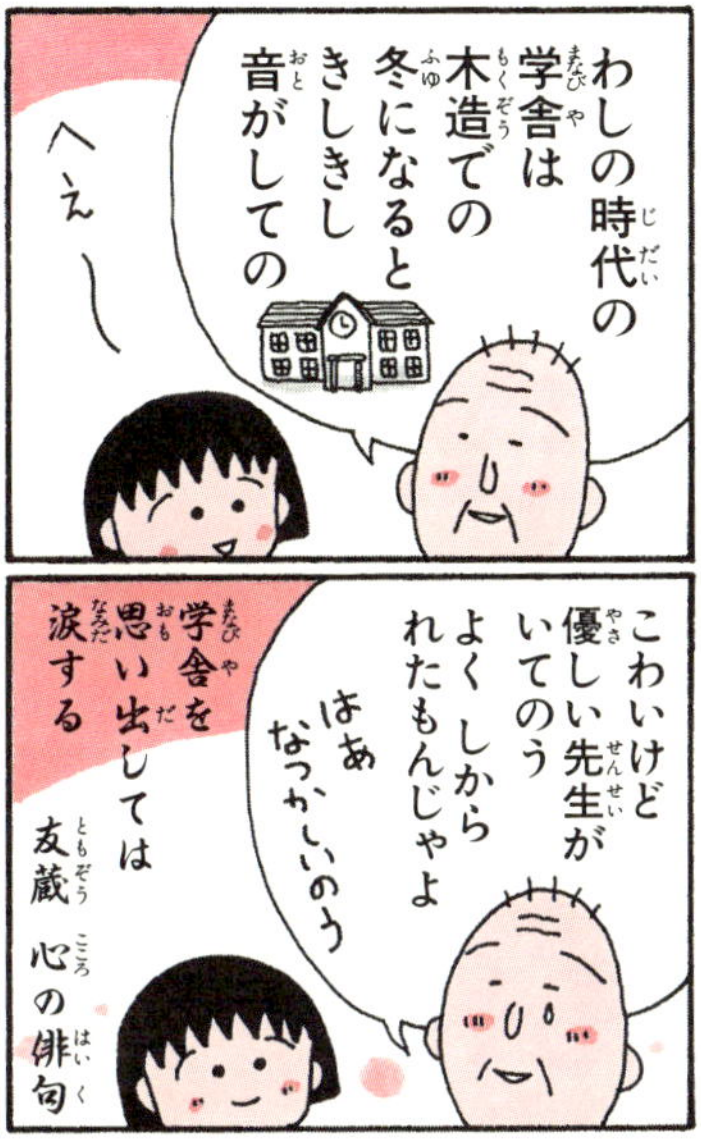

わしの時代《じだい》の学舎《まなびや》は木造《もくぞう》での冬《ふゆ》になるときしきし音《おと》がしての
へえ〜
こわいけど優《やさ》しい先生《せんせい》がいてのう よくしかられたもんじゃよ
はあ なつかしいのう
学舎《まなびや》を思《おも》い出《だ》しては涙《なみだ》する
友蔵《ともぞう》 心《こころ》の俳句《はいく》

疎ら

疎《まば》ら

意味《いみ》 間《あいだ》をあけて、散《ち》らばっている様子《ようす》。

解説《かいせつ》 なぜ「まばら」というのかについては、「すきまがあってばらばらになっているから」など、いろいろな説《せつ》があります。「まばら」と同《おな》じ意味《いみ》の漢字《かんじ》「疎《そ》」を使《つか》って、「疎《まば》ら」と書《か》きます。

使《つか》い方《かた》 このあたりは、五十年《ねん》ほど前《まえ》までは、家《いえ》が数軒疎《すうけんまば》らに建《た》っていただけなのに、今《いま》は住宅地《じゅうたくち》として建物《たてもの》が密集《みっしゅう》している。

疎《まば》らに植《う》えてあるこの芽《め》も春《はる》になれば満開《まんかい》の花畑《はなばたけ》になるんだよ
わあ楽《たの》しみ
まる子《こ》!! この疎《まば》らに散《ち》らかしたゴミを捨《す》てなさい!!
そのうち満開《まんかい》のゴミ畑《ばたけ》になるわね
はいっ

飯事

飯事《ままごと》

意味《いみ》 子《こ》どもがおもちゃなどを使《つか》って、家庭《かてい》での生活《せいかつ》のまねごとをする遊《あそ》び。

解説《かいせつ》 おいしいの意味《いみ》の「うまうま」が「まんま→まま」となりました。そして、ごはんの「飯《はん》」にあてたのが「飯《まま》」です。

このことからわかるように「飯《まま》事遊《ごとあそ》び」の中身《なかみ》は、ほとんどが食《しょく》事関係《じかんけい》です。みなさんも小《ちい》さいころ「お飯事遊《ままごとあそ》び」をしたのでは。

使《つか》い方《かた》 「お姉《ねえ》ちゃん、久《ひさ》しぶりにお飯事遊《ままごとあそ》びしようよ」といえば、姉《あね》は「何考《なにかんが》えているの？　わたしは、もうすぐ中学生《ちゅうがくせい》よ」と、返事《へんじ》はつれなかった。

うまい話《はなし》

おいしい味《あじ》は「うまうま」ですが、「うまい」となると、自分《じぶん》に都合《つごう》がいいという意味《いみ》が加《くわ》ります。「うまい話《はなし》には気《き》をつけよう」といいますね。都合《つごう》のいい、おいしそうな話《はなし》には要注意《ようちゅうい》という意味《いみ》です。

なるほど

あら奥《おく》さま こんな高《たか》そうな泥団子《どろだんご》いただいていいのかしら
よくってよ こちらこそ こんなにたくさん泥団子《どろだんご》いただいちゃって
あら よかったら まだまだ たくさん作《つく》れますのよ
わたくしの ほうこそ まだまだ 作《つく》れますわ
ホホホ
オホホホホ
それでは お土産《みやげ》に どうぞ
それじゃ こちらも お土産《みやげ》に
お帰《かえ》り…
ギョッ!!
まる子《こ》 何《なに》してたの 泥《どろ》だらけで
お飯事《ままごと》…
お飯事《ままごと》ではなく泥遊《どろあそ》びである――

身動ぎ

ピタ…
身動《みじろ》ぎも
せず…

身動《みじろ》ぎ

意味《いみ》 体《からだ》を少《すこ》し動《うご》かすこと。

解説《かいせつ》 昔《むかし》、細《こま》かく動《うご》くことを「しろき」といい、体《からだ》を動《うご》かすことから「身動《みじろ》ぎ」ということばができました。「身動《みうご》き」より、もっと細《こま》かく動《うご》くように感《かん》じられます。ふつうは、「身動《みじろ》ぎしない・身動《みじろ》ぎせずに」という形《かたち》で使《つか》われます。

使《つか》い方《かた》 生徒《せいと》たちは、身動《みじろ》ぎ一《ひと》つしないで、校長《こうちょう》先生《せんせい》の話《はなし》を聞《き》いている。りっぱな学校《がっこう》だなあ。

まる子《こ》は
身動《みじろ》ぎ
せずに
辺《あた》りを窺《うかが》う
そして
戸棚《とだな》のクッキー
めがけて
素早《すばや》く動《うご》く――
ササ
ピタ…
何《なに》して
いるの
かしら
身動《みじろ》ぎ一《ひと》つ
できない
まる子《こ》と友蔵《ともぞう》で
あった――
ひっ

道程

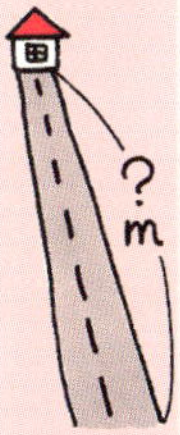
?m

道《みち》程《のり》

意味《いみ》 道《みち》の長《なが》さ。

解説《かいせつ》 ふつうは、出発点《しゅっぱつてん》から目的地《もくてきち》までの距離《きょり》として使《つか》われていることばです。「のり」は長《なが》さの意味《いみ》です。そして、その長《なが》さの意味《いみ》を持《も》つ「程《てい》」のついている熟語《じゅくご》「道程《どうてい》」にあてて、「道程《みちのり》」と読《よ》むようにしています。

使《つか》い方《かた》 学校《がっこう》までの道程《みちのり》はだいぶあるけれど、がんばって、毎日歩《まいにちある》いて通《かよ》っている。

まる子《こ》
駅《えき》までの道程《みちのり》
大丈夫《だいじょうぶ》なの？
心配《しんぱい》だわ…
大丈夫《だいじょうぶ》だよ
一人《ひとり》で
行《い》けるよ
ああ
心配《しんぱい》じゃ〜
そして――
あら…
いつの間《ま》にか
駅《えき》に着《つ》いちゃっ
たわ……
清水駅
そう
だね…
短《みじか》い道程《みちのり》…

み

深山

深山《みやま》

意味《いみ》 山《やま》。特《とく》に奥深《おくぶか》い山《やま》。

解説《かいせつ》 神《かみ》が宿《やど》るとされる山奥《やまおく》を敬《うやま》って「御山《みやま》」と呼《よ》んだことからできたことばです。奥深《おくぶか》い山《やま》を表《あらわ》す熟語《じゅくご》「深山《しんざん》」にあてて、「深山《みやま》」と読《よ》みます。なお、山《やま》の人里《ひとざと》に近《ちか》いほうの端《はし》は「外山《とやま》」です。

使い方《つかいかた》 深山《みやま》の静《しず》けさは、人《ひと》を神秘的《しんぴてき》な世界《せかい》へさそうようだ。

貪る

貪《むさぼ》る

意味《いみ》 いくらでも欲《ほ》しがる。

解説《かいせつ》 「むさ」は いやしい、「ほる」は欲《ほ》しがるの意味《いみ》で、満《まん》足《ぞく》することなしに、もっともっとと欲《ほ》しがるのが「むさぼる」です。同《おな》じ意味《いみ》の漢字《かんじ》「貪《どん》」を使《つか》って、「貪《むさぼ》る」と表《あらわ》します。

使い方《つかいかた》 おなかがぺこぺこだったので、夕飯《ゆうはん》を貪《むさぼ》るように食《た》べた。

虫酸

虫酸《むしず》

意味《いみ》 胃《い》から口《くち》の中《なか》へ、こみ上《あ》げてくる酸《す》っぱい液《えき》。

解説《かいせつ》 なぜ「虫酸《むしず》」というのか、はっきりしていません。けれど、読《よ》めるようにしておきましょう。虫《むし》の唾《つば》「虫唾《むしず》」とも書《か》きます。

使い方《つかいかた》 「虫酸《むしず》が走《はし》る」とは、吐《は》き気《け》がするほど不愉快《ふゆかい》な気持《きも》ちになることのたとえで、慣用句《かんようく》です。

寧ろ

うーーん

寧《むし》ろ

意味《いみ》 どちらかといえば。いっそ。

解説《かいせつ》 二《ふた》つの事《こと》がらを並《なら》べて、「もし選《えら》ぶとすれば……」と判断《はんだん》するときに使《つか》うことばです。似《に》た働《はたら》きをする漢字《かんじ》「寧《ねい》」を使《つか》って「寧《むし》ろ」と表《あらわ》します。ただし、「丁寧《ていねい》」などの熟語《じゅくご》に使《つか》われる「寧《ねい》」は「やすらか・心《こころ》をこめる」などの意味《いみ》です。

使《つか》い方《かた》 秋《あき》も深《ふか》まって、今朝《けさ》はすずしいというより、寧《むし》ろ寒《さむ》いくらいだな。

あ〜〜〜あ まる子《こ》もとびきりの美人《びじん》になりたいよ
やめとけやめとけ 美人薄命《びじんはくめい》*っていうじゃないか
寧《むし》ろ美人《びじん》じゃないほうが楽《らく》でいいぞ 男《おとこ》に追《お》いかけられることもなくてすむしな!!
へえ
寧《むし》ろ追《お》いかけられない美人《びじん》になれないものかと思《おも》うまる子《こ》であった——

*美人薄命《びじんはくめい》＝美人《びじん》はとかく不幸《ふこう》で短命《たんめい》だったりするということ。

謀反

主人
プイ

謀《む》反《ほん》

意味《いみ》 家来《けらい》が主人《しゅじん》に背《そむ》くこと。

解説《かいせつ》 特《とく》に、国《くに》や領地《りょうち》を治《おさ》めている人《ひと》に背《そむ》いて、兵《へい》を挙《あ》げることをいいます。もともとは「謀叛《ぼうはん》」ですが、日本《にほん》では「謀反《むほん》」と使《つか》っています。「謀《む》」は「くわだてる・考《かんが》えをめぐらす」、「反《はん》」は「反対《はんたい》する・背《そむ》く」の意味《いみ》です。また「謀叛《むほん》」とも書《か》きます。

使《つか》い方《かた》 一五八二年《ねん》、明智光秀《あけちみつひで》は謀反《むほん》を起《お》こし、兵《へい》を率《ひき》いて、織田信長《おだのぶなが》のいる本能寺《ほんのうじ》を襲《おそ》った。

われらはあなたの考《かんが》え方《かた》についていけません!!
何《なに》っ!? おまえら謀反《むほん》を起《お》こす気《き》か!!
許せん
ではわしもこちらに入《い》れてもらおうか
え…
謀反《むほん》の意味《いみ》なしである——

名刹

名刹《めいさつ》

意味《いみ》 名高《なだか》いお寺《てら》。

解説《かいせつ》 「刹《さつ》」はお寺《てら》のことです。古《ふる》いお寺《てら》は「古刹《こさつ》」で、りっぱないわれと長《なが》い歴史《れきし》を持《も》つ有名《ゆうめい》なお寺《てら》を「名刹《めいさつ》」といいます。「刹《さつ》」の字《じ》はなかなか見《み》かけませんが、「刹《せつ》」として瞬間《しゅんかん》を表《あらわ》す「刹那《せつな》」ということばに使《つか》われています。

使い方《つかいかた》 日本《にほん》の文化《ぶんか》と歴史《れきし》を学《まな》ぶために、奈良《なら》・京都《きょうと》の古寺名刹《こじめいさつ》を見《み》て回《まわ》った。

名刹《めいさつ》といえば鎌倉《かまくら》にある建長寺《けんちょうじ》もその一《ひと》つだね
名《めい》刹《さつ》って？
名高《なだか》いお寺《てら》のことだよ
一二五三年《ねん》に北条時頼《ほうじょうときより》が宋《そう》の蘭渓道隆《らんけいどうりゅう》を招《まね》いて日本《にほん》で初《はじ》めて禅《ぜん》の道場《どうじょう》を開《ひら》いたお寺《てら》だよ
？？
すごいお寺《てら》ということ以外《いがい》はさっぱり？？のまる子《こ》であった

粧す

粧《めか》す

意味《いみ》 着《き》かざって、おしゃれをする。

解説《かいせつ》 色《いろ》がつくことを「色《いろ》めく」といい、色《いろ》をつけることを「色《いろ》めかす」といいます。この「色《いろ》めかす」が短《みじか》くなって、「めかす」となりました。身《み》なりをかざり立《た》てる意味《いみ》の漢字《かんじ》「粧《しょう》」を使《つか》って、「粧《めか》す」と表《あらわ》します。

使い方《つかいかた》 今日《きょう》は、久《ひさ》しぶりの同窓会《どうそうかい》。いちだんと粧《めか》して出《で》かけよう。服《ふく》は、どれにしようかな。

ルルルン
お母《かあ》さんどうしたのそんなに粧《めか》しこんじゃって!?
同窓会《どうそうかい》よ
あんなに粧《めか》しこんじゃってお父《とう》さん心配《しんぱい》じゃないの？
いやまったく
ベテラン夫婦《ふうふ》である――

愛でる

愛《め》でる

意味《いみ》 かわいがる。ほめたたえる。

解説《かいせつ》 昔《むかし》、愛《あい》することを「めず」といい、これが「めでる」という形《かたち》になりました。かわいい、きれいな、りっぱなものに心《こころ》が引《ひ》かれる様子《ようす》を表《あらわ》すことばです。ここから、「おめでとう」ということばも生《う》まれました。

使《つか》い方《かた》 縁側《えんがわ》に出《で》て、秋《あき》の月《つき》を愛《め》でるのは、また格別《かくべつ》な味《あじ》わいがある。

ああなんて美《うつく》しく咲《さ》いたんだとても見事《みごと》だ野《の》に咲《さ》く花《はな》だというのにすばらしくきれいだ
おじいちゃん佐々木《ささき》のじいさん何《なに》してるの?
野《の》に咲《さ》く花《はな》を愛《め》でているんじゃよ
野草《やそう》も愛《め》でる佐々木《ささき》のじいさんであった――

目処

目《め》処《ど》

意味《いみ》 目《め》ざすところ。目当《めあ》て。見当《けんとう》。

解説《かいせつ》 「ど」は場所《ばしょ》を表《あらわ》します。例《たと》えば「やけど」は「焼《や》けたところ→焼《や》けどころ」からできたことばです。そして、「目《め》のつけどころ」は「目《め》ど」です。場所《ばしょ》を表《あらわ》す漢字《かんじ》「処《しょ》」を使《つか》って、「目処《めど》」と表《あらわ》します。

使《つか》い方《かた》 さあ、この仕事《しごと》の目処《めど》がついた(＝見通《みとお》しがついた)。あと、一《ひと》ふんばりで完成《かんせい》だ。

まる子《こ》夏休《なつやす》みの宿題《しゅくだい》の目処《めど》はついたの?
もちろんあと3日《か》で学校《がっこう》始《はじ》まるしね
とりあえず残《のこ》っているのが自由研究《じゆうけんきゅう》ドリル2冊《さつ》漢字《かんじ》10ページ工作《こうさく》ポスター絵日記《えにっき》2枚《まい》ってとこだね
……
目処《めど》がついたとは絶対《ぜったい》にいわないのである――

目論見

目論見《もくろみ》

意味《いみ》 考《かんが》え。くわだて。計画《けいかく》。

解説《かいせつ》 これからのことについて、あれこれと考《かんが》えをめぐらすことを「もくろむ」といい、その考《かんが》えが「もくろみ」です。なぜ「もくろむ」や「もくろみ」というのかは、説《せつ》がいろいろあってはっきりしません。また、なぜ「目論《もくろん》」と書《か》くのかも、はっきりしません。下《した》にあるような本来《ほんらい》の「目論《もくろん》」とは関《かん》係《けい》ありません。たぶん、音《おん》だけを使《つか》った当《あ》て字《じ》でしょう。

使《つか》い方《かた》 売《う》り上《あ》げをのばそうと、店《みせ》を拡《かく》張《ちょう》したら、世《よ》の中《なか》が急《きゅう》に不景気《ふけいき》になり、目論見《もくろみ》が外《はず》れてしまった。

目論《もくろん》とは

目《め》は何《なん》でも見《み》えますが、自分《じぶん》のまつ毛《げ》は見《み》えません。そこで、自《じ》分《ぶん》のことはわかるけれど、他人《たにん》のことはわかっていないようすを「目論《もくろん》」といいます。これが、もともとの「目論《もくろん》」の意味《いみ》です。「論《ろん》」は考《かんが》えです。

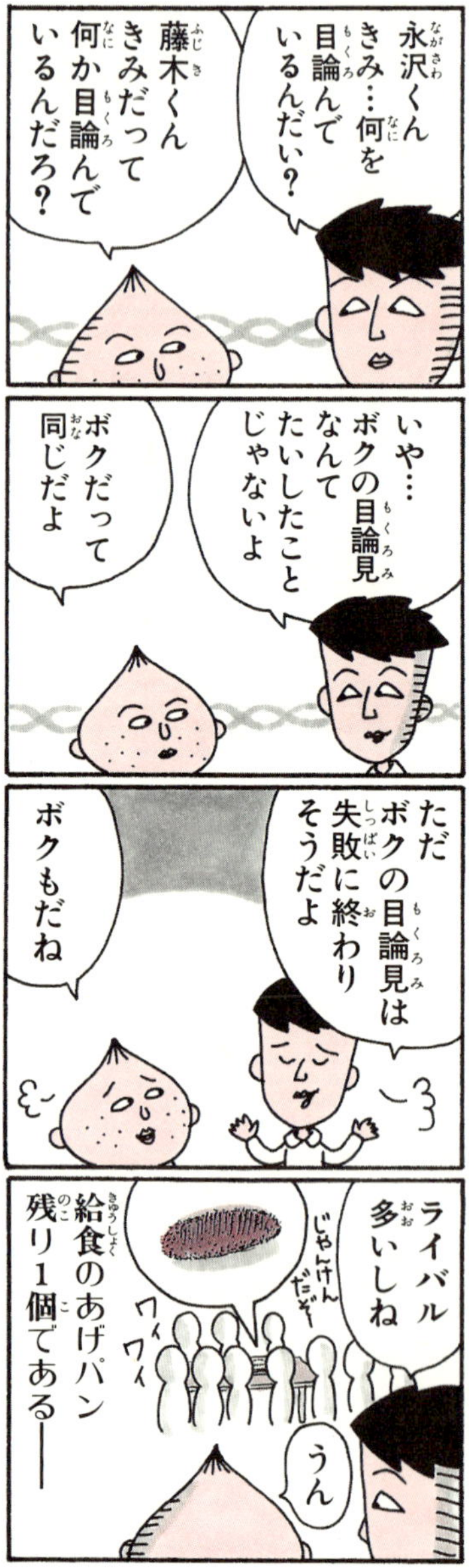

永沢《ながさわ》くん きみ…何《なに》を目論《もくろ》んでいるんだい?
藤木《ふじき》くん きみだって何《なに》か目論《もくろ》んでいるんだろ?
いや… ボクの目論見《もくろみ》なんてたいしたことじゃないよ
ボクだって同《おな》じだよ
ただ ボクの目論見《もくろみ》は失敗《しっぱい》に終《お》わりそうだよ
ボクもだね
ライバル多《おお》いしね
じゃんけんだぞー
ワイワイ
うん
給食《きゅうしょく》のあげパン残《のこ》り1個《こ》である——

コラム8

読《よ》みながら食《た》べてみよう

—「魚《うお》へん」のつく漢字《かんじ》—

お寿司屋《すしや》さんに行《い》くと、魚《さかな》の名《な》前《まえ》がたくさん書《か》かれた湯飲《ゆの》み茶《ちゃ》わんが出《で》てくることがあります。知《し》っている字《じ》もあれば、初《はじ》めて見《み》るような字《じ》もあります。

「全部読《ぜんぶよ》めた人《ひと》には、お寿司《すし》はただ?」……そんなうわさもありますが、それはうわさにすぎないでしょう。でも、全部読《ぜんぶよ》むことができたら、周《まわ》りにいる大人《おとな》も、きっとびっくりします。読《よ》んでみましょう。

そして、最後《さいご》は「鮨」……おや? どこかで見《み》た字《じ》ですね。そう、これも「すし」と読《よ》みます。

鰯…いわし
鮹…たこ
鱈…たら
鯉…こい
鰹…かつお
鯵…あじ
鰻…うなぎ
鰊…にしん
鱚…きす
鰈…かれい
鯨…くじら
鮑…あわび
鱧…はも

鮪…まぐろ
鰰…はたはた
鯖…さば
鰤…ぶり
鯛…たい
鰆…さわら
鮭…さけ
鯑…かずのこ
鮒…ふな
鱒…ます
鮎…あゆ
鮃…ひらめ
鯰…なまず

この漢字《かんじ》、なんて読《よ》む？

世界《せかい》の地名《ちめい》

① 欧羅巴

世界《せかい》の6大州《だいしゅう》の一《ひと》つ。「アジア」「アフリカ」「北《きた》アメリカ」「南《みなみ》アメリカ」「オセアニア」、そして…？

② 英吉利

「イングランド」とも。「英国《えいこく》」といえば？

③ 倫敦

オリンピックが3度《ど》、開催《かいさい》されたイギリスの首都《しゅと》は？

④ 仏蘭西

〇〇〇〇人形《にんぎょう》、〇〇〇〇パン。「仏《ふつ》」と表《あらわ》す国《くに》は？

⑤ 巴里

エッフェル塔《とう》があるフランスの首都《しゅと》は？

⑥ 伊太利

首都《しゅと》は古代遺跡《こだいいせき》で有名《ゆうめい》なローマ。「伊《い》」と表《あらわ》す国《くに》は？

⑦ 羅馬

「〇〇〇は一日《いちにち》にしてならず」「すべての道《みち》は〇〇〇に続《つづ》く」さて？

⑧
亜米利加
「USA《ユーエスエー》」とも。「米国《べいこく》」といえば？

⑨
華盛頓
アメリカ合衆国《がっしゅうこく》の首都《しゅと》といえば？

⑩
西班牙
首都《しゅと》はマドリード。「西《せい》」と表《あらわ》す国《くに》は？

⑪
独逸
首都《しゅと》はベルリン。「独《どく》」と表《あらわ》す国《くに》は？

⑫
加奈陀
首都《しゅと》はオタワ。「加《か》」と表《あらわ》す国《くに》は？

⑬
露西亜
首都《しゅと》はモスクワ。「露《ろ》」と表《あらわ》す国《くに》は？

⑭
阿蘭陀
チューリップと風車《ふうしゃ》で有名《ゆうめい》。「蘭《らん》」と表《あらわ》す国《くに》は？

答《こた》え
①ヨーロッパ ②イギリス ③ロンドン ④フランス ⑤パリ ⑥イタリア ⑦ローマ ⑧アメリカ ⑨ワシントン ⑩スペイン ⑪ドイツ ⑫カナダ ⑬ロシア ⑭オランダ

猛者

猛者《もさ》

意味《いみ》 強《つよ》くて、勇《いさ》ましい人《ひと》。

解説《かいせつ》 「猛《もう》」は「強《つよ》い・はげしい」の意味《いみ》です。そのような強《つよ》い人《ひと》「猛者《もうじゃ》」が「もうざ→もさ」となって、「猛者《もさ》」と表《あらわ》されるようになりました。

使《つか》い方《かた》 相手《あいて》の学校《がっこう》の相撲部《すもうぶ》は、猛者《もさ》がそろっている。とても勝《か》てる見《み》こみはない。

紅葉

紅葉《もみじ》

意味《いみ》 秋《あき》に木《こ》の葉《は》が、赤《あか》や黄《き》色《いろ》に変《か》わること。また、その葉《は》。

解説《かいせつ》 紅葉《こうよう》することを「もみつ」といい、それが「もみじ」となって紅葉《こうよう》に合体《がったい》したのが「紅葉《もみじ》」という読《よ》みです。また、「かえで」のことも「紅葉《もみじ》」といいます。

使《つか》い方《かた》 紅葉《もみじ》が、山一面《やまいちめん》を染《そ》めている。美《うつく》しい秋《あき》の景色《けしき》だ。

文言

文言《もんごん》

意味《いみ》 文《ぶん》の中《なか》のことば。

解説《かいせつ》 もともとは「文言《ぶんげん》」と読《よ》んで、文章《ぶんしょう》に使《つか》うことば（＝書《か》きことば）を指《さ》していました。これを日本《にほん》では「文言《もんごん》」と読《よ》んで、文《ぶん》の中《なか》のことばの一《ひと》つ一《ひと》つ、または全部《ぜんぶ》を指《さ》すようになりました。

使《つか》い方《かた》 一字一句《いちじいっく》、文言《もんごん》を味《あじ》わいながら朗読《ろうどく》してみましょう。

八百万

八百万《やおよろず》

意味《いみ》 非常《ひじょう》に数《かず》の多《おお》いこと。

解説《かいせつ》 数《かず》の多《おお》いことによく使《つか》われる数字《すうじ》「八《はち》・百《ひゃく》・万《まん》」からできていることばです。昔《むかし》から、日本《にほん》では「たくさん」のことを「八百《やお》」といい、すべてという意《い》味《み》で「万《まん》」を「万《よろず》」といってきました。ですから、たいへんな数《かず》です。

使い方《つかいかた》 「八百万《やおよろず》」として使《つか》うのは、主《おも》に神《かみ》の数《かず》を表《あらわ》す場合《ばあい》です。日本《にほん》では、国《くに》のあらゆる所《ところ》に神《かみ》が宿《やど》ると考《かんが》え、「八百万《やおよろず》の神《かみ》」として、あらゆる神《かみ》を敬《うやま》うようにしてきました。

どこへ行《い》っても、悪《わる》いことはできない。八百万《やおよろず》の神《かみ》が見《み》ているのだから。

「八《はち》」と「百《ひゃく》」と「万《まん》」

多《おお》い数《かず》を表《あらわ》す「八《はち》・百《ひゃく》・万《まん》」の四字熟語《よじじゅくご》を並《なら》べてみます。

八《はち》……七転八起《しちてんはっき》
百《ひゃく》……百発百中《ひゃっぱつひゃくちゅう》
万《まん》……万死一生《ばんしいっしょう》

確《たし》かに、数《かず》が多《おお》いですね。「万死一生《ばんしいっしょう》」は、助《たす》かる見《み》こみは万《まん》に一《ひと》つで、かろうじて助《たす》かることです。

八百万《やおよろず》の神《かみ》の
八《や》百《お》万《よろず》の神《かみ》？
八百屋《やおや》の神様《かみさま》
やおや
いらっしゃい いらっしゃい
よろず屋
なにかおさがしですかな
よろず屋《や》の神様《かみさま》
うーん
まる子《こ》や
八百万《やおよろず》の神《かみ》は日本《にほん》の国《くに》のあらゆる所《ところ》に宿《やど》る いろんなたくさんの神様《かみさま》のことじゃよ
たくさんの神様《かみさま》??
八百万《やおよろず》とまではいわないからまる子《こ》の家《いえ》にも金持《かねも》ちになる神様《かみさま》が宿《やど》ってくれればいいのにさ
そう甘《あま》くはない——
そうじゃのう

湯浴み

湯浴《ゆあ》み

意味《いみ》 ふろに入《はい》ること。

解説《かいせつ》 「浴《あ》びる」ことをもともと「あむ」といい、お湯《ゆ》に入《はい》ることを「ゆあみ」といっていました。そのことばが、今《いま》も「湯浴《ゆあ》み」として使《つか》われているのです。確《たし》かに「湯浴《ゆあ》び」というより、「湯浴《ゆあ》み」といったほうが、体《からだ》も心《こころ》も休《やす》まる感《かん》じがしますね。

使《つか》い方《かた》 夏《なつ》の夕方《ゆうがた》は、湯浴《ゆあ》みにかぎる。ああ、いい湯《ゆ》だ。

やっぱり湯浴《ゆあ》みは最高《さいこう》だな
歌《うた》でも歌《うた》うか
1時間後《じかんご》
あら もう10曲目《きょくめ》よ
へろへろ
のぼせないのかしら
湯浴《ゆあ》みもほどほどに――

由緒

由緒《ゆいしょ》

意味《いみ》 物事《ものごと》の起《お》こり。いわれ。

解説《かいせつ》 「由《ゆい》」は由来《ゆらい》（＝いわれ）、「緒《しょ》」はいとぐち（＝起《お》こり）のことです。どのようにして起《お》こり、どのように続《つづ》いて現在《げんざい》に至《いた》ったかという歴史《れきし》が「由緒《ゆいしょ》」です。「由緒《ゆいしょ》ある」「由緒正《ゆいしょただ》しい」などの形《かたち》で、よく使《つか》われます。

使《つか》い方《かた》 奈良《なら》には、法隆寺《ほうりゅうじ》をはじめ、由緒《ゆいしょ》あるお寺《てら》が多《おお》い。

由緒《ゆいしょ》あるこちらの神社《じんじゃ》の神主《かんぬし》です
休日《きゅうじつ》はどのように過《す》ごされてますか？
ロックバンドでギターをたしなんでおります
ギュイィ〜ン
えっ
由緒《ゆいしょ》ある神社《じんじゃ》の神主《かんぬし》の趣味《しゅみ》である――

所以

所以《ゆえん》はいえん

所以《ゆえん》

意味《いみ》 理由《りゆう》。わけ。

解説《かいせつ》 「そういうわけで」と理由《りゆう》を述《の》べる「故《ゆえ》に」が「故《ゆえ》になり」と使《つか》われ、「ゆえん」になったと考《かんが》えられます。似《に》た意味《いみ》の熟語《じゅくご》「所以《しょい》」にあてて、「所以《ゆえん》」と読《よ》みます。難《むずか》しそうですが、きちんと読《よ》めるようにしておきましょう。

使《つか》い方《かた》 彼《かれ》の人気《にんき》のおとろえない所以《ゆえん》は、いつもの熱心《ねっしん》さにある。

オレが酒好《さけず》きといわれる所以《ゆえん》は断《ことわ》らないからだ飲《の》み代《だい》をくれ
わたしがやりくり上手《じょうず》といわれる所以《ゆえん》は浪費《ろうひ》しないからなの
…ゴメン
お母《かあ》さんの勝《か》ちである

行方

行方《ゆくえ》

意味《いみ》 これから進《すす》んで行《い》く方《ほう》。行《い》った先《さき》。

解説《かいせつ》 もと「方《へ》」と読《よ》んだ「方《え》」が、方向《ほうこう》を表《あらわ》しています。使《つか》われ方《かた》は二《ふた》つあります。「行方知《ゆくえし》らず」というと、一《ひと》つは「どこへ行《い》くのかわからない」、もう一《ひと》つは「どこへ行《い》ったのかわからない」です。

使《つか》い方《かた》 ①大接戦《だいせっせん》で、勝敗《しょうはい》の行方《ゆくえ》はだれにもわからない。②容疑者《ようぎしゃ》の行方《ゆくえ》を、警察《けいさつ》は懸命《けんめい》にさがしている。

行方不明者《ゆくえふめいしゃ》があとをたたないってニュースでいってたわね
家族《かぞく》は心配《しんぱい》だろうな
ああんまる子の国語《こくご》のノートも行方知《ゆくえし》れずだよ〜〜〜っ
だらしなくしてるからよ
その通《とお》りである――

ゆ

遊山

遊《ゆ》山《さん》

意味《いみ》 山歩《やまある》きを楽《たの》しむこと。遊《あそ》びに行《い》って、気晴《きば》らしをすること。

解説《かいせつ》 もともとは、山《やま》や野《の》に遊《あそ》びに出《で》かけること、またお坊《ぼう》さんが旅《たび》に出《で》ることを表《あらわ》していましたが、日本《にほん》では遊《あそ》びに行《い》く、気晴《きば》らしをする意味《いみ》に使《つか》っています。

この熟語《じゅくご》を単独《たんどく》ではなく、もっぱら「物見遊山《ものみゆさん》」として使《つか》います。「物見《ものみ》」は見物《けんぶつ》することで、ぶらぶらと気晴《きば》らしに歩《ある》くのです。「ゆうさん」と読《よ》まないように、気《き》をつけましょう。

使い方《つかいかた》 休日《きゅうじつ》の公園《こうえん》は、物見遊《ものみゆ》山《さん》のお客《きゃく》さんでにぎわっている。

「遊《ゆ》」のことば

「遊山《ゆさん》」のように、「遊《ゆう》」が「遊《ゆ》」として使《つか》われるのは、仏教関係《ぶっきょうかんけい》のことばだからで、めずらしい例《れい》です。あと、目《め》につく熟語《じゅくご》は「遊行《ゆぎょう》」ぐらいです。「遊行《ゆぎょう》」は、お坊《ぼう》さんが修行《しゅぎょう》のために歩《ある》くことです。

桜《さくら》を見《み》に
*三嶋大社《みしまたいしゃ》に
物見遊山《ものみゆさん》に
行《い》こうか
わーい
こうして見《み》ると近所《きんじょ》でも桜《さくら》がかなり咲《さ》いとるな
わー キレイ
あっ見《み》て あっちの桜《さくら》すごい満開《まんかい》
こっちもすごいわよ
橋《はし》の向《む》こうの桜《さくら》も見事《みごと》だね
あっちも
こっちも
そして——
すっかり日《ひ》も暮《く》れたのう
カァ カァ
そろそろ帰《かえ》ろうかね
結局《けっきょく》 近所《きんじょ》の桜《さくら》で遊山《ゆさん》を終《お》える四人《にん》であった

*静岡県三島市《しずおかけんみしまし》にある神社《じんじゃ》。

夢現

夢《ゆめ》現《うつつ》

意味《いみ》 夢《ゆめ》と現実《げんじつ》。

解説《かいせつ》 「現《うつつ》」は、目《め》に見《み》えて実際《じっさい》に存在《そんざい》する意味《いみ》の「うつし」からできたことばで、目《め》がさめていて、意識《いしき》がはっきりしている状態《じょうたい》です。もとは「夢《ゆめ》か？現《うつつ》か？」と使《つか》ったことばで、今《いま》は「夢《ゆめ》なのか、現実《げんじつ》なのか、はっきりしない状態《じょうたい》」として使《つか》われています。

使《つか》い方《かた》 夢現《ゆめうつつ》で、小鳥《ことり》の声《こえ》を聞《き》く。もう、朝《あさ》か。

朝《あさ》トイレに行《い》く夢《ゆめ》を見《み》て目《め》がさめたらすごくトイレに行《い》きたくて走《はし》って行《い》ったんだよ
夢現《ゆめうつつ》だったんだね
アハハアハハ
山田《やまだ》はいつも夢現《ゆめうつつ》な感《かん》じだよね
そうだね
夢現《ゆめうつつ》な男子《だんし》山田《やまだ》である――

夭逝

夭《よう》逝《せい》

かわいそうじゃのう

意味《いみ》 若《わか》くして死《し》ぬこと。早死《はやじ》に。

解説《かいせつ》 「夭《よう》」の字《じ》は若々《わかわか》しい人《ひと》の姿《すがた》をえがいた形《かたち》で、「若《わか》い」の意味《いみ》を表《あらわ》します。「逝《せい》」は過《す》ぎ去《さ》る意味《いみ》で、死《し》ぬことを表《あらわ》します。若死《わかじ》にするのが「夭《よう》逝《せい》」で、急《きゅう》に死《し》ぬことを「急逝《きゅうせい》」といいます。

使《つか》い方《かた》 こんなにすばらしい作品《さくひん》をえがいていた画家《がか》なのに、三十前《まえ》に夭逝《ようせい》するとは、まったく残念《ざんねん》なことだ。もっと活躍《かつやく》するところを見《み》たかった。

若《わか》くして死《し》ぬことを夭逝《ようせい》っていうんだって
えーっそうなんだ
まだまだ死《し》にたくないブー
オレは100歳《さい》まで生《い》きるブー
じゃあまる子《こ》は110歳《さい》
オレは120ブー
まる子《こ》は130!!
オレは140!!
……
張《は》り合《あ》うことではない

邪

うしししし

邪《よこしま》

意味《いみ》 正《ただ》しくないこと。心《こころ》がねじけていること。

解説《かいせつ》 横《よこ》の方向《ほうこう》を示《しめ》す「横《よこ》しま」からできたことばです。進《すす》んで行《い》く方向《ほうこう》「縦《たて》」に対《たい》して、「横《よこ》」はそれを邪魔《じゃま》する方向《ほうこう》なので、「よくない」の意味《いみ》に使《つか》われています。「横取《よこど》り・横流《よこなが》し」……どれもよくないことばかりです。同《おな》じ意味《いみ》の漢字《かんじ》「邪《じゃ》」を使《つか》って、「邪《よこしま》」と表《あらわ》します。

使《つか》い方《かた》 邪《よこしま》な心《こころ》を捨《す》て、正《ただ》しい道《みち》を歩《あゆ》む。

藤木《ふじき》くん そんな 邪《よこしま》な考《かんが》えを 持《も》っちゃいけないよ きみにだって いいところがあるよ
こんな根暗《ねくら》で卑怯《ひきょう》な ボクのどこに いいところが あるんだい？
その 根暗《ねくら》で 卑怯《ひきょう》な ところ
………
さらに邪《よこしま》な 考《かんが》えを持《も》ちそうな 藤木《ふじき》であった——

礼賛

すばらしい です ぼっちゃま

礼《らい》賛《さん》

意味《いみ》 ほめたたえること。

解説《かいせつ》 仏教《ぶっきょう》のことばで、「礼《れい》」は「礼《らい》」と読《よ》みます。「仏《ほとけ》・仏《ほとけ》の教《おし》え・仏《ほとけ》の教《おし》えを説《と》く僧《そう》」のすぐれた力《ちから》や働《はたら》きをありがたく思《おも》い、ほめたたえるのが「礼賛《らいさん》」です。「礼《らい》」は敬《うやま》いの気持《きも》ちを示《しめ》すこと、「賛《さん》」はたたえるの意味《いみ》です。なお、「礼讃《らいさん》」とも書《か》きます。

使《つか》い方《かた》 たくさんの人《ひと》が集《あつ》まり、国《くに》に対《たい》する彼《かれ》の偉大《いだい》な功績《こうせき》を礼賛《らいさん》してやまなかった。

ワーワー
すごいぞ まる子 ワーワー すばらしい
礼賛《らいさん》してやまない 歓声《かんせい》を お聞《き》きください!!
ワー ワー
ちぇっ 夢《ゆめ》か
パチ
ムク
そうであろう——

律儀

律《り》儀《ち》

意味《いみ》 まじめで、きまりをきちんと守《まも》ること。

解説《かいせつ》 「律《りち》」はおきて、「儀《ぎ》」はきまりの意味《いみ》で、仏教《ぶっきょう》のおきてをきびしく守《まも》ることを表《あらわ》していることばです。日本《にほん》では、まじめで、何事《なにごと》もきちんと行《おこな》うことの意味《いみ》で使《つか》っています。律儀《りちぎ》な人《ひと》は「律儀者《りちぎもの》」です。なお、「律義《りちぎ》」とも書《か》きます。

使《つか》い方《かた》 あの人《ひと》は律儀《りちぎ》だから、約束《やくそく》は必《かなら》ず守《まも》ってくれるよ。

朝《あさ》起《お》きて ご飯《はん》食《た》べて 本《ほん》読《よ》んで お母《かあ》さんの 手伝《てつだ》いをして 毎日《まいにち》同《おな》じ 時刻《じこく》に家《いえ》を 出《で》るんだ
律儀《りちぎ》だね
りっぱだね
毎日《まいにち》やったこと は日記《にっき》みたいに まとめてあるんだ
へ—— すごい
律儀《りちぎ》な長山《ながやま》くんで ある——

料簡

料《りょう》簡《けん》

意味《いみ》 心《こころ》がけ。考《かんが》え。思《おも》いをめぐらすこと。

解説《かいせつ》 もともとは「料簡《りょうかん》」といいました。「料《りょう》」は心《こころ》の中《なか》で考《かんが》えること、「簡《かん》」はより分《わ》けることです。日本《にほん》では、これを「料簡《りょうけん》」と読《よ》んで使《つか》っています。まちがえた考《かんが》え、また考《かんが》えちがいを「料簡《りょうけん》ちがい」といいます。「了見《りょうけん》・了簡《りょうけん》」とも書《か》きます。

使《つか》い方《かた》 どんな料簡《りょうけん》で、こんな悪戯《いたずら》をしたんだ。されたほうの身《み》になってごらん。

どういう料簡《りょうけん》で お母《かあ》さんの口紅《くちべに》 持《も》ち出《だ》したの!!
あの…… その……
お金持《かねも》ちの 奥《おく》さま ごっこで …………
え…

り

輪廻

輪《りん》廻《ね》

意味《いみ》 生《せい》と死《し》を何度《なんど》もくり返《かえ》すこと。

解説《かいせつ》 四字熟語《よじじゅくご》で「輪廻転生《りんねてんしょう》」といいます。車《くるま》の輪《わ》が回《まわ》り続《つづ》けるように、生死《せいし》をくり返《かえ》すということです。「え」と読《よ》む「廻《かい》」は、やはり「え」とも読《よ》む「回《かい》」と同《おな》じです。「輪《りん》・廻《え》」が、発音《はつおん》の関係《かんけい》で「輪廻《りんね》」となりました。

使い方《つかいかた》 輪廻転生《りんねてんしょう》するなら、またいつかどこかで、おじいちゃんに会《あ》えるかもしれないね。

輪廻《りんね》は生《せい》と死《し》をくり返《かえ》すことだよ
へえ
食《た》べることといっしょだな
腹《はら》へった腹《はら》いっぱいのくり返《かえ》しだろ
同《おな》じなのはくり返《かえ》すことだけである——

狼狽

狼《ろう》狽《ばい》

意味《いみ》 うろたえ、あわてること。

解説《かいせつ》 二匹《ひき》のオオカミ「狼《ろう》」と「狽《ばい》」を並《なら》べたことばです。前足《まえあし》が長《なが》い「狼《ろう》」と、後足《あとあし》が長《なが》い「狽《ばい》」が、いっしょに組《く》めばなんとか歩《ある》けるが、はなれるとひっくり返《かえ》ってしまう——この様子《ようす》から、「あわてる」という意味《いみ》が生《う》まれました。

使い方《つかいかた》 わがチームは、初回《しょかい》に五点《てん》を取《と》られ、すっかり狼狽《ろうばい》してしまい、あとはさんざんだった。

あわわわ…でっかい犬《いぬ》だブー
ブー太郎《たろう》犬《いぬ》ぐらいで狼狽《ろうばい》してんじゃねえよ
う〜〜
う〜〜
ワン
キャンキャン
ビクッ
犬《いぬ》も狼狽《ろうばい》する山田《やまだ》の一声《ひとこえ》である——

弁える

よし

弁《わきま》える

意味《いみ》 正《ただ》しく判断《はんだん》して、理解《りかい》する。

解説《かいせつ》 「分《わ》ける」ことからできたことばです。よい悪《わる》いをきちんと分《わ》けて考《かんが》え、正《ただ》しい知識《ちしき》や作法《さほう》を身《み》につけることをいいます。別《べつ》のことばでいえば、「分別《ふんべつ》をつける」です。似《に》ている意味《いみ》の漢字《かんじ》「弁《べん》」を使《つか》って、「弁《わきま》える」と表《あらわ》します。

使《つか》い方《かた》 学生《がくせい》としての身分《みぶん》を弁《わきま》え、だれに対《たい》してもきちんとした態度《たいど》をとるようにしなさい。

きみは自分《じぶん》が卑怯《ひきょう》だということを弁《わきま》えるべきだよ
弁《わきま》えるって？
卑怯《ひきょう》だとわかることだよ
そんなのわかってるさ
わかっているなら卑怯《ひきょう》でなくなるよう弁《わきま》えるべきである――

病葉

病葉《わくらば》

意味《いみ》 病気《びょうき》や害虫《がいちゅう》にむしばまれて、いたんだ葉《は》。

解説《かいせつ》 「わくら」は「病《やまい》」のことで、病気《びょうき》にかかった葉《は》が「わくら葉《ば》」です。同《おな》じ意味《いみ》の熟語《じゅくご》「病葉《びょうよう》」にあてて「病葉《わくらば》」と読《よ》みます。なお、夏《なつ》に赤《あか》や黄色《きいろ》に色《いろ》づいて枯《か》れていく葉《は》も「病葉《わくらば》」といいます。

使《つか》い方《かた》 病葉《わくらば》の手入《てい》れをしたり、水《みず》をやったり、庭仕事《にわしごと》はたいへんだけれど、またとても楽《たの》しい。

うわっこの葉《は》っぱボロボロだ
ほんとだ
病葉《わくらば》だね害虫《がいちゅう》に…
えっ害虫《がいちゅう》!?
ギャ〜〜〜
いや…その…
病気《びょうき》や害虫《がいちゅう》にむしばまれた病葉《わくらば》である――

大《だい》好《こう》評《ひょう》発《はつ》売《ばい》中《ちゅう》!!

こちら葛飾区《かつしかく》亀《かめ》有《あり》公《こう》園《えん》前《まえ》派出所《はしゅつじょ》 両《りょう》さんの

生《せい》物《ぶつ》大《だい》達《たつ》人《じん》

植物《しょくぶつ》から、ほ乳類《にゅうるい》、昆虫《こんちゅう》、
は虫類《ちゅうるい》、両生類《りょうせいるい》など

国《くに》のしくみ大《だい》達《たつ》人《じん》

憲法《けんぽう》から
地方自治《ちほうじち》まで

恐《きょう》竜《りゅう》大《だい》達《たつ》人《じん》

恐竜《きょうりゅう》を通《とお》して
地球《ちきゅう》の歴史《れきし》を学《まな》ぶ

天《てん》体《たい》大《だい》達《たつ》人《じん》

太陽《たいよう》や月《つき》、
春夏秋冬《しゅんかしゅうとう》の星座《せいざ》など

地《ち》図《ず》大《だい》達《たつ》人《じん》

地図《ちず》の見方《みかた》・作《つく》り方《かた》、
地図記号《ちずきごう》など

昆《こん》虫《ちゅう》大《だい》達《たつ》人《じん》

昆虫《こんちゅう》の生態《せいたい》から
飼《か》い方《かた》まで

日《に》本《ほん》史《し》大《だい》達《たつ》人《じん》③

③江戸時代《えどじだい》
後期《こうき》～現代《げんだい》

日《に》本《ほん》史《し》大《だい》達《たつ》人《じん》②

②鎌倉《かまくら》～
江戸時代前期《えどじだいぜんき》

日《に》本《ほん》史《し》大《だい》達《たつ》人《じん》①

①縄文《じょうもん》～
平安時代《へいあんじだい》

人《じん》体《たい》大《だい》探《たん》検《けん》

人体《じんたい》の構造《こうぞう》や働《はたら》きと
命《いのち》の尊《とうと》さを学《まな》ぶ

気《き》象《しょう》大《だい》達《たつ》人《じん》

天気《てんき》がますます
おもしろくなる

地《ち》球《きゅう》のしくみ大《だい》達《たつ》人《じん》

地球《ちきゅう》のしくみが
なんでもわかる

江《え》戸《ど》大《だい》達《たつ》人《じん》

江戸《えど》のくらしに
タイムスリップ！

宇《う》宙《ちゅう》大《だい》達《たつ》人《じん》

太陽系《たいようけい》、天《あま》の川銀河《がわぎんが》、
宇宙《うちゅう》の歴史《れきし》や構造《こうぞう》など

産《さん》業《ぎょう》と仕《し》事《ごと》大《だい》達《たつ》人《じん》

産業《さんぎょう》と仕事《しごと》を知《し》れば
社会《しゃかい》のしくみが見《み》えてくる

クイズ大《だい》達《たつ》人《じん》

図形《ずけい》・科学《かがく》・記憶《きおく》・言葉《ことば》
ほか考《かんが》える力《ちから》をつける

地《ち》理《り》大《だい》達《たつ》人《じん》

都道府県《とどうふけん》を
楽《たの》しく覚《おぼ》えよう

まんぷくかけ算《ざん》わり算《ざん》

みるみる算数《さんすう》の
大達人《だいたつじん》に!

ちびまる子《こ》ちゃんの せいかつプラス

ラクラク勉《べん》強《きょう》法《ほう》

やる気《き》のツボを
おしちゃうぞ!

話《はな》しかたと発《はっ》表《ぴょう》

話《はな》しかたに
自信《じしん》がつく!

時《じ》間《かん》の使《つか》いかた

ダラダラ生活《せいかつ》に
おさらば!

マナーとルール

友《とも》だちづき合《あ》いの
コツもわかる

整《せい》理《り》整《せい》とん

5ステップで
すっきり片《かた》づく

満《まん》点《てん》ゲット SPORTS《スポーツ》シリーズ キャプテン翼《つばさ》の

必《ひっ》勝《しょう》！サッカー

テクニックや
戦術《せんじゅつ》がわかる!

ちびまる子《こ》ちゃんの

ことわざかるた

わかりやすい
かいせつブック入《い》り

四《よ》字《じ》熟《じゅく》語《ご》かるた

あそびながら
四字熟語《よじじゅくご》がまなべる

ちびまる子《こ》ちゃんの

音《おん》読《どく》暗《あん》誦《しょう》教《きょう》室《しつ》

齋藤孝《さいとうたかし》 著《ちょ》

ホームページ「エスキッズランド」も見《み》てね! アドレスは http://kids.shueisha.co.jp/

店頭《てんとう》にない場合《ばあい》は、書店《しょてん》にご注文《ちゅうもん》ください。

満点ゲットシリーズ

ちびまる子ちゃんの
読めるとたのしい 難読漢字教室

2013年4月30日　第1刷発行
2020年6月6日　第5刷発行

●キャラクター原作／さくらももこ
●著者／川嶋 優
●ちびまる子ちゃんまんが・カット／相川 晴
●カバー・表紙・総扉イラスト／小泉晃子
●編集協力／ビークラフト(島田正敏)
●カバー・表紙デザイン／ZOO(稲永明日香)
●本文・カバー裏デザイン／ICE(石江延勝、竹田 翔)
●漫画写植・製版／昭和ブライト写植部

発行人　北畠輝幸
発行所　株式会社　集英社
〒101-8050　東京都千代田区一ツ橋2丁目5番地10号
電話　【編集部】03-3230-6024
【読者係】03-3230-6080
【販売部】03-3230-6393（書店専用）

印刷製本所　大日本印刷株式会社

ISBN 978-4-08-314058-7 C8381